JN059739

オリゲネス
創世記説教

Origenis Homilia

翻訳
小高 毅・堀江知己

日本キリスト教団出版局

目 次

装丁　岩崎邦好

凡　例

一　本書は、オリゲネス『創世記説教』の翻訳である。説教一、四、八、十三に関しては、『中世思想原典集成1　初期ギリシア教父』上智大学中世思想研究所／小高毅＝編訳・監修（平凡社、一九九五年）に収められたものからの転載である。翻訳に際して用いた底本に関しては、解説を参照のこと。

二　各説教の始めに掲載した七十人訳聖書の日本語訳は堀江が担当した。底本は Rahlfs-Hanhart, Septuaginta である。また、巻末の解説も堀江が担当した。

三　訳者の理解により、ところどころ［　］で補い、またところどころ「——」〈　〉を用いた。

四　聖書の各書の表記は『聖書　聖書協会共同訳』（日本聖書協会）に準拠した。本書において、聖句表示の際に使用した各書の省略は以下のとおり。

〈旧約聖書〉

創世記（創）　出エジプト記（出）　レビ記（レビ）　民数記（民）　申命記（申）　ヨシュア記（ヨシュ）　士師記（士）　サムエル記上（サム上）　サムエル記下（サム下）　列王記上（王上）　歴代誌下（代下）　ネヘミヤ記（ネヘ）　ヨブ記（ヨブ）　詩編（詩）　箴言（箴）　雅歌（雅）　イザヤ書（イザ）　エレミヤ書（エレ）　エゼキエル書（エゼ）　ダニエル書（ダニ）　ホセア書（ホセ）　ヨエル書（ヨエ）　アモス書（アモ）　ミカ書（ミカ）　ナホム書（ナホ）　ゼファニア書（ゼファ）　ゼカリヤ書（ゼカ）　マラキ書（マラ）

〈旧約聖書続編〉

知恵の書（知）　シラ書［集会の書］（シラ）　スザンナ（スザ）

〈新約聖書〉

マタイによる福音書（マタ）　マルコによる福音書（マル）　ルカによる福音書（ルカ）　ヨハネによる福音書（ヨハ）　使徒言行録（使）　ローマの信徒への手紙（ロマ）　コリントの信徒への手紙一（一コリ）　コリントの信徒への手紙二（二コリ）　ガラテヤの信徒への手紙（ガラ）　エフェソの信徒への手紙（エフェ）　フィリピの信徒への手紙（フィリ）　コロサイの信徒への手紙（コロ）　テサロニケの信徒への手紙一（一テサ）　テサロニケの信徒への手紙二（二テサ）　テモテへの手紙一（一テモ）　テモテへの手紙二（二テモ）　テトスへの手紙（テト）　ヘブライ人への手紙（ヘブ）　ヤコブの手紙（ヤコ）　ペトロの手紙一（一ペト）　ペトロの手紙二（二ペト）　ヨハネの手紙一（一ヨハ）　ヨハネの黙示録（黙）

五五三年のコンスタンティノポリス公会議の直前、皇帝ユスティニアヌスによってオリゲネスは異端宣告されてしまいます。この皇帝は自ら「神学者」を名乗り、当時の異端論争に積極的に介入しています。その異端宣告が本来のオリゲネスの見解を正確に反映しているか否かは、ここでは取り上げないことにします。二十世紀に入り、教父研究が推進されるとともに、オリゲネスの思想は再評価されることになりました。それを決定的に追認したのがローマ教皇ベネディクト十六世の発言であったと言えるでしょう。

ローマ教皇が信徒に向かって語る場の一つとして毎週水曜日に行われる「一般謁見」と呼ばれるものがあります。これはローマを訪れた巡礼者たちを迎えて語りかけ、神の祝福を祈るものであり、通常はサンピエトロ広場もしくはパウロ六世ホールで行われています。

ベネディクト十六世として教皇職についたラッチンガーはこの謁見での連続講話のテーマとして「使徒」を選び、二〇〇六年三月十五日から翌年の二月十四日まで三二回にわたって論じています。その後、教皇が選んだテーマは教父でした。二〇〇七年三月七日から翌年の六月二十五日まで四六回にわたって、ローマのクレメンスから証聖者マクシモスに至る三二人の教父たちを取り上げています。アウグスティヌスに関して別格で五回割いています。オリゲネスについては二回続けて語っています。ラッチンガーは二十世紀を代表するカトリック神学者の一人とみなされます。その彼がオリゲネスについて語っているのです。

「今日わたしたちはもっとも重要な人物の一人を知ることになります」。彼は「キリスト教思想の発展にとって決定的な意味をもつ人物の一人です」。彼は「キリスト教思想の発展に後戻りすることのできない転換をもたらしました」。「この転換とは、オリゲネスが神学の基盤を聖書の解釈としたことです。オリゲネスにとって神学とは、本質的に、聖書を解釈し、理解することでした」。その後、聖書の「三つの読み方」を紹介した後に言います、「聖書はまず歴史的な意味において尊重されなければなりません。しかしこの歴史的な意味は、聖霊の光の下に、この意味を超えて、わたしたちをキリストへと導きます。そしてわたしたちに道を、すなわちどう生きるかを示します」（教皇ベネディクト十六世『教父』カトリック中央協議会）。

有賀鐵太郎から始まった、我が国におけるオリゲネス研究は新たな研究者をもたらしただけでなく堀江知己氏という翻訳者を生み出し、既に『イザヤ書説教』『サムエル記上説教』が刊行され、ここにまた『創世記説教』が邦訳出版されることになったことは喜ばしいかぎりです。キリスト教徒は少ないものの、聖書の翻訳はかつてキリスト教国といわれた国々に劣らない我が国において、教父たちの聖書解釈から少なからぬものを学びうると確信しております。

小高　毅

創世記説教

オリゲネス

説教一——創世記1章

小高　毅訳

（第一講話［創造］(1)『中世思想原典集成1　初期ギリシア教父』上智大学中世思想研究所／小高毅＝編訳・監修、平凡社、一九九五年、五〇三—五二四頁、註部分は六二四—六二五頁）

第1章(2)

1 はじめに神は天と地を造られた。2 地は見えず形のないものであり、闇が深淵の上にあり、神の霊が水
の上を動いていた。3 神は「光あれ」と言われた。すると光があった。4 そして神は光を見て良しとされ
た。そして神は光の間と闇の間を分けられた。5 そして神は光を昼と呼び、闇を夜と呼ばれた。そして夕
べとなり朝となったが、［これが］一日［である］。6 神はまた言われた。「水の真ん中に大空があり、水と
水の間を分けるものとなれ」。するとそのようになった。7 神は大空を造られ、そして神は大空の下にあっ
た水の間と、大空の上の水の間とを分けられた。8 そして神は大空を天と呼ばれた。そして神は見て良し
とされた。そして夕べとなり朝となったが、［これが］第二の日［である］。9 神はまた言われた。「天の下
にある水は一つの集まる場所に集まり、乾いた所が現れよ」。するとそのようになった。そして天の下にあ

る水はそれぞれ己の集まる場所に集まり、乾いた所が現れた。10 そして神は乾いた所を地と呼び、水の集
まりを海と呼ばれた。そして神は見て良しとされた。11 神はまた言われた。「地は青草の植物を生えさせよ。
それぞれの種類と似姿に応じた種をつける種と、地上におけるそれぞれの種類の己の種子をその内に含むと
ころの果実を結ぶ果樹を［生えさせよ］」。するとそのようになった。12 そして地は青草の植物と、それぞれ
の種類と似姿に応じた種をつける種と、地上におけるそれぞれの種類の己の種子をその内に含むところの
果実を結ぶ果樹を生じさせた。そして神は見て良しとされた。13 そして夕べとなり朝となったが、［これが］
第三の日［である］。14 神はまた言われた。「昼の間と夜の間を分けるために、天の大空に地を照らす光るも
のがあり、季節や日や年のしるしとなり、15 そして地を照らすために、天の大空にあって照らすためのも
のとなれ」。するとそのようになった。16 そして神は二つの大きな光るものを造られ、そのうち大きな光る
ものに昼を治めさせ、小さな光るものに夜を治めさせ、そして星々を造られた。17 そして神はそれらを天
の大空に置かれたが、それは地を照らすためであり、18 そして昼と夜とを治め、光の間と闇の間を分ける
ためである。そして神は見て良しとされた。19 そして夕べとなり朝となったが、［これが］第四の日［であ
る］。20 神はまた言われた。「水は生き物の這うものと、天の大空に沿って地の上を飛ぶ鳥を生み出せ」。す
るとそのようになった。21 そして神は大きな海の怪物と、水が生み出したところのそのそれぞれの種類に
応じたすべての這う生き物と、それぞれの種類に応じた翼あるすべての鳥を造られた。そして神は見て良し
とされた。22 神はそれらを祝福して言われた。「増え、数を増し、海の中の水を満たし、また鳥は地上に増
えよ」。23 そして夕べとなり朝となったが、［これが］第五の日［である］。24 神はまた言われた。「地はそれ
ぞれの種類に応じた生き物、それぞれの種類に応じた四つ足のものと這うものと地の獣を生み出せ」。する
とそのようになった。25 神は、それぞれの種類に応じた地の獣と、それぞれの種類に応じた家畜と、それ

ぞれの種類に応じた地を這うすべてのものを造られた。そして神は見て良しとされた。26神はまた言われた。
「我々の像と似姿にかたどって人間を造り、海の魚、空の鳥、家畜、地のすべて［のもの］、地の這うところ
のすべての這うものを治めさせよう」。27そして神は人間を造られ、人間を神の像にかたどって造られ、彼
ら［人間］を男と女とに造られた。28そして神は彼らを祝福して言われた。「増えよ、数を増し、地を満た
し、地を支配し、海の魚と、空の鳥と、すべての家畜と、地のすべて［のもの］と、地を這うところのすべ
ての這うものを治めよ」。29神はまた言われた。「さあ、私は、種を結ぶ青草すべてと、全地の面にあって
種をつける種と、種を結ぶ種［を含んでいるところ］の果実を内に持つ木すべてをあなたたちに与える。こ
れらはあなたたちにとっての食べ物となるだろう。30そして、地のすべての獣と、天の鳥すべてと、地を
這うところの生きた魂を内に宿す這うものすべてに、食べ物としてすべての緑の青草を与える」。するとそ
のようになった[3]。

（七十人訳創1・1―30、堀江知己訳）

1

「元に、神は天と地とを造られた」（創1・1）。万物の元とは、われらの主、「すべての人の救い主」（一テモ4・10）、「すべての造られたものに先立って生まれた方」（コロ1・15）であるイエス・キリストでなければ、いったい何であろう。したがって、この〈元〉つまり自分のロゴスの内に、「神は天と地とを造られた」のである。それは、福音書記者ヨハネが、その福音の冒頭で、「元にロゴスがあった。このロゴスは神の許にあった。ロゴスは神であった。［ロゴス］は、元に神の許にあった。すべてのものはこの［ロゴス］を通して造られ、［ロゴス］なしに造られたものは一つとしてない」（ヨハ1・1―3）と述べている通りである。当然、ここで何かし

ら時間的な〈元(はじめ)〉が語られているのではなく、「元(はじめ)に」すなわち救い主の内に、天と地と造られたすべてのものが造られたことが語られているのである。(4)

「地は見えず、定かな形のないものであり、闇が深淵の上にあり、神の霊が水の上を動いていた」(創1・2)。ここでの語り口の順序が明らかにしているように、神が「光あれ」(創1・3)と言う前、そして光と闇とを分ける前には、「地は見えず、定かな形のないものであった」。これに続く個所で、[神は]大空が出現するよう命じ、それを天と名づけているので、その個所に至ったときに、そこで大空と天との区別の理拠と、なぜ大空が天と呼ばれるかが語られることになろう。ところで、ここで「闇が深淵の上にあった」と言われている。闇とは何であろう。言うまでもなく、それは「悪魔とその使いたち」(黙12・9、黙20・2)がそこにいることになるものにほかならない。少なくとも、これは福音の中でも明らかに指摘されている。すなわち、救い主について語る所で、「追い払われた悪魔どもは、深淵に行くようお命じにならないよう[救い主]に願った」(ルカ8・31)と語られている。

したがって、このために、「神は〈光あれ〉と言われた。すると光があった。神は光を見て、良しとされた。神は光と闇とのあいだを分けて、光を昼と呼び、闇を夜と呼ばれた。そして夕べとなり朝となった。一日」(創1・3—5)。

文字通りにとれば、神は光を昼と呼び、闇を夜と呼ぶ。

しかし、霊的な意味に即して、前述のこの〈元(はじめ)〉の内に神が天と地とを造った後に、「光あれ」と言い、光と闇とを分け、光を昼と呼び、闇を夜と呼んだのはいかなることか、「夕べとなり朝となった」[と述べた後]「第一日」とは言わず、「一日」と述べるのはなぜか、考察しよう。(5) それは、世界が存在するようになる前には、まだ時間は存在しなかったからである。継続する日々によって、時間は存在し始めるのである。第二日、第三日、第四日、［これに続く］他のすべての日々が時間を表示し始めるのである。

2 「神はまた言われた、〈水のあいだに大空あれ、水と水とのあいだを分けよ〉。すると、そのようになった。こうして神は大空を造られた」（創1・6―7）。

神は先に天を造ったが、今、大空を造る。実に神は最初に天を造った。これについて「天は私の座」（イザ66・1）と言われている。その後、大空すなわち物体的な天を造るのである。実に、あらゆる物体が堅固なものであることに疑問の余地はない[6]。「天の上の水と天の下の水とを分ける」（創1・7）［大空とは］このようなものである。

実に、神が造るものは皆、霊と物体から成り立っている。このため、「元(はじめ)に」、万物に先立って、まったく霊的な実体であり、あたかも玉座のようにその上に神が憩う「天」が造られたと言われるのである。他方、ここでの「天」すなわち「大空」は物体的なものである。したがって、第一の天、霊的なものであると述べた［天］とは、われわれの精神のことである。それ［われわれの精神］は霊的なもの、すなわち神を見、知覚するわれわれの［内なる］〈霊の人〉のことである。他方、大空と言われる物体的な天とは、肉眼によって事物を認識するわれわれの〈外なる人〉のことである。

したがって、上にある水と下にある水とを分けることから天が大空と呼ばれたように、体の内に置かれた人間も、大空の上にある上位の水と大空の下にある水とを分け、区別することができれば、使徒パウロの言う「私たちの国籍は天にある」（フィリ3・20）の言葉に即して、〈天〉すなわち〈天の人〉（一コリ15・47）とも呼ばれよう。

したがって、聖霊の言葉そのものが、そのような［意味を］込めて［言う］、「そして神は大空を造られ、大空の下の水と大空の上の水とのあいだを分けられた。神は大空を天と呼ばれた。神は見て良しとされた。そして夕べとなり朝となった。第二日」（創1・7―8）。

それゆえ、あなたがたも各自、上にある水と下にある水とを分けたものとなるよう努めよ。それによって、下にある水、すなわち、すでに指摘したように、「この世の支配者」（ヨハ12・31）と、敵なる「龍とその使いたち」（黙12・7、黙20・3）が住んでおり、その中に闇があると言われる深淵の水から、確かに離し分けられて、大空の上にあり、「その腹から流れ出て、永遠の生命にまで湧き上がる生ける水」（ヨハ7・38、ヨハ4・14）に至る霊的な水への参与と理解を得ることになるのである。

したがって、もろもろの天の上にあると言われる、この上の水への参与によって、信じる者たちはおのおの天のものとなる、すなわちその知覚をより高い優れたものに向け、地のことは一切考えず、天のことのみを考え、「キリストが神の右に坐しておられる、上にあるものを求める」（コロ3・1）［人となるのである］。こうして、ここで「神は［それを］見て良しとされた」と記されている、その称讃に値するものと神にみなされるであろう。

さらに、次に述べられる三日目に関する事柄もこれとまったく同じことを意味していると解釈される。

こう言われている、「神はまた言われた、〈天の下にある水は一つ所に集められ、乾いた所が現れよ〉。すると、そのようになった」（創1・9）。

したがって、われわれは、天の下にある水を集め、それをわれわれの許から投げ捨てるよう励もう。そうすれば、肉体の内にあるわれわれがなす業であり、「人々が私たちの善い業を見て、天におられる私たちの父を崇めるようになる」（マタ5・16）ものである「乾いた所」が現れるであろう。なぜなら、「天の下にある水」すなわちわれわれの体の罪と悪習が、われわれから切り捨てられないなら、われわれの「乾いた所」は現れえず、光に向かって進んでいるという確信ももちえないであろう。「実に、悪を行う者は皆、光を憎み、光の許に来ない。［その業がさらけ出されるのを恐れるからである。しかし、真理をなす者は光の方に来る。］その業が神の内にあってなされたことが明らかになるからである」（ヨハ3・20―21）。もちろん、この［光に向かって進んでいるとの］確信は、われわれの許から水を投げ捨て、遠ざけるように、罪の素である体の悪習を遠ざけないなら、与えられるものではない。そのようになせば、次の個所で明らかにされるように、われわれの「乾いた所」はもはや「乾いた所」であり続けられないのである。

実に、こう言われている、「天の下にある水は一つ所に集められ、乾いた所が現れた。神は乾いた所を地と呼び、水の集まったものを海と呼ばれた」（創１・９）。したがって、前述のように、自らから水を遠ざけたこの乾いた所は、もはや乾いた所であり続けることなく、〈地〉と名づけられるように、同じく、われわれの体も、このような分離がなされるなら、もはや「乾いた所」としてとどまることなく、神のために実を結びうることから、〈地〉と呼ばれるであろう。

まさしく、「元に神は天と地とを造られた」のであり、その後、「大空」と「乾いた所」とを造ったのである。そして、「大空」にすでに造られていた「天」の名を与えて、「大空」を「天」と呼び、「乾いた所」に実りをもたらす能力を贈与することで、「乾いた所」を「地」と呼んだのである。したがって、自分の罪科によって依然として「乾いた所」としてとどまり、いかなる果実をもたらさず、「茨と薊」（創３・18、ヘブ６・８）を生い茂らせた者は、「火の餌」（イザ９・19参照）を生え出でさせる者のように、自分自身の内から生じさせたものに応じて、彼自身が「火の餌」となってしまうのである。しかし、努力と熱意によって悪霊どもの思いである深淵の水を自分から遠ざけて、自分が実り豊かな地であることを実証するなら、同様のことを期待してしかるべきである。彼は神によって「乳と蜜の流れる地」（出３・８など）に導き入れられるからである。

3　さて、次に続く個所で、神自身がその名を与えた「地」に芽生えさせるよう命じた実りは何であるのか考察しよう。こう言われている、「神は見て良しとされた。そして、神は言われた、〈種類に応じ、似姿に応じて種子をもつ青草と、種類に応じ、似姿に応じて種子のある果実を実らす果樹とを、地は地上に芽生えさせよ〉。そのようになった」（創1・10―11）。

文字通りの意味で、「乾いた所」ではなく「地」がもたらす実りが何であるかは明らかである。しかし、ここでもまた、われわれに関連づけてみよう。われわれがすでに「地」となっており、もはや「乾いた所」ではないとすれば、われわれは豊かで種々さまざまな実りを神の許に携えて行くであろう。こうして、「わが子の香りは、主が祝福された肥沃な畑の香りのよう」（創27・27）と言う神から、われわれは祝福されるであろうし、「地は、たびたびその上に降る雨を吸い込んで、耕す人々に役立つ農作物をもたらすなら、神の祝福を受ける。しかし、茨や薊（あざみ）を生えさせると、役に立たなくなり、やがて呪われ、ついには火で焼かれてしまう」（ヘブ6・7―8）と言う使徒パウロの言葉が、われわれの内に成就されるであろう。

4　「地は、種類に応じ、似姿に応じて、種子のある青草と、種類に応じて果実を結ぶ種子をもたらす果実を結ぶ果樹とを地上に芽生えさせた。神は見て良しとされた。夕べとなり朝となった。第三日」（創1・12―13）。神は、ただ青草を芽生えさせるよう地に命じただけでなく、絶えず実を結びうるように、種子をも芽生えさせるよう命じる。また、ただ果樹［を芽生えさせるよう］命じるだけでなく、「種類に応じて果実を結ぶ種子をもたらす果実」を結ぶよう命じる。それは、果実が自らの内にもつ種子からたえず果実をもたらしうるためである。

それゆえ、同様に、われわれも実を結び、われわれ自身の内に種子を有していなければならない。すなわち、あらゆる善行と美徳の種子をわれわれの心の内に有していなければならない。これらの種子をわれわれの精神にしっかりと根づかせ、それらの種子からわれわれがなすあらゆる行為が義に即したものとなるためである。実に、「われわれの心の善い倉」（ルカ6・45）からもたらされるわれわれの行為こそ、この種子の実である。

しかしながら、御言葉を聞き、聞くや否やただちにわれわれの地が芽生えさせても、成熟する前に、あるいは実を結ぶ前に、その草が枯れてしまえば、われわれの地は「石地」（マタ13・5―6、マタ13・20）と呼ばれるであろう。ところが、語られたことが、行為という実を結び、将来の［行為の］種子をもつほどに、われわれの心の内に深く根を下ろすなら、実にそのときこそ、われわれはそれぞれ自分の力に応じて、「あるいは一〇〇倍、あるいは六〇倍、あるいは三〇倍」（マタ13・8、マタ13・23）の実を結ぶであろう。しかし、われわれの実りに「毒麦」（マタ13・25）が混ざり込まぬよう、［種子が］「道端」（ルカ8・5）ではなく、「私は道である」（ヨハ14・6）と言われた、あの道に蒔かれるよう、また空の鳥がわれわれの実り、われわれの葡萄園をついばむことのないよう（マタ13・4）に、十分気をつけなければならない。われわれのうちの誰かが「葡萄園」であるに値する者とされたなら、その人は葡萄の代わりに茨を芽生えさせぬよう気をつけなければならない。さもないと、「刈り込まれることも耕されることもなく」、「その上に雨を降らせるために雲を」送られることもなく、「荒れ地」として捨て置かれ、その上に茨が生い茂ることになろう（イザ5・2、イザ5・6）。

5　さて、その後、大空は「光るもの」で飾られるに値するものとされる。実に、神は言う、「天の大空に光るものあれ、地を照らし、昼と夜とを分けるために」（創1・14）。

すでに「天」と呼ばれた「大空」に、「昼と夜とを分けるために」光るものが生じるよう神が命じたように、われわれも「天」と呼ばれ、「天」になるよう努めるなら、われわれの内にも同様のことが生じうる。すなわち、われわれはわれわれの内に「光るもの」つまりわれわれを照らすキリストとその教会を有するであろう。実に［キリスト］は「世の光」（ヨハ8・12）であり、自分の光によって教会を照らす。月は太陽から光を受け、その結果、夜は月によって照らされうると言われるように、教会もキリストの光を得たことで、無知の夜を彷徨（さまよ）うすべての者たちを照らしうるのである。

ところが、「昼の子、光の子」（一テサ5・5）として、「昼歩くように、慎しく歩く」（ロマ13・13）ようになり、すでに「昼の子」とされるほどに進歩したとすれば、その人は、昼が太陽に照らされているように、キリスト自身に照らされているのである。

6 「そしてまた、神は言われた、」「〈しるしのため、季節のため、日々のため、年々のためのものとなり、地を照らすために天の大空にあって照らすものとなれ〉。すると、そのようになった」（創1・14―15）。

われわれの目にする、これらの「光るもの」は、地の上にあるものたちを天の大空から照らすために、「しるしのため、季節と日々と年々のために」置かれたように、自分の教会を照らすキリストもまた、その掟を通してしるしを与える。それは、しるしを得たことで、「来たるべき怒りから」（一テサ1・10、マタ3・7、ルカ3・7）いかに逃れるか、「その日が盗人のように不意に襲う」（一テサ5・4）ことなく、むしろ「主の恵みの年」（イザ61・2）に至りうることを教えるためである。

したがって、キリストは「この世に来て、すべての人を照らす真の光」（ヨハ1・9）であり、この光に照らされた教会そのものも「闇にいる人々」（ロマ2・19）を照らす「世の光」とされている。それは、キリスト自身が弟子たちに証しして、「あなたたちは世の光である」（マタ5・14）と言っている通りである。ここから、キリストこそ使徒たちの光であるが、使徒たちも世の光であることが明らかにされる。実に使徒［パウロ］が「［キリストが］しみも皺も、そのたぐいのものは何一つない、栄光に輝く教会をご自分の前に立たせるようにされた」（エフェ5・27）と言うように、使徒たち自身が、「しみも皺も、そのたぐいのものは何一つないもの」として、真の教会なのである。

7 「神は二つの大きな光るものを造り、そのうち大きなものに昼を治めさせ、小さなものに夜を治めさせ、また星々を［造られた］。地を照らし、昼と夜とを司らせ、光と闇を分けさせるために、神はこれらを天の大空に置かれた。神は見て良しとされた。そして夕べとなり朝となった。第四日」（創1・16―19）。

太陽と月とが天の大空にある「大きな光るもの」と言われているように、われわれの内にあってキリストと教会とは「大きな光るものである」。ところで、神は大空に星々をも置いたのであるから、われわれの内において、すなわちわれわれの心という天において、星々とは何なのか考察しよう。

モーセはわれわれの内にあって、その行為によってわれわれを輝き照らす星である。また、アブラハム、イサク、ヤコブ、イザヤ、エレミヤ、エゼキエル、ダビデ、ダニエル、そして神に嘉(よみ)されたと聖書が証しするすべての者たちが「星である」。実に、「星と星とでは栄光に相違がある」（一コリ15・41）ように、聖なる者たち一人ひとりが自分の大きさに応じて、自分の光をわれわれに注いでいるのである。

さて、太陽と月とがわれわれの体を照らすように、われわれの精神はキリストと教会によって照らされる。もしわれわれが精神において盲目でなければ、われわれはこのように照らされている。なぜなら、肉眼に異状があって目の見えない人々を太陽と月が照らしても、その人々は光を受けることができないように、キリストがわれわれの精神に自分の光を注ぐのも同様にしてである。もし、精神の盲目という妨げがわれわれにないなら、そのときこそ、「キリストが」われわれを照らして下さるであろう。たまたま精神の盲目という妨げがあるなら、まず第一にその人々は「ダビデの子、私たちを憐れんで下さい」（マタ９・27）と叫びつつ、キリストについて行かなければならない。キリストによって視力が回復された後に、その光の輝きで光り輝くことができるようになるためである。

実際、見ている者たちが皆、等しくキリストに照らされているのではなく、おのおのが光の力を受け入れうる各自の能力に応じて、照らされている。われわれの肉眼が皆、等しく太陽に照らされるのではなく、より高い所に登り、日の出を眺めるのに恰好な所で眺める人ほど、その輝きと熱を満喫するように、われわれの精神も、より高くより優ってキリストに近づき、より近くから、その光の輝きに身をさらせばさらすほど、より輝かしくより明らかに、その光に照り輝かされる。それは「キリスト」自身が預言者を通して語っている通りである。「私に近づけ、そうすれば私もあなたたちに近づこうと、主は言われる」（ゼカ1・3）。さらにまた言われる、「私は近づく神であり、遠くの神ではない」（エレ23・23）。

しかしながら、われわれは皆、等しく［キリスト］の許に行くのではなく、一人ひとり「自分の能力に応じて」（マタ25・15）［キリストの許に行く］。たとえば、われわれが群衆に混ざって［キリスト］の許に行くなら、ひとえに、空腹のため途中で弱りきってしまうことのないよう、譬えをもって［キリスト］はわれわれを力づけて下さる（マタ15・32、マタ13・34）。あるいは、ただひたすらその言葉に耳を傾けることに集中し、接待に忙殺され心をとり乱すことなく、われわれから取り去られることのない善いほうを選んだ者として、終始一貫、［キリスト］の足元に坐るであろう（ルカ10・39―42）。このように［キリスト］に近づく者がより豊かに［キリスト］の光に浴するのは当然のことである。また、使徒たちのように、一時も［キリスト］から離れず、［キリスト］とともに［キリスト］のあらゆる苦難にとどまるなら、その時こそ、［キリスト］は、群衆に［譬えで］語ったことを、密かにわれわれに解き明かし、より明るくわれわれを照らして下さる（マコ4・34）。さらにまた、ペトロ、ヤコブ、ヨハネのように、［キリスト］とともに山に登りうるまでになった人は、キリストの光だけでなく、父自身の声によっても照らされるであろう（マタ17・1―3）。

8 「神はまた言われた、〈水は這う生き物と天の大空の下、地の上を飛ぶ翼あるものを出せ〉。そのようになった」（創1・20）。文字通りの意味では、神の命令によって「這うもの」と「翼あるもの」とが水から生ぜしめられたということであり、われわれの見ているこれらのものが誰によって造られたかをわれわれは知ることができる。

しかし、ここでは、いかにしてわれわれの天の大空、すなわちわれわれの精神もしくは心の堅固さの内に同様のことが生じるかを考察しよう。

私の考えでは、われわれの精神がわれらの太陽であるキリストによって照らされたのであれば、やがて、そこに見出される水から「這うもの」と「翼あるもの」、すなわち善い思いと悪い思いとが出てくるよう命じられる。それは、善い思いを悪い思いから区別するためである。なぜなら、それらはいずれも心から生じるものだからである。実に、善い思いにせよ悪い思いにせよ、あたかも水から生じるように、われわれの心から生じるのである。しかし、神の言葉と指示に従って、われわれはそれらの双方を神のまなざしと裁きの下に差し出そう。神自身が照らして下さることで、われわれが善いことから悪いことを分かつこと、すなわち地の上を這うようなこと、地上の思い煩いを生み出すものを、われわれから遠ざけることができるように。

しかし、われわれはこのより優れたもの、すなわち「翼あるもの」が、ただ「地の上」だけでなく、「天の大空の下」にまで飛ぶに任せよう。つまり、われわれの内の地に属する思惑や分別と同様、天に属する［思惑や分別］をも熟慮し、またわれわれの内なる「這うもの」に由来する有害なものは何かを識別しうるために。もし、われわれが「情欲を抱いて女を見る」（マタ5・28）なら、それはわれわれの内の有害な「這うもの」である。逆に、もしわれわれが慎みの思いを有しているなら、たとえエジプト人の主人の妻がわれわれに言い寄っても、われわれは鳥になって、エジプト風の衣を彼女の手に残し、不貞の罠から飛び去るであろう（創39・7―12）。もし、われわれを盗みへと駆り立てる思いをわれわれが抱いているとすれば、それは非常に悪い「這うもの」である。逆にたとえわずかに二枚の小銭にすぎなくても、［神の］慈しみに応えて神への供え物としてそれを捧げる思いがあれば（ルカ21・2）、その思いは鳥であり、地上のことをまったく思い煩わず、その翼によって天の大空を目指すであろう。もし、殉教に至る拷問に耐える必要はないと納得させようとする思いがわれわれの内に生じるなら、それは有害な「這うもの」となろう。逆に、真理のために死に至るまで戦おうという思いがわれわれのうちに湧き上がるなら、それは地上のことから［離れ］上のことへと急ぐ鳥となろう。同様に、神のまなざしの下で識別するために出すよう、われわれの水が命じられたものである「這うもの」が何であるかを、他のもろもろの罪と徳の諸種に関しても判断し識別しなければならない。

9 「また神は大きな海の怪物と、種類に即して引き出した這う生き物たちに属するすべての魂あるものと、
種類に即して翼あるすべてのものを造られた」（創1・21）。

さて、これらのものについても、すでに述べたものと同様に、われわれが出すよう命じられている「大きな海の怪物」と「種類に即した這うものたちに属する魂あるもの」とは何かを理解しなければならない。この大きな海の怪物によって、不敬な思い、神に反対し神を冒瀆する思いが示されているものと思われる。しかし、これらすべては神のまなざしの下に引き出され、神の前に置かれなければならない。悪から善を分かち遠ざけ、また次の章句に示されているように、一人ひとりが自分の場を主から分け与えられるために。

10 「神は見て良しとされた。神はそれらを祝福して言われた、〈成長し、数を増し、海の内にある水を満たせ。
また鳥は地上に満ちよ〉。そして、夕べとなり朝となった。第五日」（創1・21―23）。

したがって、「大きな海の怪物」と「海が生ぜしめた這う生き物たちに属する魂あるもの」が、「そこに戯れるべく神に形づくられた龍」（詩104・26）が棲む海に潜るよう「神は」命じている。ところが、鳥は先に説明したように、かつて「乾いた所」となり、今は「地」と呼ばれる地上で、数を増すよう命じられている。

しかしながら、ある人は問うだろう。すべてのものに関して同様に「神は見て良しとされた」と言っているのに、大きな海の怪物と這うものとは悪いもののうちに、鳥は善いもののうちに入れられるのはどうしてか。聖なる者たちにとっては、彼らに反対する者たちも善いものである。彼らはそれらに打ち勝ちうるし、それに打ち勝った暁には、神の許でより栄えある者となるからである。まさしく、悪魔がヨブを攻撃する権能を自分に与えるよう願った後、「それを得てヨブ」を襲った敵対者は、「ヨブ」にとって、「それに対する」勝利の後、二倍の栄光の

者になったのである（ヨブ１・９―12、ヨブ42・10）。ここで、今失ったものは将来二倍にして取り戻すのであるから、疑いもなく、同様に天においても取り戻すであろうことが明らかにされている。使徒［パウロ］も言っている、「何人(なんぴと)も規則に従って戦わないなら、栄冠を受けることはできない」（二テモ２・５）と。実際、対抗する者がいなくて、どうして戦いになろうか。夜の暗闇が介在しなければ、光と麗しさと輝きがどれほどのものか識別されえない。ある者たちが破廉恥のゆえに罰せられないとすれば、どうしてある者の貞潔が称揚されよう。戦いを前に逃げ出す者、臆病者がいないとすれば、どうして勇者が喝采を博するだろう。苦味を味わえばこそ、甘味はより賞味に値するものとなる。暗い思いに沈めばこそ、明るい思いはより好ましいものとわかる。簡単に言えば、悪いことを思い巡らすことで、善いことの美しさがより際立ったものとして浮き上がってくるのである。したがって、このために聖書はすべてのことに関して、「神は見て良しとされた」と言うのである。

では「神は言った、〈［それらは］善いものである〉」と記されず、「神は見て良しとされた」と記されているのはなぜだろう。それは、それ自体としてそのようなものであっても、善いものをより善くしうる、それらの利点と理拠を神は見ていた、ということである。したがって、このため、「成長し、数を増し、海の内にある水を満たせ」、すなわち、先に説明したように、海の大きな怪物と這(は)うものは海の内にあり、鳥は地上にあるようにと、
神は言ったのである。
11「神はまた言われた、〈地は魂ある生けるものを種類に即して、四つ足のもの、這(は)うもの、地の獣を種類に
即して出せ〉。そのようになった。神は、地の獣を種類に即し、また地の這(は)うすべてのものを種類に即して造ら
れた。そして、神は見て良しとされた」（創１・24―25）。

文字通りの意味では、何の問題もない。地上の魂あるものであれ四つ足のものであれ獣であれ蛇であれ、被造物は神によって造られたものであることが明らかに語られているのである。

しかしながら、霊的な理解に即して以上で説明してきたことに、これらを併せて考えてみるのも無益なことではない。

実際、そこでは「水は這う生き物と天の大空の下、地の上を飛ぶ翼あるものを出せ」と言われていたが、ここでは「地は魂ある生けるものを種類に即して、四つ足のもの、這うもの、地の獣を種類に即して出せ」と言われている。水から出されたものに関しては、心の奥底から出される、われわれの精神の衝動や思惑に違いないと述べた。ここで「地は魂ある生けるものを種類に即して、四つ足のもの、這うもの、地の獣を種類に即して出せ」と言われているのは、われわれの〈外なる人〉の、すなわち肉の性質かつ地の性質を帯びた衝動が指示されていると思われる。要するに、〔ここでは〕肉に関して述べられてはいるものの、鳥に関して何も語られておらず、四つ足のものと這うものと地の獣について語られているにすぎないのである。実に、「私の肉には善が住んでいない」（ロマ7・18）、および「肉の知恵は神に敵対している」（ロマ8・7）と使徒〔パウロ〕の言っている言葉によれば、地すなわちわれわれの肉が出すものとは、「淫らな行い、不潔な行い、不品行、貪欲、偶像礼拝という、地上にあるあなたがたの五体を死なせなさい」云々（コロ3・5）と言って使徒〔パウロ〕が命じているものこそ、それらである。

したがって、神の命令によって、神のロゴスを通して、これらの見えるものは造られ、この広大な見える世界が準備されたとき、同時に小宇宙すなわち人間を装飾しうるものが何であるかが比喩のかたちで明らかにされているのであるから、次の個所で表明される通り、そのとき、人間自身が造られたのである。

12「神はまた言われた、〈われわれの像とわれわれの似姿にかたどって人間を造ろう。そして海の魚と空の鳥と全地の魂あるものと地上を這うすべてのものを支配させよう〉」（創1・26）。

先に説明した結果に即して、以上で描写したようなものとして人間が、前述の獣と鳥と這うものと四つ足のものと他のすべてのものを支配するよう、［神は］望むのである。これらのものを同様に比喩として理解しなければならないことは、水すなわち人間の精神が霊的な思いを出し、地は肉の思いを出すよう命じられているのは、精神がそれらを支配するためであり、それらが精神を支配することのないためであると述べたとき、すでに説明したことである。

実に、すばらしい「神の作品」（エフェ2・10）であり、そのために全世界が造られた人間が、前述のことどもに汚されず、関わりをもたぬだけでなく、それらを支配するよう神は望んでいるのである。

それでは、人間とはいかなるものであるのか、聖書の言葉そのものによって考察しよう。

［人間］以外のすべての被造物は、聖書が「そして神は言われた、〈大空あれ〉」、「神はまた言われた、〈天の下にある水は一つ所に集められ、乾いた所が現れよ〉」、「神はまた言われた、〈地は青草を芽生えさせよ〉」と述べているように、神の命令によって造られるのである。他のものたちに関しても同様のことを［聖書は］述べている。ではまず、神自身が造ったものがいかなるものか考察しよう。それによって、われわれは人間がいかに偉大なものであるかに気づくであろう。

「元（はじめ）に、神は天と地とを造られた」。同様に［聖書は］言う、「そして［神は］二つの光るものを造られた」。そして、今また「われわれは人間を造ろう」と［神は言われたと聖書は言っている］。これらのものだけが神自身の作品であると記されており、他のものは何一つとして［そのようには記されて］いない。つまり、太陽と月と星々と、ここでの人間のみが神によって造られたのであり、他のすべては［神の］命令によって造られたと記されている。したがって、ここから、これらの偉大で優れた主要な存在物と同等視され、天［と同等］の栄誉をもち、そのためもろもろの天の国が約束されている人間がいかほど偉大なものか考えてみよ。善い地、「乳と蜜とが流れる、生ける者たちの地」（出3・8など）に導き入れられると期待しているのであるから、［人間は］地の栄誉をも有している。さらに、「神の国で太陽のように」(マタ13・43)輝きわたるとの約束をもつ「人間は」太陽と月との栄誉をも有しているのである。

13「神は人間を造られ、「人間」を神の像にかたどって造られた」(創1・27)という言葉は他の個所に見出せないということに、人間の境遇のなかでも特に優れた面を見ることができる。実際、天に関しても地に関しても、また太陽や月に関しても、そのような記述は見出せないのである。

当然、「神の像」にかたどって造られた人間が物体的なものであるとは考えられない。物体の形象は神の像を包含しえないし、次の個所に記されているように、物体的な人間が造られたとは言われず、形づくられたと言われているからである。実に、こう言われている、「神は地の塵から人間を形づくられた」(創2・7)、すなわち製作されたと。

ところが、「神の像にかたどって」造られたのは、見えず、非物体的で、朽ちず、不死の、われわれの〈内なる人〉である。[7] このような点で、正しく神の像は理解される。事実、もし、「神の像と似姿にかたどって」造られた人間とは物体的な人間であると考えるなら、神自身は物体的で人間のような姿形をもつと結論せざるをえない。[8] 神についてこのように考えることは、明らかに不敬極まりないことである。要するに、このような神性の何たるかを理解していない〈肉の人〉は、聖書の中で、神に関して「天は私の座、地は私の足台」(イザ66・1)と言われているのを見出すと、神が天に坐り、足を地にまで延ばしているかのように考えて、神が巨大な体を有していると想像する。このように考えるのは、聖書に描写されている神に関する神の言葉を、ふさわしく聞く耳をもっていないからである。実に、「天は私の座」ということは、「本国は天にある」(フィリ3・20)者たちの内に神は憩い、在留していることがわかるなら、神についてふさわしく理解されるのである。ところが、まだ地上の思惑に囚われている人々の内には、「足」という表現によって比喩的に示されているように、神の摂理の末端が見出されるのである。このような者たちのなかでも、完全な生活と深い洞察によって、天のものとなるよう熱心に求め、努めるなら、まず その行動によって天のものとなった後に、彼らも神の座となりうるのである。そして、彼らもまた言うであろう、「［神は］われらをキリストとともに復活させ、もろもろの天の玉座に着かせて下さった」（エフェ2・6）と。また、「天に宝を蓄えた」（マタ19・21）人も天のもの、神の座と言われうる。「彼らの宝のある所に彼らの心はある」（ルカ12・34）からである。神は彼らの上に憩うだけでなく、彼らの内に住まうのである（二コリ6・19）。

しかし、「キリストが私の内にあって語っておられる証拠を求めるのか」（二コリ13・3）と言いうるまでになるなら、彼の内に神は住まうだけでなく、彼の内を歩む。このため、天のものとされた、あるいは天になった完全な者たちは、「詩編」で言われるように、「神の栄光を語る」（詩19・2）のである。またこのためにこそ、天であった使徒たちは神の栄光を語るために遣わされ、雷の力を通して彼らが天であるとわれわれが信じるために、「ボアネルゲス、すなわち雷の子ら」（マコ3・17）という名前を得たのである。

さて、「神は人間を造られ、神の像にかたどって人間を造られた」のである。この神の像とは何かを考察し、いかなる像の似姿として人間は造られたのか探求する必要があろう。実に、「神はご自分の像もしくは似姿にかたどって人間を造られた」とは言われておらず、「神の像にかたどって［人間］を造られた」と言われている。では、その像の似姿として人間が造られた神の像として、われらの救い主のほかに何があろう。この方こそ「すべての造られたものに先立って生まれた方」（コロ1・15）であり、「神の栄光の輝きであり、神の本質の完全な現れ」（ヘブ1・3）と言われた方であり、自ら自身について「私は父の内におり、父は私の内におられる」（ヨハ14・10）、「私を見た者は父を見たのである」（ヨハ14・9）と言う方である。ある者の像を見る者は、その像が［写し出す］当事者を見るように、神を見る者は、神の像である神のロゴスを通して［見るの］である。こうして、

「私を見る者は父を見る」と言われた言葉は真実のものとなるであろう。したがって、この方の像の似姿として人間は造られ、このため、神の像であるわれらの救い主は、その似姿として造られた人間に対して共感の情をもっていたが、人間が自分の像を捨てて、邪悪な者の像をまとったのを見て、憐れみの情に駆られ、人間の像を自分のものとして、［人間］の許に来たのである。使徒［パウロ］がこれを証しして言っている通りである、「神の姿形であられたが、神と等しいものであることに固執しようとは思わず、かえって自分を無にして、僕の姿形をとり、人間の似姿となられ、人間の姿で現れ、死に至るまで自分を空しくされた」（フィリ2・6―8）。

したがって、この方の許に行き、ロゴスの像に与るものとなるよう熱心に努める者は誰しも、その進歩に応じて、彼らを造った方の像にかたどって、「〈内なる人〉は日に日に新たにされ」（二コリ4・16）、こうして「この方の栄光に輝く体と同じ体に変えられ」（フィリ3・21）うるであろう。しかし、各人その力に応じてのことである。使徒たちは、この方が自ら彼らについて「私は、私の父であり、あなたがたの父である方、また私の神であり、あなたがたの神である方の許に行く」（ヨハ20・17）と言うまでに、この方の似姿へと変えられたのである。この方自身、「父よ、私とあなたが一つであるように、私たちの内にあって彼らが一つになりますように」（ヨハ17・21―22）と祈ったとき、彼らに以前の似姿が返し与えられるようにと父に願ったのである。

それゆえ、われわれはこの方の似姿へと変えられうるよう、この神の像をたえず見つめよう。実に、本性に反して、悪魔の像を見つめる、神の像にかたどって造られた人間は、罪によって［悪魔］と同じものにされてしまうとすれば、ましてや、その似姿にかたどって神によって造られた［人間は］神の像を見つめることで、ロゴスとその力を通して、かつて自分に与えられていた〈ロゴス〉の姿形を再び受けるであろう。しかし、何人も、自分が神よりも悪魔の似姿であるのを見て、神の像の姿形を再び取り戻しえないと絶望してはならない。救い主は「義しい人ではなく、罪人を悔い改めに招くために」（ルカ5・32）来たからである。マタイは徴税人であり（マタ10・3)、当然、彼の像は悪魔に似ていたが、神の像であるわれらの救い主の許に行き、その［像］に従って、神の像の似姿へと変容された。ゼベダイの子ヤコブと、その兄弟ヨハネとは漁師であり無学な人間であり（マタ4・21、使4・13)、当然、当初はむしろ悪魔の像の似姿を帯びていたが、彼らも神の像に従い、［神の像］に似た者とされた。他の使徒たちと同様である。パウロは神の像そのものの迫害者であった（一テモ1・13)。しかしながら、一度［神の像］の輝きと美しさを眺めることができると、それを見たことで、「キリストが私の内にあって語っておられる証拠を求めるのか」（二コリ13・3）と言うまでに、その似姿へと変えられたのである。

14 「［神は人間を］男と女とに造られた。そして神は彼らを祝福して言われた、〈繁殖し、数を増し、地を満たし、地を支配せよ〉」（創1・27―28)。

ここで文字通りの意味に即して、なぜ、まだ女が造られていないのに、聖書は「［神は人間を］男と女とに造られた」と言うのか究明するのもふさわしかろう。私の考えでは、おそらく、「繁殖し、数を増し、地を満たせ」と言って、彼らを祝福された祝福のゆえに、将来起こることを先取りして、「［人間］を男と女とに造られた」と言うのであろう。女なしに、人間は繁殖することも数を増すこともできないからである。したがって、この祝福は、「［人間］を男と女とに造られた」と言う将来の時のものであることに疑問の余地はない。事実、人間［男］は、自分に女が結び合わされたことで、その結果として繁殖し数を増すのを目にして初めて、神の祝福の内に確固とした希望を抱きうるのである。もし、聖書が「繁殖し、数を増し、地を満たし、地を支配せよ」と言っただけで、「［人間］を男と女とに造られた」と言い添えなかったなら、天使によって祝福されたマリアがその祝福に対して「どうして、そのようなことがありえましょうか。私は男の人を知りませんのに」（ルカ1・34）と答えたように、当然［人間にとって］神の祝福は信じがたいものであったろう。

あるいは、おそらく、天と地、太陽と月というように、神によって造られたものは皆、結び合わされたものとして述べられているので、当然、人間も神の作品として、和合もしくは適当な結合なしに形づくられたのではないことを明らかにするよう、そのために先取りして、「〔人間〕を男と女とに造られた」と言うのであろう。

以上は、文字通りの意味から生じうる疑問に答えたものである。

15　では、比喩的解釈によって、いかにして人間が神の像にかたどって男と女とに造られたのか、考察しよう。われわれの〈内なる人〉は精神[10]と魂とから成っている。精神は男性であると言われるのに対して、魂は女性と呼ばれうる。この双方が互いに調和と和合を保っているなら、互いの一致によって成長〔繁殖〕し、数を増し、子供たちとして善い思いと理解、あるいは有益な考えを生み、それらによって地を満たし、地を支配する。つまり、これは自分に服従させた肉の思いをより善い意図に向けさせ、いかなる場合にも、肉が精神の意思に反して向こう見ずに振舞わぬように従わせるということである。ところが、精神に結び合わされた、むしろ交わりによって結合されたと言うべき魂が、あるときは肉の快楽へ傾き、また肉の喜悦に思いを寄せ、あるときは精神の健全な忠告に服しているように見られ、またあるときは実際に肉の悪習に陥ってしまうなら、このような魂は、いわば肉の姦通によって汚されてしまい、成長〔繁殖〕しているとも合法的に数を増しているとも言われない。姦通による子供たちを不完全な者たちと聖書は規定しているからである（知3・16）。実に、精神との交わりを放棄し、肉の思いと肉の欲望に自らをまったく屈服させてしまうこのような魂は、いわば厚かましくも神に背を向けたものとして、「お前は娼婦の顔つきになってしまった。恥知らずにも、皆に媚を売る」（エレ3・3）という言葉を聞くであろう。つまり娼婦のように罰せられ、その子供たちを殺す準備をせよと命じられるであろう（イザ14・21）。

16　「また海の魚と、空の鳥と、家畜と、地のすべての生き物、地を這うすべてのものを支配せよ」（創1・28）。この言葉に関しては、すでに「神は言われた、〈人間を造ろう〉」云々という言葉の中で、「海の魚、空の鳥」

等々を「支配せよ」と言われていることに関して述べたとき、文字通りの意味に即して解釈した。しかし、比喩的に解釈すれば、魚とか鳥、あるいは魂あるものとか地を這うものによって、前述のもの、すなわち魂の思いと心の思惑から生じるもの、あるいは肉体の欲望と肉の衝動によってもたらされるものが示されているものと、私には思われる。実に、聖なる人々、神の祝福を自らの内に保持している人々は、精神の意志に応じて、人間全体に対する支配権を行使している。ところが、罪人たちは、肉の悪習と肉体の意志によってもたらされるものたちに支配されているのである。

17 「神はまた言われた、〈全地の面に種子を蒔く種子をもつすべての草と、繁殖力のある種子の果実を自らの内に有するすべての木をあなたたちに与えた。これは、あなたたちと、地のすべての獣と天の鳥と地を這うすべての這うもの、生ける魂をもつものの食物となるだろう〉」（創1・29―30）。

この言葉の歴史的意味は、明らかに、植物つまり野菜と木の実を食物として用いることが、初めに神から許されたことにある。ところが、肉を食する権能が人間に与えられるのは、その後、洪水の後にノアと契約が結ばれるときのことである（創9・3）。その理由に関しては、当該個所で詳しく説明されるであろう。

しかしながら、比喩的な意味では、人々に食物として与えられる地の植物と果実とは、身体的な情念のことであると理解しうる。たとえば、憤怒とか情欲は体から芽生えるものである。この芽の成果、すなわち行為は、われわれ理性的な「ロゴスに与っている」[11]者にとっても、地の獣にとっても共通したものである。義のため、つまり罪科を犯した者を咎め、彼の救いのための矯正として、われわれが怒るときには、この地の実によってわれわれは養われ、身体的な憤怒はわれわれの糧となり、それによってわれわれは罪を抑制し、義を回復させるのである。

この解釈が、聖書の権威に裏づけられたものというより、私の個人的な見解にすぎないと思われないように、

「民数記」に戻り、祭司ピネハスの行ったことを思い起こしていただきたい。彼は、万人の面前で、ミディアンの娼婦がイスラエルの男と淫らに抱き合っているのを見て、神の熱情［妬み］からくる怒りに満たされ、剣を取り、両者の胸を刺し貫いている（民25・7―8）。「ピネハスは私の怒りを宥めた。それは彼の義しい業とみなされるであろう」（民25・11―12、詩106・31）と主が言っているので、彼にとってこの行為は神によって義しい業とみなされるものであった。

したがって、この地に属する怒りという食物も、理性的に［ロゴスに即して］義のために用いるなら、われわれの糧となるのである。

ところが、無垢の人々を罰したり、何の罪科も犯していない人々に対して腹を立てたりするような、条理に反する怒りを発散させるなら、この食物は野の獣、地の蛇、天の鳥の餌となるであろう。実に、われわれの悪行を糧とし、それに拍手喝采する悪霊どもは、そのような食物で養われるのである。このような行為の実例がカインである。彼は、嫉妬からの怒りに駆られ、無垢の弟を欺いたのである（創4・8）。

情欲に関しても、またこれに類する個々の情念に関しても、同様に考えなければならない。たとえば、「われわれの魂が生ける神を恋い求め、痩せ細る」（詩84・3）ときには、情欲はわれわれの糧となる。しかし、情欲をもって他人の妻を見たり（マタ5・28）、隣人の物を渇望するときには、情欲は獣の餌となる。イズレエル人ナボトの葡萄畑に対するアハブの渇望［情欲］とイゼベルの行為が実例となりうる通りである（王上21章参照）。

当然、聖書が言葉の端々に至るまで細心の注意を払っている点にも注目しなければならない。たとえば、人間に関しては、「神は言われた、〈全地の面にある種子をもつすべての草と、地の面のすべての木をあなたたちに与えた。これは、あなたたちの食物となるだろう〉」と述べているのに、獣に関しては、「これらのすべてを彼らに食物として与えた」とは言わず、「彼らの食物となろう」と述べているのである。つまり、先に説明した霊的解釈によれば、これらの情念は神から人間に与えられたが、それらが地の獣の餌にもなるであろうことが神によって予告されているものと理解される。したがって、聖書は言葉の一つ一つを細心の注意を払って用いて、人間に関しては、「これらを食物としてあなたたちに与えた」と神は言うと述べているが、獣に関する個所に至ると、予告する意味合いで、これらが獣と鳥と蛇の餌にもなるであろうと述べているのである。

ところで、われわれは使徒パウロの言葉に応えて、彼が述べているように、「キリストの思い」（一コリ２・16）を受け入れるとともに、「神からわれわれに与えられたこと」（一コリ２・12）を知ることができるよう、「［聖書の］朗読に専念しよう」（一テモ４・13）。そして、糧としてわれわれに与えられたものを豚や犬の餌とせぬよう（マタ７・６）、ふさわしい糧をわれわれの内に備えよう。それによって、父とともに来、聖霊［の交わり］のうちにわれわれの許に住まいを設けることを望まれる（ヨハ14・23）神の子、ロゴスをわれわれの心の宿舎に迎えるにふさわしいものとなるように。そのためにも、われわれはまず何よりも、聖性によって聖霊の神殿となっていなければならないのである（一コリ６・19）。この方に代々とこしえに栄光がありますように。アーメン（ロマ11・36）。

説教二——創世記6章5節—8章22節(1)

堀江知己訳

第6章

13そして神はノアに言われた。「すべての人間の［終わりの］時が私の前に来ている。彼らによって地は不
正で満ちてしまったからである。よって今や、私は彼らを、そして地を滅ぼす。14そこであなたは、あな
たのために四角い木で箱舟を造りなさい。あなたはその箱舟を部屋(2)［を持った構造］とし、内側にも外側
にもタールを塗りなさい。15そしてあなたはその箱舟を次のように造りなさい。箱舟の長さは三百アンマ(3)、
幅は五十アンマ、その高さは三十アンマ。16［上に向かって］次第に細くなるように箱舟を造り、上は一ア
ンマで仕上げなさい。箱舟の戸口は横側に付けなさい。また、下の部分は二階にし、［上の部分は］三階にし
て(4)箱舟を造りなさい。17私は今こそ、地上に大洪水(5)をもたらす。命の息のあるすべての肉なるものを、天
の下で滅ぼすためである。こうして地にあるすべてのものは息絶える。18そして私はあなたに対して私の
契約を立てる。あなたは箱舟に入るだろう。あなたと、そしてあなたの息子たち、あなたの妻、あなたの
息子の妻たちもあなたと一緒に。19またあなたは、すべての家畜、地を這うすべての生き物、すべての獣、
すべての肉なるもの、といったすべてのものの中から、［それぞれ］二匹と二匹を箱舟に入れるだろう。あ

なた自身と共に、それらを一緒に養うためである。それらは雄と雌でなければならない。20 すべての種類
の空を飛ぶ鳥、すべての種類の家畜、地を這うすべての種類の這う生き物、といったすべてのものの中から
それぞれ雄と雌二匹と二匹が、あなたと一緒に養われるためにあなたのもとへとやって来るだろう。21 さ
らに、あなたは、あなたがたが食べるであろうあらゆる食べ物の中から自分のために集め、自分のところに
持ってきなさい。それがあなたと、かのものたちにとって食べられるものとなるだろう」。22 こうしてノア
は主なる神が命じられたことをすべて行い、そのように実行した。

（七十人訳創6・13—22、堀江知己訳）

1　ノアは神のご命令に従って箱舟を造りました。この箱舟について、今からお話ししていきたいと思いますが、まずはじめに、箱舟について記された箇所における字義どおりの意味を考えていきましょう。その際に、多くの人たちがいつも抱くような疑問を幾つか提示し、そして、先達者たちが残してくれた解釈[6]も参考にしながら、それらの疑問を解き明かしたいと思っています。以上の準備段階を経たあと、字義どおりの[7]テキストから、霊による認識に基づくところの神秘的ないし比喩的[8]な意味へと上り詰め、さらには、神秘的ないし比喩的解釈によって取り出されるべき何らかの秘義があるならば、ぜひその解明に当たってみます。そのためにも、主が私たちに対し、御言葉を明らかにして悟らしめてくださいますように。

では、書かれてあることをそのまま読んでみましょう。こう記されています。「そして主はノアに言われた。すべての人間の［終わりの］時が私の前に来ている。彼らのゆえに地は不正で満ちてしまったからである。よって今や、私は彼らを、そして地を滅ぼす。そこであなたは角材[9]で箱舟を造りなさい。箱舟に部屋[10]を造り、内側に

も外側にもタールを塗りなさい。そして、あなたはその箱舟を次のように造りなさい。箱舟の長さは三百キュビト、幅は五十キュビト、高さは三十キュビトと定めなさい。一番上は一キュビトにして仕上げなさい。また、箱舟の戸口は横側に付けなさい。箱舟の下層部分は二階、上層部分は三階としなさい」（創6・13―16）。そしてこの後、「ノアはすべて主なる神が命じられたとおりに行い、そのように実行した」（創6・22）と記されています。

さて、まずはこう問われるでしょう。一体、箱舟はどのような外観を呈し、そしてどのような形をしていたと理解すべきだろうか、と。書かれてあることから察するところ、箱舟は、一番下の部分は四つの角を持っており、その四つの角をそのまま保ったまま、最上層の一キュビトの空間まで上っていくにつれ次第に狭くなっていたのだと私は思います。また、これも書かれてありますとおり、土台部分の長さは三百キュビト、幅は五十キュビトとなっており、高さは三十キュビトで造られていました。さらに、幅も長さも共に一キュビトとなるまで、頂上に向かって次第に狭くなっていきます。内部に関しては、箱舟の下層部分と呼ばれるところは二階建てでした。つまり、下層部分は二つに分かれた居住空間を含むものでした。そして、上層部分は三階建てでした。上層部分はいわば三重に仕立てられた部屋から成っていました。このように居住空間が分けられていましたのは、おそらく、さまざまな種類の動物や獣を、それぞれに合った居住区域に［さらに細かく］仕分けしやすくするためでした。そしてまた、狂暴な獣から、弱く穏やかな動物を遠ざけるためでしたが、それぞれの生き物ごとに分けられた居住区域のことが、「部屋」と呼ばれているのです。角材のことも言及されていますが、角材が用いられたのは、それぞれの木材がうまく接合しやすいからであり、さらに、内にも外にもタールを塗り、結合部分が固められることによって、氾濫した洪水の水が流れ込むのを完全に防ぐことができました。

広く知られた伝承(11)によりますと、またこの伝承はもっともらしいものなのですが、下の部分（先ほど申し上げましたように、下の部分は二階の構造となっていました。一方、上の部分は、三階建てであったと言われていますが、下の部分も、その三階からなる上の部分とは別に二階建てとなっていたと言われています）が二つに分かれていましたのは、次のような理由によっていたのだそうです。すなわち、この伝承によりますと、「丸一年にわたって、全種類の動物が箱舟の中で暮らさねばならなかった。よって当然、一年分の食料を備蓄せねばならず、さらには、食料を備蓄するための部屋とは別に、廃棄物を収めるための部屋が設けられなくてはならなかった。そうでなければ、動物にとって、汚物が放つ悪臭は耐え難いものとなっただろうし、とりわけ人間にとってはそうであっただろう」のだそうです。よって、同じく伝承によりますと、「船底に位地していた最も下の部分は、この必要を満たすため［つまり、廃棄物を保管するため］にあてがわれ用意されていた。一方、その真上の部屋は、飼料を蓄えておくために割り当てられていた」のだそうです。確かに、もともと肉食という習性を持つ動物のためには、外から［生き残るために連れてこられた以外の］動物を船の中に連れてこなくてはならなかったでしょう。なぜなら、子孫を新たに産み落とすためにも、外からの動物を食べることによって、己の生命を維持することができなくてはならなかったでしょうから。また、その他の動物には、それぞれ自然の本性が要求するところの食べ物が、それぞれ別個に蓄えられていたことでしょう。よって伝承によりますと、以上の理由から、二階建てであったと言われているところの下の部分は、二階に分かれていたそうです。一方で、［三階からなる］上の部分は、動物や獣の居住空間に割り当てられていたのだそうです。その三階のうち、一番下の階は、どう猛で気性の荒い獣の住まい、あるいは蛇の住まいとして用いられ、そしてこの階に隣接する真上の空間は、より穏やかな習性の動物の住まいであったとのことです。さらに、これら二つの階の上にあった最上階は、人間のための住居にあてがわれていたようですが、それは、尊厳と分別において、人間はすべての生き物に勝っているからです。人間については、分別と知恵とによって、地におけるすべての被造物を支配する存在であると言われていますが、それだけに、箱舟の中においても、人間は箱舟に入れられたほかのすべての生き物よりも勝った場所におらねばならず、上に位置していなくてはならなかったとのことです。

一方で、やはり伝承によりますと、箱舟の横側に設けられたとされる戸口に関しては次のとおりです。すなわち、戸口が付けられたところは、二階建てであったとされる部分が、その下に位置していた場所にあり、代わって三階建てとなっていたとされる上の部分は、まさにこの戸口を基準として「［この戸口からは］上の部分」と呼ばれているのだそうです。そして、すべての動物は、この戸口から箱舟の中に入り、（私たちが今確認しましたところの）それぞれに割り当てられた住まいへと向かったそうです。それにしても、この戸口部分が［水圧から］守られたのは、とても人間の力によるものではありませんでした。［ノアたちが箱舟に入り、中から］戸口が締められた後、箱舟の外には［外から戸口の透き間をタールで固めるのを手伝ってくれる］人間は誰もいなかったはずなのですから、外から戸口をタールで固めることなどできたでしょうか？　よって、人間の手で固めることができなかったはずの入り口から、水が浸入することがなかったのは、疑いなく神の御力が働いてくださったからであったに違いありません。よって、聖書――聖書はこのほか細々と記していますが――もこの戸口に関して告げています。つまり、箱舟を造り終え、動物と息子たち、その妻たちを箱舟に入れたノアでありましたが、そのノア本人が「箱舟の戸口を閉めた」とは、聖書は記しておりません。むしろ聖書はこう言っています。「主なる神は、外から箱舟の戸を閉じられた。そしてこうして洪水が起こった」（創7・16―17）。また、次のことも着目すべきですが、洪水が収まった後、ノアが戸を開いたとは記されていません。むしろ、「窓を開け」（創8・6）と記されています。[12] そしてそれは、「烏（からす）を放して、地上の水が引いたかどうか確かめる」（創8・8）ためでした。

さて、ノアは、彼と一緒に箱舟に乗り込んだ全種類の動物や獣のために、食料も箱舟に持ち込んだものと考えなくてはなりません。それは、主がノアに命じられたお言葉から十分推察できます。こう言われています。「あなたは食べることのできるあらゆる食べ物の中から自分のために取ってきて、自分のもとに集めなさい。それがあなたと彼らにとって食べるものとなる」（創6・21）。主がノアに命じられたことを、ノアはそのとおり行いました。それは、聖書が次のように告げていることからも分かります。「こうして、ノアは主なる神が命じられたことをすべて行い、そのように実行した」（創6・22）。生き物が出す糞（ふん）のために設けられた部屋について私は言及しましたが、確かに、聖書はこれについて何も述べてはおりません。ただ伝承が伝えているのみです。ですが、伝承がそう伝えていますことは、もっともらしく聞こえます。これについて聖書は何も告げてはいませんが、しかしそれは、あえて聖書から告げられずとも、よく考えれば分かり切ったことであるからです。それに、以上のことに関しては、なにも霊的解釈に該当するものとは呼べませんので、聖書もこれに関して沈黙しているのでしょう。聖書の物語というものは、［こういった簡単に得られる解釈ではなく］むしろ比喩的解釈にこそ向けられています。一方で、止むことなく降り続ける雨、そして洪水のことを考えますと、箱舟としてはこれに勝った構造は何も考えつかないほどにふさわしく、適切なものとなっていました。つまり、この箱舟は、その頂上のおかげで、つまり、いわば狭い頂上に向かって［次第に狭くなって］いくような屋根をしていたために、豪雨から食らう衝撃を回避することができましたし、また、船の底に関しても、四つの隅を持つ構造となっていたために、激しい嵐の中でも、あるいは荒れ狂う波がぶつかっても、しっかりと水に浮かんでいることができましたし、さらには、船の中にいる動物がどんなに騒がしく動いても、傾くこともなければ、沈むこともありませんでした。

2　以上のように、［箱舟には］あらゆる技巧がこらしてありました。それなのに、ある人たちは難癖をつけてきます。とりわけアペレース[13]がそうです。この人物はマルキオンの弟子でしたが、その師マルキオンから受け継いだ以上の異教をこしらえてしまいました。この人は、モーセの書を、神の知恵とも、また聖霊の御業ともまったく関係ないものと見なしたかったようです。彼は、この手の［モーセの書を冒瀆する］主張をとことん押し進め、次のように言いました。「その程度の狭い空間では、たくさんの種類の生き物と、それら生き物を丸一年養うに足る食料を詰め込むことなど、まったくもってありえないではないか」。清くない動物は二組のペア（創6・19）——つまりこれは、雄雌二匹ずつ、といった意味です。「ペアとペア」といった繰り返しがなされているのは、「雄雌二匹ずつ」という意味です——、一方清い動物は七組のペア（創7・2）——つまりこれは、七組の雄雌、といった意味ですが——が箱舟の中に持ち込まれたと記されていますが、このことについて、この人は次のように言います。「聖書に記された広さの空間であれば、せいぜい四匹の象が収容可能であったくらいだ」。そしてこの人は、「これこれの動物であれば、何匹収容が可能である」といったように批判を続けていき、最後にこう締めくくります。「これは作り話であるに違いない。そして作り話である以上、神に由来する書であるはずがない」。

しかし、こういった批判への返答として、私たちがヘブライ人の伝承に通じた知恵者たちから学んだことを、そして、私たちが昔の教師たちから学んだことを、聴衆の皆様にお知らせいたしましょう。彼ら昔の人たちは、次のように教えたものです。「モーセは——聖書が彼について証ししているように（使7・22）——エジプト人のあらゆる知識を学んだ。このモーセは、ここでの箇所において、とりわけエジプト人が精通していたところの幾何学計算にのっとってキュビト数を記した。［エジプトの］幾何学者たちは、彼らが『累乗』[14]と呼ぶところの計算単位を用いていたが、立体や正方形を計算する際に、一般縮尺率ならば[15]一キュビトは六キュビトの縮尺として、あるいは強度縮尺率[16]ならば一キュビトは三百キュビトの縮尺として用いられる」。以上のような計算方法によりますと、ノアが造った箱舟の大きさとしましては、その長さであれ幅であれ、途方もない大きさであったことが分かります。それは、［やがて洪水が終わった後、いわば］世界を再生させるための芽を、あるいは、［いわば］すべての動物が元通り［世界に］増えていくための苗床を、十分収納することができた大きさでした[17]。以上、ここまでは歴史に関して述べてきましたが[18]、それは、旧約聖書の書物に打撃を加えようとたくらむ人たち、すなわち、旧約聖書には、決してありえない不合理な事柄についての記述が含まれているかのように考えている人たちを退けるためです。

3 それではまず、私たちは旧約聖書が朗読される際に、覆いを取り除くことがおできになる唯一のお方（二コリ3・14―16）に対して祈りましょう。そして、この巨大な建造物である箱舟の中に、霊をも造り上げる（一コリ14・4参照）ためのどのようなものが含まれているのか、探求していくことにいたしましょう。この私は理解力の乏しい者ではありますが、それでもこの私の理解が及ぶかぎり、次のように判断させていただきます。すなわち、世をもう少しで完全に終わらせてしまったところのかつての洪水は、やがて本当に世に訪れることになる［完全なる］終わりの予表[19]です。後者の終わりに関して、主ご自身も次のように言って予告なさいました。「ノアの時代、人々は物を買ったり売ったりし、家を建てたり、めとったり嫁がせたりしていた。しかし、洪水が起こり、すべてを無に帰してしまった。人の子の到来もそのようになるだろう」（ルカ17・26―30、マタ24・37―39）。主のこのお言葉では、過ぎしかつての洪水と、ご自身がやがて訪れると予告なさったところの世の終わりとが重なったかたち[20]で示されています。かつてノアは命じられました。箱舟を造り、そこに息子たちや親族と共に入るだけでなく、あらゆる種類の動物も共に連れ込むようにと。これと同様、私たちのノア――このお方こそ、ただ一人正しく、ただ一人全きお方（創6・9）であられます――であられる主イエス・キリストも、世が終わりを迎える際に、御父から言われます。角材で箱舟を造るようにと。そして、天の秘義に包まれた［私たちが知ることのできない］ご寸法を、御父はキリストにお示しになられることでしょう。以上のことに関しては、詩編においてて記されていることでもあります。つまりこう言われています。「求めよ。私はもろもろの民をあなたの相続地とし、地の果てまで、あなたの所有としよう[21]」（詩2・8）。

さて、ノアは箱舟を造り、その箱舟の中に多種多様な生き物を入れるための［たくさんの］部屋――つまりこれは、いわば保管室と同じものですが――を設けます。保管室に関しては、預言者も言及しています。「さあ、私の民よ、自分の保管室へ入れ。しばらくの間、隠れよ。憤った私の怒りが過ぎ去るまで」（イザ26・20）。

教会において救われる民は、箱舟によって命救われた人たちないし動物にたとえられます[22]。ですが、救われる民すべてが、同じ報酬を受け取るわけではなく、また、信仰においてまったく同じ程度に前進しているわけでもありません。ゆえに、ノアの箱舟も、すべてのものに対して、共通のたった一つの部屋が差し出されたのではありません。つまり、下の部分は二階からなり、上の部分は三階からなってい［るといったように分かれてい］ます。さらに、ノアの箱舟において、それぞれにとっての部屋が分かれていますことは、次のことを指し示しています。すなわち、確かに、教会において、民は同じ一つの信仰で結ばれ、また一つのバプテスマによって洗われてはおりますが、とはいえ皆がまったく同じ進歩を遂げているわけではありません。むしろ、一人一人にそれぞれ階級があり（一コリ15・23）ます。理性に基づく知恵によって生きている人たち、また、自分自身が進んで行くだけでなく、ほかの人々にも教えることができる（二テモ2・2）人はとても少ないです。それだけに[23]、そういった人たちは、ノアと一緒に救われたところの、ノアと近親という仲で結ばれていた少数の人間によって象徴されています。また、まことのノアであられる私たちの主イエス・キリストも、僅かな近親者、僅かな息子たち、僅かなご親戚しかお持ちではありません。これらの人たちは、キリストの御言葉にあずかり、キリストの知恵にふさわしい人たちのことですが[24]、この人たちこそが、最高の位に置かれ、箱舟における最上階に入れられます。一方で、理性を欠いた動物の大群は――獣もそれに含まれますが――、こぞって下の方の階に収容されますが、中でもとりわけ、信仰による穏やかさをもって、己の荒々しさ野蛮さを抑えつけることができなかった人たちが下の方の階に収容されます。さらに、これらの人たちよりは多少優れた人たち、すなわち、理性においては完全でなくとも、素朴さと高潔さをきちんと保っている人たちは、これらの人たちよりは上の階に入ります。

以上のように、それぞれの住まいの階層はさまざまですが、一つ一つの階層を上って行くことによって、ノア本人――「ノア」とは「休息」、ないし「義なる者」という意味ですが――のところへと至ります。そのノアとは、キリスト・イエスのことです。ノアの父レメクが告げた次の言葉は、昔の時代に生きたノアに向けられたものではありません。「この子は、私たちの手の働きと労苦から、そして、主なる神が呪われたところの土から解放し、私たちに休息を与えてくれるだろう」（創5・29）。といいますのは、レメクに対してであれ、あるいは当時地上で暮らしていた人々に対してであれ、どうして古きノアが休息を与えたなどといったことがありましょうか？　あるいは、ノアの時代に、人々が働きや労苦から解放されて休んだなどといったことはありえたでしょうか？　さらにどうして、主が地に与えられた呪いが取り払われたと言えるでしょうか？　むしろ神のお怒りは、ノアの時代、とりわけ激しく示されていたのではないでしょうか？　また聖書に記されているとおり、神ご自身、言われているではありませんか、「私は、地上に人を造ったことを悔やむ」（創6・7）と。さらに神は言っておられるではありませんか、「私は、地の面にいるすべての肉なるものを滅ぼそう」（創6・7、創6・13）と。とりわけ、生命を宿したものに滅びが言い渡されることは、神がきわめてご憤慨なさっていることの証しではないでしょうか？　ですがここで、われらが主イエス・キリストに目を向けてみましょう。このお方について、こう言われています。「見よ、世の罪を取り除く神の小羊だ」（ヨハ1・29）。さらに、このお方については次のようにも言われています。「キリストは、私たちのために呪いとなって、私たちを律法の呪いから贖い出してくださいました」（ガラ3・13）。一方で、このお方ご自身は言われました。「あなたがたは重荷を負って苦労している。私のもとに来なさい。あなたがたを休ませてあげよう。そうすれば、あなたがたの魂に休息が得られる」（マタ11・28―29）。以上の箇所からも分かりますように、キリストこそが、人々にまことの休息を与え、主なる神が呪いを下されたところの大地から、その呪いを解いてくださったお方です。ゆえに、このお方、すなわち、人々に安らぎをもたらされ、世の罪を取り除かれたところの、霊的な意味でのノアであられるお方に対してこそ、「あなたのために、あなたは角材で箱舟を造りなさい」（創6・14）と神は命じられたのでした。

4　続きまして、「角材」とはどのようなものなのかを確認いたしましょう。四角の形をしたものは、上下左右に［簡単には］揺れ動くことはなく、人がどの方向に動かしても、なかなか動かず、しっかりとした安定を保つものです。よって、箱舟の建造に用いられたところのこの木材は、箱舟の中で生き物が騒いだとしても、あるいは、外から打ち寄せる波によっても、船の均衡を保たせることができるものです。私が思いますに、教会における教師、また指導者たちや、信仰にかけて熱心な人たちは、教会の内にとどまる人々に対し、御言葉によって正し、御教えをもって世話をし、慰めてあげる人でなくてはなりません。一方で、彼らは、教会の外から攻撃を加えてくる異邦人や異端者――この人たちは、言葉攻めをもって［教会の中に］波風を立て、論争の嵐を引き起こすような人たちでありますが――に対しては、御言葉の力と、理性に基づく知恵とをもって、相対せねばなりません。神の聖書が、理性の木々[25]について記しているということを、皆様が確認しておきたいのでしたら、預言者エゼキエルが記した言葉を見てください。彼はこう記しています。「第十一年の第三の月の一日に、主のお言葉が私に望んだ――人の子よ、エジプトの王ファラオとその軍勢に言いなさい。『あなたは、自分の偉大さを誰と比べるのか？　見よ、アッシリアはレバノンの糸杉だ。枝は美しく、たくさんの木陰を作り、背は高かった。その梢（こずえ）は雲の間にあり、水がこれを育て、深淵が背を高くし、あらゆる川を周りに流れさせ、その大量の水を野のすべての木々に送った。こうして、その丈はすべての野の木よりも高くなった』」（エゼ31・1―5）。この少し後で、エゼキエルは次のように記しています。「神の園におけるたくさんの糸杉であれ松であれ、その枝に及ばず、モミの木もこれに比べられない。神の園のどんな木も、これと比べようがなく、神の楽園にある木々は皆、これを羨んだ」（エゼ31・8―9）。預言者は、何の木について、あるいはどのような種類の木について言おうとしているのか、と皆様はお思いでしょうか？　どうしてエゼキエルは、「神の園におけるすべての木々にとって、比べようのないレバノンの糸杉」などといったものを描写しているのでしょう？　なぜエゼキエルは、さらにつけ加えて「神の園におけるすべての木々は、その木を羨んだ」などと言って締め括っているのでしょうか？　間違いなくエゼキエルは私たちに促しています、「神の園における木々」を、霊的解釈をもって、「理性の木々[26]」として理解するようにと。つまり、エゼキエル［として］は［いわば］次のように記［そうと］しています。「理性の木々であるはずなのに、レバノンにある木々などに対する闘争心が芽生えている［のはいかがなことか］」。

本論から外れたことではありますが、次の箇所についても言わせてください。「木に掛けられる者は皆、神に呪われた者である」（申21・23）と記されておりますが、この言葉の意味は、ほかのところに記されている言葉、すなわち、「人間を頼みとする人は呪われよ」（エレ17・5）といった言葉が意味することと同じであると、私たちは理解しなくてはならないでしょう。私たちは、神にのみ寄り掛からなくてはなりません。神以外の何かに寄り掛かってはならないのです。たとえ、相手が神の園からやって来た者と称される人、つまり、パウロが、「私たち［使徒たち］であれ、天の使いであれ、私たちがあなたがたに告げ知らせた福音以外のことをあなたがたに告げ知らせるなら、その者は呪われるべきです」（ガラ1・8）と言っているところの使徒たちや天の使いであったとしても、決して寄り掛かってはなりません。しかし、このことについては別の機会に詳しく扱いましょう。

いずれにしても、角材が何を意味しているのか、つまり、いわば外から打ち寄せる波から箱舟の生き物を守るための要塞となり囲いとなるようにと、霊的な意味でのノア［であられるキリスト］が用いられるところの角材が、一体何を意味しているのか、皆様はもうお分かりでしょう。ところで、この木材は、内からも外からもタールが塗りつけられたとのことです（創6・14）。実に、教会の建築家なるキリストは、あなたに対して望んでおられます。外面的には義なる者のように見えるけれども、内側は死者の墓であるような人（マタ23・27）にならないことを。むしろ、主はあなたに対して望んでおられます。外の［目に見える］体も聖であるとともに、内なる心もまた清くあるようにと。何事にも［身を汚さぬようにと］用心するとともに、貞節と高潔という美徳をもって［心を］固めていなくてはなりません。これこそが、「内からも外からもタールを塗りつけた」という箇所が意味することです。

5　この後、箱舟の長さ、幅、高さについて言及されています。長さ、幅、高さに関する具体的な数字が記されていますが、これらの数字は大いなる秘義を宿しています。[27] ですが、具体的な数字に関して調査していく前に、そもそも「長さ」「幅」「高さ」そのものはどういった意味なのかを確かめましょう。使徒はある箇所において、十字架の秘義に関して、とても奇しき仕方で解き明かしています。その際に使徒は次のように言っています。「長さ、広さ、深さがどれほどのものかを悟り」（エフェ3・18）。［使徒は「深さ」と明記していますが］「深さ」は「高さ」と同じ意味です。下から上の距離を測る場合においては「高さ」と表現され、一方、上を基準として下へと降っていく場合においては「深さ」と表現されるだけだと思われます。よって、神の御霊は、モーセを通しても、パウロを通しても、まったく矛盾しないかたちで、大いなる秘義が宿る象徴［としての言葉］を告げ知らせておられます。パウロの方は、キリストの陰府下りに関する秘義を解き明かしているために、つまり、地上から陰府へと下られたキリストについて告げ知らせているために、「深さ」という呼び方をしています。一方で、モーセは、キリストを通して世の滅亡——これはいわば洪水による死にたとえられますが——から救い出され、陰府から天の高みへと引き上げられる人たちの復活について語っているために、箱舟の寸法について記す際に、「深さ」ではなく「高さ」——いわば低き地上から天の高みに上る、といった観点から——と呼んでいます。

［具体的な］数字も記されています。「長さは三百キュビト、幅は五十キュビト、高さは三十キュビト」。三百は百の三倍です。一般的に、百という数は完全数と見なされており、そしてこの百という数には、「全理性的被

造物」といった意味が隠されています。それは、福音書に記された次の箇所を読めば分かるでしょう。「ある人が羊を百匹持っていて、その中の一匹が迷い出たので、その人は九十九匹を山に残して、迷い出た一匹を捜しに出かけた。そしてその一匹を見つけると、その人はその羊を肩にかついで運び、迷子にはならなかった残りの九十九匹のもとに連れ戻った」（マタ18・12—13、ルカ15・4—6）。以上の箇所からも分かるとおり、百といった数字は全理性的被造物を表しますが、［この理性的被造物は］それ自身で存在しているのではなく、三位一体［の神］から流れ出るものであり、さらには長き命(28)といったものを、すなわち不死といった御恵みを、御子と聖霊を介して御父から受け取ります。だからこそ、百という完全数が三倍され［たところの三百という数が、ここでの箇所で記され］ています。(29)といいますのは、三位一体の御恵みによって、理性的被造物は完全な者へと高められるからであり、また、無知［といった罪］のために百［という数が象徴する高き地位］から落ちてしまった状態にあっても、三位一体［の神］を認識することをとおして、三百［という数が象徴する高き地位］へと回復させられるからです。幅に関しては五十という数字です。この数は［罪人の］赦し、ないし贖罪（しょくざい）を指し示すところの聖別された数です。律法によりますと、五十年目は解放の年とされていました。つまり、ある人が地所を手放してしまっても、五十年目にその地所を取り戻しました（レビ25・10—13）。また、自由の身であった者が奴隷となってしまっても、五十年目には再び自由の身となりました。負債を負っていた者は免除を受け、家を追われていた者は自分の家に戻りました。よって、霊的な意味でのノアであられるキリストは、ご自身の箱舟、そう、ご自身の教会によって、人類を滅びから救い出されるわけですが、それゆえに、「解放」を象徴するところの、この五十といった数を箱舟の幅として用いられました。本当に、もしキリストが、信仰者たちに対して罪の赦しをお与えにならないとしたら、教会が全世界に広がることもなかったでしょう。一方で、高さに関する三十という数字には、先の三百といった数字と同じ秘義が込められています。三百の場合、百が三倍となっていましたが、一方ここでは十が三倍となっておりますが、「それによって指し示されている意味は」先と同じです。さらに、この建造物全体の頂上は、一「キュビト」という数に切り詰められています。そしてそれは、「万物がそこから出てきたところの唯一なる神、唯一の主」（一コリ8・6）が存在されるからであり、また、「教会の信仰は一つ、洗礼は一つ、体は一つ、霊は一つ」（エフェ4・4―5）だからであり、さらに言えば、すべてのものは一つしかない、神における全き完成へと向かっているからです。

たとえ聖書に「真剣に向き合うことなく」何気なく向き合っている人であっても、次のことを聞かされれば、さすがに認識することでしょう。三十とか五十とかといった数には、重要な出来事が多く関連しているということを。たとえばヨセフに関することですが、差し迫った破滅的な飢饉を、神のお計らいのもとで追い払うために牢から出され、エジプト全土を司る（創41・14以下）ことになったとき、彼は三十歳でした（創41・46）。イエスが洗礼をお受けになるためにやって来られ、「天が裂けて、神の御霊が鳩の姿をしてご自分の上に降ってくるのをご覧になられた」（マコ1・10）とき――また、このときをもって、イエスは三位一体の秘義を明らかにされ「つまり公生涯を」始めたわけですが――、三十歳であられたとのことです（ルカ3・23）。皆様は、ほかの箇所にもこれと似たようなこと「つまり、三十とか五十とかといった数が、重要な出来事に関連しているということ」を「聖書を読めば」たくさん見出すことと存じます。さらに、五十という数字に関して言えば、新しい実りを献げるための祝祭日として、五十日「目」がそれに定められていたことを見つけることでしょうし（レビ23・15―17）、さらには、ミデヤン人から奪い取ったもののうち、その五十分の一が主に献げられました（民31・30）。アブラハムも三百人の軍隊でソドム人に勝利し（創14・14―16）、ギデオンも舌で水をなめた三百人を率いて勝利し（士7・5―25）たことを見つけるでしょう。

「船の構造においては」一般的なことなのかもしれませんが、入り口は船首でもデッキの上でもなく、横側そして脇に設けられます。[30]［世の終わりの日は］神の怒りの日――「主の日は怒りと憤りの日」（ゼファ1・14―15）と書かれてあるとおり、確かにある人たちは救われますが、残りの大勢の者は、自分がなした業のせいで排除され、滅ぼされ、死を迎えることになります――であるがゆえに、戸口は脇に取りつけられます。このこと［つまり、戸口が脇に取りつけられることは神の怒りを象徴している、といったこと］は、「あなたがたが斜めから私に近づけば、この私もあなたがたに対し、怒って斜めから近づく」（レビ26・27―28）といった預言者［モーセ］の言葉が指し示していることでもあります。[31]

続きまして、「下の部分は二階」、一方「上は三階」と記されていることに関して、それぞれ考えていきましょう。今、使徒が言ったことが指し示されてはいないでしょうか？　つまり、使徒は次のように言いました。「イエスの御名によって、天上のもの、地上のもの、地下のものすべてが膝をかがめ」（フィリ2・10）。箱舟における最も下の階によって、いわば使徒が言うところの「地下のもの」が指し示され、一方、その階に隣接するところの上の階は「地上のもの」に該当し、上の部分の一階から三階は等しく「天上のものすべて」と使徒が名づけるところのものに該当します。さらに、使徒パウロが言ったところの、「第三の天まで」（二コリ12・2）上ることのできる人たちが残す功績は、「それぞれ」この三つの階［のどれか］に分類されます。「たくさんの部屋」とありますのは――それが設けられたのは、箱舟において、たくさんの生き物が産まれてくることになったからでしたが――、御父のところにはたくさんの住まいがある（ヨハ14・2）からです。

では、動物や野生の獣や家畜、その他さまざまな生き物からは、どのような象徴が読み取れるでしょうか？　すなわちそれは、イザヤが告げ知らせたところの象徴以外の何ものでもありません。[32]イザヤは次のように告げ知らせました。「キリストの御国においては、狼は小羊と共に、豹（ひょう）は子山羊と共に、獅子（しし）は牛と共に牧場へと歩む。そして、これらの動物の子どもは一緒に籾殻（もみがら）を食べ、さらに、小さな子ども――ここでの『小さな子ども』とは、救い主が、『心を入れ替えて、この子どものようにならなければ、決して神の御国に入ることはできない』（マタ18・3）と言われたところの『この子ども』のような人のことであるに違いありません――はコブラの穴に手を入れても決して害されない」（イザ11・6―8）。あるいは、箱舟に入った生き物が予示しているものは、ペトロが教えていることと同じでもあります。すなわちそれは、教会においてすでに実現した出来事でありますが、ペトロが告げるところによると、彼は幻を見ましたが、その幻の中で、あらゆる四つ足の獣、地上の獣、空を飛ぶ鳥が、一つの信仰といった［意味を担う］亜麻布に入れられて、四つの福音という［意味を担う四つの］隅でつながれていたのでした（使10・11―12）。

6　私たちは、箱舟についての描写を試みているわけですが、神におかれては、二階からなるものだけでなく、三階からなるものをも建設せよとお命じになられました。よって、私たちとしましても、ここまで続けてきた［文字通りの意味と霊的な意味、といった］二とおりの解釈に続き、神の御心にかなうかたちで、三番目となる解釈を加えることにいたしましょう。つまり、最初となる一番目の解釈とは、歴史的なそれ［あるいは文字どおりの解釈］でありますが、これはいわば、下に位置する基礎部分のようなものです。二番目のものは神秘的[33]なそれでありますが、これは、より高度で、より崇高な解釈のことでした。さらに、できますれば三番目となる倫理的[34]な解釈を加えてみたいと思います。なぜなら、次の点もどうぞお考えください、神におかれては、「二階からなるものを」と告げて終えられてしまったのでなく、また、「三階からなるものだけを」とおっしゃるにとどめられたわけでもないのですから。むしろ、神は「二階からなるもの」と告げられたあと、「三階からなるもの」とも続けておられるのですから。よって、私たちがこれから試みようとしている三番目の解釈は、おそらく、奇しき意味を解き明かすことになるでしょう。そうです、ここでの「三階からなる」は、これら三重の解釈を指し示しています。とはいえ、神の書において、歴史的［な読み］に関しては、必ずしもいつも理解可能とはかぎりません。むしろ場合によっては、歴史的［な読み］が不可能な箇所もあります。たとえば、「大酒飲みの手には棘が生える」（箴26・9、七十人訳）といった箇所がそうですし、あるいは、ソロモンによって建設された神殿に関する箇所ですが、こう言われています。「神の家では、槌の音も斧の音も聞こえなかった」（王上6・7）。さらにレビ記においても、「壁や皮、糸のレプラは、祭司によって調べられ、清められなくてはならない」（レビ14・34、レビ13・48）と記されています。これらの箇所や、これらと似たような箇所を考えますと、箱舟は三階に組み立てられているだけでなく、二階に造られているとも言えることになります。そして私たちは学ぶのです。神の書において、すべての箇所に三重の意味が込められているわけではないということを。なぜなら、これらの箇所からも分かりますように、常に歴史的な意味が得られるとはかぎらず、むしろ場合によっては、二とおりの意味しか解釈し得ないところもあるのですから。いずれにしましても、私たちはこれから三番目の解釈となる、倫理的観点に基づく解釈をすることにいたしましょう。

もし、日々大きくなっていく罪と、溢れ出んばかりの悪徳に悩み、はかなくもろく滅びるべき物事から身を遠ざけることができる人であれば、そして、神の御言葉と天の御教えに聞くことができる人であれば、自分の心の中で、救いの箱舟を造っているはずですし、また次のように言ってよいのだとしたら、その人は自分自身の中で、神の言葉の図書室[35]を奉献しています。そしてそれにおける長さ、幅、高さとして、それぞれ信仰、愛、希望を用います。三位一体の信仰を、長き命、すなわち不死［という長さ］に引き伸ばし、さらに、寛容の心、親切心によって愛という幅を広げ、希望という高さを、はるか天へと掲げていきます。なぜなら、そういった人であれば、地上を歩んでいても、その行いと働きは天にあるからです（フィリ3・20）。それだけでなく、そういった人は、自分の行いをすべて、一つのものに向けています。なぜならその人は知っているのですから。「皆走っても、賞を受けるのは『一人』だけ」（一コリ9・24）——言うまでもありませんが、ここで言われているところの「一人」とは、思いが集中せず、あるいは心がいつも揺れ動いているために、まるで大勢の人であるかのような人物のことを言っているのでは決してないはずです――だということを。一方で、そういった人は、神の言葉の図書室を、生の磨かれてはいない木で造るのではなく、むしろ角材、つまり、平行の線で真っ直ぐになった木から造ります。これを言い換えるならば、この世の建築家の手によるようなものではなく、預言者たちや使徒たちの書物から、神の言葉の図書室を造ります。預言者たちや使徒たちは、さまざまな試練によって鍛錬され、その悪はすべて切り捨てられ取り除かれているため、彼ら［預言者たちや使徒たち］は左右にぶれることなく、あらゆる角度から眺めてみても調和のとれた生き方しか見られません。なるほど、この世の書物の著者たちは、大きな影を造る高い木――イスラエルは、そういった背の高い木、生い茂った木を見つければ必ずその下で姦淫を犯した、と非難されています（王上14・23）――にたとえられるものなのかもしれません。なぜなら、彼らこの世の著者たちは、高ぶって語り、着飾った雄弁を誇示するのですから。しかし、彼らは立派なことを語っても、それに行いが伴っていません。よって、彼らこの世の著者たちは、角材（創6・14）とは呼ばれ得ません。なぜなら、彼らの生活と言葉とは、決して一致していないからです。

さあ、あなたも箱舟を造ろうとするならば、あるいは図書室を組み立てようと思うのならば、預言者たちや使徒たちの言葉、そして、彼ら預言者たちや使徒たちの後を、信仰のまっすぐな線に沿って追い駆けていった人たちの言葉を編んで組み立ててください！　さらに、二階と三階からなるものとしてそれを建設してください！　自分で造ったものから、まず物語における字義どおりの意味を学び、キリストと教会の中に満ちている偉大なる秘義（エフェ5・32）を知り、さらに自分で造ったものに基づきながら、己の行いを改めることを学んでください。悪徳に別れを告げ、心を清め、自分をとりこにし縛りつけてしまうものをすべて焼き払ってください。自分の箱舟の中に部屋をたくさん設け、そこをさまざまな美徳と良き実りを収めるためのところとしてください。内側からも外側からもたっぷりとタールを塗ってください。つまり、心に信仰を宿し、口で告白してください（ローマ10・10）。内側は知恵で満たし、外に向かっては行いを果たす者であってください。秘めた心は清く、外に向かっては清らかな体で行動してください。

以上、私たちはノアの箱舟を、神の御言葉の図書室に置き換えて、あるいは、信仰者のあるべき魂に置き換えつつ、倫理的な視点から考察しているわけですが、この箱舟の中にはすべての種類の生き物を、つまり、清いとされる生き物にかぎらず、清くはない生き物もまた連れ込まなくてはなりません。清い生き物に関してはたやすく理解できるでしょう。つまり清い生き物とは、記憶や教養、知力、さらに、私たちが読み物から得た知識を［実際に本当かどうか］確かめて吟味するといった行為、その他これらと似たようなもののことであると理解されます。一方で、清くない生き物に関して解き明かすのは難しいのですが、この清くない生き物もまた、「［雄雌の］二匹と二匹」（創6・19）［を連れ込むように］と言われています。このような難しい箇所を扱うことが許されますならば、私は次のように考えます。すなわち、清くない生き物とは、すべての人の魂に宿る欲望や怒りのことです。欲望や怒りは、人間に対し、罪を犯させるのに寄与するものであるために、清くないものと呼ばれなくてはなりません。とはいえ、［性的な］欲望なしでは子孫の継承はありえず、また怒ることがなければ、懲らしめて正すこともできなくなる、といった点では、清くない生き物もまた必要とされ、［箱舟の中で］保護されねばならないものと位置づけられます。

さて以上の見解は、もはや倫理的な教えというよりも、むしろ自然［哲］学的な議論となってしまったのかもしれませんが、また、差し当たって私の心に浮かんできたことだけではありますが、魂を造り上げるために必要なことを少し述べさせていただきました。しかし本当に、神の書［におけるさまざまな箇所］を比較検討するためのお時間をお持ちである人ならば、そして、霊によって霊のことを比較（一コリ2・13）［して解釈］することができる人であれば、私としては疑いません、ここでの箇所に隠された、意義深くて奇しき秘義を見出すであろうことを。それら一つ一つのことを、今は時間が足りないため、あるいは、聞き手の皆様が疲れてしまっていますために、これ以上解き明かすことはできません。ですが、全能の神に対して、私たちに御憐みをかけてくださるようにと祈りましょう。神がこの私たちを、御言葉を聞く者としてくださるようにと、それだけでなく、御言葉を行う人とならせて（ヤコ1・22）くださるようにと祈りましょう。全能の神が私たちの心の上に、ご自身の洪水の水を注ぎかけてくださり、そして、私たちの中に宿っているところの、滅びるべきと神がお考えになられている悪いものすべてを、神ご自身が滅ぼしてくださいますように。反対に、私たちの中に宿っているところの、生き残るべきものと神がご判断なさるものを、神ご自身が、われらが主キリストと聖霊を通して生かしめてくださいますように、このお方に、ご栄光が世々にわたって永遠にありますように、アーメン[36]！

説教三——創世記17章1—13節

堀江知己訳

アブラハムの割礼について

第17章

1 アブラムは九十九歳になり、そして主はアブラムに現れて言われた。「私はあなたの神である。私にとっ
て喜ばれる者となり、全き者でありなさい。2 そして私は、私の間とあなたの間で私の契約を立て、あな
たを大いに増やそう」。3 そしてアブラムがひれ伏すと、神は彼に語りかけて言われた。4「さあ、私はあ
なたとの私の契約［を結ぶ者］となり、そしてあなたはもろもろの国民からなる群衆の父となるだろう。5
そしてあなたの名はもはやアブラムとは呼ばれず、アブラハムがあなたの名となるが、それは私があなたを
多くの国民の父としたからである。6 そして私はあなた［の子孫］を大いに大いに増やし、諸国民［を興す
者］とし、そして王たちがあなたから出るであろう。7 そして私は、私の間とあなたの間に、そしてあな
たに続くあなたの子孫との間に私の契約を立て、その代々にわたっての永遠の契約とする。こうして、私

はあなたとあなたに続く子孫の神となる。8 そして私はあなたが身を寄せている地、カナンの全土を、あ
なたとあなたに続く子孫にとこしえの所有［地］として与え、そして私は彼らの神となるだろう」。9 そし
て神はアブラハムに言われた。「あなたは私の契約を守り通すだろう、あなたと、あなたに続く子孫もその
代々にわたって。10 そして私とあなたがたとの間、そしてあなたに続くその代々にわたる子孫との間で守
り通すことになる契約はこれである。すなわち、あなたがたのうちの男子は皆、割礼を受け、11 そしてあ
なたがたは体の包皮[1]に割礼を施し、これが私とあなたがたとの間の契約のしるしとなるだろう。12 そして
子どもは［生後］八日目にあなたがたによって割礼を受け、あなたの子孫ではないもののあなたの家の奴隷
である者、そしていかなる外国人の息子から買い取った者も、その代々にわたって、男子は皆［割礼を受け
る］。13 あなたの家の奴隷、またあなたが買い取った者は、必ず割礼を受け、こうして私の契約は、あなた
がたの肉における永遠の契約となるだろう」。

（七十人訳創17・1―13、堀江知己訳）

1　私たちが読んで［知って］いますとおり、神の書のさまざまな箇所において、神は人間に語りかけてくださっています。そのため、ユダヤ人たちはもちろん、私たちの仲間の中にも、「神は我々人間と同じような存在であるはずだ」と考えてしまっている人たちがいます。つまり彼らとしては、神は人間のように四肢［という部分］から成り、身なりも人間のようであると考えています。一方、哲学者たちは、彼らのこういった考えをまるでおとぎ話か何かのように、あるいは、詩人が勝手に作った空想話であるかのように軽蔑しています。よって私としましては、まず以上の問題について手短に扱うべきだと判断いたします。そしてその後で、朗読された箇所

について見ていきましょう。まずは［教会の］外にいる人たちに向けて、また、高慢にも私たちに対して、「高きところにいまし、目には見えず、体を持たないはずの神が、人間の感情を持っているといった具合ではおかしい」などとまくし立てる人たちに向けて、語り聞かせることにいたしましょう。この人たちが言うところによりますと、「あなたがたとしては、神には話すといった習慣がおありだと考えているようだが、そうなると必然的に、あなたがたは神には口や舌や、その他話す行為をするために必要な器官があると認めていることになる。だが、もし神にそういった器官があるとなると、神は、［本来］目には見えず体を持たないはずの存在から随分と退化したことになる」のだそうです。彼らはこれと似た議論をたくさん仕掛けてきて、私たちの仲間を悩ませます。よって、こういった主張に対し、皆様のお祈りに支えられながら、そして、主がお認めくださるかぎりにおいて、私たちは短く答えて対処しておきましょう。

2　私たちが告白していますように、神は体を持たず、全能にして目には見えないお方です(2)。また私たちとしても、神が死すべき人間を気遣っていてくださることを、さらに、天であれ地においてであれ、すべては神の摂理によって起こるということを、揺らぐことのない確かな教理として告白しています。ですが注意してください。私は今、「すべては神の摂理によって起こる」と言ったのであって、「神のご意志(3)を伴わずに起こるものは何一つない」と言ったわけではありません。神の摂理によらずして起こるものは何一つないのに対して、神のご意志によらずして起こることは多くあります。神は摂理によって、これから起こることの手筈を整えられ、導かれ、ご準備なさいますが、実にそういったものが摂理です。一方で、ご意志に関して言いますと、神は何々のことをそのご意志でもってなさいますし、何々のことをそのご意志でもってはなさいませんが、実にそういったものが神のご意志です。しかし、以上のテーマについて語り出すととても冗長になってしまいますので、これはまた別の機会にいたしましょう(4)。

私たちは、神がすべてをご支配され、すべてをご管理なさっているということを告白します。そうしますと当然、神におかれましては、ご自身が何を望まれているのか、さらに、人間にとって何が役立つのかを、広く知らしめておいでになっています。もし、神がそういったことを知らしめておられないのだとしたら、神は人間をご配慮されているお方ではなくなってしまいますし、死すべき人間を大切になさっておられるお方であるとは、信じられなくなってしまうことでしょう。ゆえに、神は人間に対してお示しになられています。私たちが何をするようにと願っておられるのかをです。では、神はどのようにして(5)それをお示しになられると、私たちは考えるべきでしょうか？　［私たち］人間［自身］が［そういった動作をするために、それに］よく慣れて熟知しているところの［語りかけるといった］仕方をもってしてではないでしょうか？　なぜなら、たとえば、もし、神は沈黙されているお方——［ものを語られることなく］沈黙されることこそが、神の本性にふさわしいと一般的に信じられてしまっていますが——であると私たちが考えるとしたら、「神は沈黙されているけれども、何らかのことをお示しになられる」などと言うことがはたしてできるものでしょうか？　しかし、ここでの箇所において、「神は語られた」と記されています。それは、なにしろ私たち自身、語るといった行為によって、自分の思いを相手に明らかにするということをよく学び知っていますために、預言者たちが［「神は次のように語られた」といった仕方で］伝えたことは神の御心を明らかにしているのだ、と私たちが悟るためなのです。もし、預言者たちが、「神はこれこれを語られた」と言わなければ、私たちはきっと理解できなかったでしょう。預言者たちが伝えることには、神の御心が映し出されているということを。なぜなら、私たち人間の場合、「何も語らずとも思いは相手に伝達可能だ」などといったことは決して思いませんし、そのように考えもしないでしょうから。とはいえ、私たち人間は、私たち自身が［経験から］知ることのできる事柄や概念でないかぎり、神が何をお教えになられても理解できない、といった弱くて愚かな存在であるがために、神が私たちと同じく体を持ち、私たち人間の仕草でもって行動されているかのように感じるにすぎません。よって、私たちが「神は語られる」と言うにしても、それはなにもユダヤ人たちの誤った考え――また私たちの間にも、彼らユダヤ人たちと一緒になって、誤って考えている人たちが少なからずおりますが――に倣ってそう言うのではありません。ユダヤ人たちや、私たちの仲間の幾人かが考えているようなことは、教会の信仰とは相いれません。

一方で、神が、聖なる人それぞれの心に［御言葉を］吹き込んでくださるとき、あるいは、聖なる人それぞれの耳に御声の響きを届けてくださるとき、「神は［これこれの］人に対して語られた」と表現されます。また、それぞれの人が語り、行ったことを、神がご存じであられるということを悟らせるために、聖書は「神は聞かれた」といった表現を用いています。さらに、私たちが何か不正を働いたことを、私たちが認識するようになるために、「神は怒られた」といった表現が用いられています。私たちが、神の御恵みに対して忘恩であるのを責められる際には、「［神である］私は悔いる」といった表現が用いられています。本当に、以上のことを私たちに知らされる際に、「神は語られる」「神は聞かれる」「神は怒られる」「神は悔いられる」といったように、私たち人間になじみのある心の状態や行動が［表現として］用いられています。しかし、神は、体を持つ私たち人間の本性にふさわしいところの、体の四肢を駆使しながら語ったり聞かれたりなさるわけではありません。なぜなら、神の本質は「単一」であられるのですから、(6) 四肢や関節やさまざまな身体上のものから成り立っておられるお方ではありません。むしろ、神が御力によって何らかの出来事を起こされるとき、人間が理解できるようにとのご配慮から、ご自身を人間の四肢を持つものとなぞらえながらその出来事をお示しになってくださるのであり、あるいは、私たち人間がよく知った感情にたとえて伝えてくださいます。そしてまさに以上の理由から、「神は怒られる」「神は聞かれる」「神は語られる」といったように言われています。一方で、私たちは、人の声について、振動した空気［音］(7)、つまり、舌を通して反響した空気［音］と定義づけていますが、だとしますと、神の御声も、神の御力、ないしご意志によって振動した空気［音］と定義づけることができるでしょう。またそれゆえに、神の御力によってその御声が届くとしても、すべての人の耳に届くのではなく、むしろ、御言葉が関与してくださる人たちの耳に入るだけです。このことからあなたもお分かりになるでしょうが、神の御声は、舌が動いて反響する音などではありません。もしそのようにして御声が発せられるのだとしたら、すべての人の聴覚に届くはずです。逆に言えば、神の御声が届くかいなかは、天のご指図に基づいて決定されています[8]。さらに、預言者たちや族長たちをはじめとする聖なる人たちに対しても、［実際の］音声を伴わぬ仕方で神のお言葉は頻繁に届いたと私たちは聞かされていますが、それは聖なる全書物がはっきりと教えているとおりです。しかし彼らの場合――端的に説明しますと――、神の御霊に照らされて理解したものが、あたかも［具体的な］言葉に置き換えられるかのようにして理解されてい[9]［く、といった仕方で神の御声は届］きました。よってまとめてみますと、私が説明してきましたように、天のご指図に基づいて神の御心が示されるにせよ、あるいは、神の御霊によって照らされて理解したものが、言葉に置き換えられるかのようにして理解されていく、といった仕方で神の御心が示されるにせよ、聖書では、「神は語られた」といったように記されます。それでは、以上の理解を前提といたしまして、先ほど朗読された箇所の中から幾つか取り出して解き明かしていくことにいたしましょう。

3　多くのお言葉をアブラハムは神から受け取ります。しかし、そのお言葉は、同じ一人の人物に与えられるのではありません。アブラムに与えられたお言葉もありますし、アブラハムに与えられたお言葉もあります。つまり、名を変えられた後に与えられたお言葉もあれば、彼が誕生の際に授けられた名でまだ呼ばれていた時期にも、お言葉は与えられました。名を変えられる前のアブラムに対し、神が最初に与えられた託宣として、次のように記されています。「あなたは、あなたの土地と親族、父の家から出て行きなさい――」（創12・1）。しかしその際に、神との契約に関しては言及されませんし、また割礼についてのご命令も受けません。なぜなら、彼がまだアブラムであったときには、そして、生まれながらの肉の名を持っていたときには、神の契約をいただくことはできず、割礼というしるしを受け取ることもできなかったからです。しかし、彼が自分の土地を離れ、親族のもとから出て行ったあと、彼には以前にもまして神聖なお言葉が届けられるようになりましたが、そのころようやくアブラハムは言われました。「もはやアブラムとは呼ばれず、アブラハムがあなたの名となる」(創17・5)と。そしてこのあと、彼は神の契約をいただき、信仰の象徴であるところの割礼(ロマ4・11)も受け取りました。この二つは、彼がまだ父の家にいたときには、また肉で結ばれた親族のもとにいたときには、さらに、まだアブラムと呼ばれていたときには、決していただくことができなかったものです。

アブラハムであれ、彼の妻であれ、まだ父の家にいたとき、そして、血肉を分けた人たちと共同生活をしていたときには、「年長者」[10]とは呼ばれませんでした。一方、そこから旅立ったあとには、彼はアブラハムと呼ばれ、さらには年長者と呼ばれるに値しました。「二人は年長者であった」――つまり、「年長者」とは「年老いた者」ということです[11]。「アブラハムと、ほむべきその妻は、『多くの日を重ねて[年を取り]』」(創18・11)とありますように――と記されています。二人が生きた時代よりも前において、大勢の人がアブラハムたちよりも長い寿命を生きました。九百歳とかそれ以上の寿命を生きた人たちもいましたし、これほどの長さには及ばないものの、洪水が起こるまでは、決して短くはない寿命を生きた人たちが大勢いました[12]。それなのに、彼らの誰一人として年長者とは呼ばれませんでした。よって、アブラハムが年長者と呼ばれたのは、彼の肉体が年老いていたためではなく、むしろその心が成熟していたためでした。主はモーセに対しても、次のように言われています。「あなたが年長者として知っている年長者たちを、あなたのために選びなさい」(民11・16)。主のこのお言葉を注意深く考察いたしましょう。「あなたが年長者として知っているところの」といった補足は、どのように理解されるべきでしょうか? そもそも、ある人がいて、体が老いているような年齢を生きているとしたら、すべての人の目が認識するのではないでしょうか、「この人は年長者——つまり年老いた者——である」と？　それなのになぜ、モーセ一人に——彼はまさしく偉大な預言者でしたが——対し、特別な選定、すなわち、「選ばれる人たちは誰なのか、モーセ以外の人は判断できず、また無学な民衆も把握できないため、神の威厳に溢れたこの預言者のみが選ぶ」といった特別な選定が委ねられるのでしょうか？　それは、選ばれる人にとって、肉体ではなく年齢でもなく、その心が選ばれるための判断基準だからです。

アブラハムとサラは、心を判断基準として選ばれた幸いなる年長者でした。そして「神が契約と割礼について語られる際に」、まず彼らが人として生まれてきたとき授けられたもともとの名が変えられます。「アブラハムが九十九歳のとき、神はアブラハムに現れて言われた。『私は神である。私にとって喜ばれる者であり、全き者でありなさい。私はあなたと契約を結ぼう』。アブラハムは地にひれ伏し、神をおがんだ。すると神はアブラハムに語りかけて言われた。『私はここにいる。さあ、これがあなたと結ぶ私の契約である。あなたは多くの国民の父となるだろう。そしてあなたにおいて、すべての民は祝福される。あなたはもはやアブラムとは呼ばれず、アブラハムがあなたの名となるだろう』」（創17・1―5）。さらに、神はアブラハムという名を彼に授けられた際に、続いて次のようにも言われています。「私は、私とあなたとの間に、そしてあなたに続く子孫との間に契約を立てる。この契約は、私とあなたとの間の、またあなたに続くあなたの子孫との間の契約として、あなたが守り通すべきところのものである」（創17・7）。そしてこの後、神はこう続けられます。「あなたがたのうちの男子は皆、割礼を受けなければならない。あなたがたの体の包皮[13]に割礼を施しなさい」（創17・10以下）。

4　さて、朗読されました箇所を見ていくことになりますが、私は問うてみたいのです。天と地をご支配されている全能の神は、聖なる人と契約を結ぼうとなさいましたが、神におかれましては、この非常に大切な事柄において、アブラハムの体の包皮、そして、アブラハムから生まれる子孫の体の包皮に割礼が施されることこそが、最も重要なことであると位置づけておられるのだろうか、と。神は言われています。「私の契約は、あなたがたの肉においてなされる」(創17・13)と。天の主であられ、地の主であられるお方が、死すべき全人類の中から彼一人を選ばれ、永遠の契約という恵みとして授けられたのが、〔肉になされる〕この割礼だったというのでしょうか? シナゴーグにおける教師や先生方[14]によれば、聖なる人たちの栄光は、それぞれの身になされた割礼[15]のみにかかっているそうです。ですが、彼らも〔私たちのところに〕やって来て、キリスト教会が預言者を通して告げたことに聞いてくれればよいのですが。「神よ、あなたの友たちは、私にとっていかに尊いことでしょう」(詩138・17、七十人訳)。教会は、教会の花婿にとっての友たち〔つまりアブラハムたち〕による〔割礼ではなく、むしろ、その良き〕行いについて思いをめぐらすときに、その友たちをどんなにかたたえ、どんなにか尊んだことでしょうか。

使徒パウロから教わったとおり、私たちとしましては、〔割礼以外の〕ほかの多くの出来事が、将来実現することになっていた確かな出来事の象徴ないし予型として起こったということを、そしてまさに、かの肉における割礼が、霊における割礼の先取りであったということを主張いたします。栄光の神(詩28・3、七十人訳)におかれましては、霊における割礼こそが、人間に施されるのにふさわしく、またそうするようにとご命令されたものだったはずです。パウロが教えていることに学んでください。異邦人に信仰と真理を教える教師(一テモ2・7)であったパウロ。彼はキリスト教会に対し、割礼の秘義について教えていますが、その彼が言うことには、「割礼を受けている者たちには――パウロとしては、肉に割礼が施されているユダヤ人のことを言っていますが――注意しなさい。神の霊によって礼拝し、肉を頼みとしない私たちこそ、〔真の〕割礼を受けた者です」(フィリ3・2―3)。以上が割礼に関するパウロの主張の一つです。別の主張はこうです。「外見上のユダヤ人がユダヤ人ではなく、また肉に施された外見上の割礼が割礼ではありません。内面がユダヤ人である者こそユダヤ人であり、文字ではなく霊によって心に施された割礼こそ割礼なのです」(ロマ2・28―29)。あなたはお思いにはなりませんか? 神の聖なる友たちにとっては、肉を切り刻むことではなく、霊における割礼こそがよりふさわしいと言うべきではないでしょうか? とはいえ、パウロが知らせた[心に施す割礼といった]概念は、普段から聞き慣れているようなものではなかったため、おそらく[当時の]ユダヤ人たちだけでなく、私たちの兄弟の中にも驚いてしまう人がいることでしょう。つまり、心の割礼について解き聞かせようとしているパウロでありますが、彼は不可能なことを思い描いているのではないか、と。内臓に覆われており、人間の目には直接見えないはずの体の部分[である心という場所]に割礼が施されるなどといったことは、一体どうして可能でしょうか? そこで私たちとしましては、今探究しようとしています事柄を解明する――あなたがたが祈ってくださることが必要ですが――ためにも、預言者の言葉を思い起こしましょう。預言者エゼキエルは次のように言っています。「心にも肉にも割礼を受けていない外国人は誰一人として、私の聖所に入ってはならない」(エゼ44・9)。またこれと同様に、預言者[エレミヤ]も責めながら言っています。「外国人は皆、肉に割礼を受けておらず、一方イスラエルの子らは心に割礼を受けていない」(エレ9・25)。以上の箇所からも分かりますように、心に割礼を受けてはおらず、また肉に割礼を受けていない人は、神の聖所に入ることができません(16)。

5 しかしどうやら、私自身が例に引いた言葉によって、私自身行き詰ってしまったようです。といいますのは、以上の預言者[たち]の証言を挙げるやいなや、ユダヤ人はすぐさま私をとっ捕まえて言ってきます。「それ見たことか! 預言者は肉と心の両方の割礼について指摘しているではないか。両方の種類の割礼が要求されているのだから、[肉における割礼を心における割礼の象徴ととらえる]アレゴリーが入り込む余地などない」と。皆様、祈りによって私をお助けください。私が口を開くときに(エフェ6・19)、どうか生ける神の御言葉(一ペト1・23)が臨んでくださるようにと。そうすれば、私は御言葉に導かれて、[ユダヤ人から]問い詰められて狭く追いやられた場所から抜け出て、真理が広く行き渡る場所へと至ることができるでしょう。私たちとしましても、肉における割礼に関して、肉を誇るユダヤ人たちを打ち負かさなくてはならないのですから。またそれだけでなく、エビオン派の人たちのように、一見キリストの御名を受け入れているようではあっても、肉の割礼を受けなくてはならないと思い込んでいる人たち、さらには、彼らエビオン派の人たちと同じように貧しい理解[17]のうちにさ迷っている人たちをも、打ち負かさなくてはならないのですから。

それでは、彼ら［ユダヤ人やエビオン派の人々］が読むことに没頭しているところの旧約聖書から、証言を幾つか引いてみましょう。預言者エレミヤは以下のように記しています。「見よ、この民の耳は無割礼である」（エレ6・10）。［「この民」と呼ばれているところの］イスラエルよ、この預言者の言葉に聞きなさい！　あなた[18]に対し、激しい非難が叫ばれているではありませんか。あなたの大いなる罪が、あなた自身の目の前につきつけられているではありませんか。あなたは告訴されています、「お前の耳は無割礼だ」と。それなのに、この指摘を受けながら、なぜあなたはナイフを耳に当てて切り落とさないのですか？「なぜお前の耳は無割礼なのか？」と、神はあなたのことを糾弾され、断罪されているというのに。私たちは、パウロが教えてくれたところのアレゴリーを用いていますが、あなた［は私たちのアレゴリーを非難するのですから、あなた］がこれに逃げることを私は認めません。あなたはどうして［耳に］割礼を施すのをためらっているのですか？　耳を切り取ってください。感覚［器官］として役立てるようにと神がお造りになった体の部分を、人間を飾り立てるために神がお造りになられた体の部分を、どうぞ切り落としてください。なぜなら、あなたは神の御言葉を、そのように［文字どおりとらえるべきだと］理解しているのですから。さらに、私は別の箇所をあなたに示して差し上げます。この箇所を前にしてあなたは反論できますまい。出エジプト記の箇所ですが、教会における写本[19]では次のように記されています。つまり、モーセが主に答えて言った箇所ですが、彼はこう言っています。「主よ、別の人を探し、その者を遣わしてください。なぜなら私は、話し下手な者で、舌の重い者ですから」。あなたがたのヘブライ語写本ではこうなっています。「私は唇が無割礼の者です」（出4・10、出4・13、出6・30）。さあどうでしょうか？　あなたがた自身、より権威があるとお考えになっているところのヘブライ語写本であなたがたは［読んで］知っているはずです。唇の割礼といったものを。[20] あなたがた［のヘブライ語写本］によれば、モーセは言っています。［主にお呼びかけいただいたとき］自分はまだ［遣わされるに］ふさわしくはなかった、なぜなら、唇に割礼を受けていなかったから、と。よって、モーセは確かに証言していることになります。唇に割礼が施されている者は、［遣わされるのに］よりふさわしく、より聖なる者であるということを。だからどうか、あなたは唇にも鎌を当てて、口の覆いを切り取ってください。なぜならあなたがたは、神の書におけるそのような［文字どおりの］解釈をお気に召しておられるようですので。それとも、もし、唇の割礼ということに関して、あなたがたがアレゴリーに頼って解釈するならば、また、耳の割礼についても、やはりアレゴリーとして、ないし象徴としてとらえるならば、どうしてあなたがたは、包皮の割礼についてもアレゴリーとして解釈しようとしないのですか？

　さて、まるで［耳が聞こえず、目も見えない］偶像であるかのように、「耳があっても聞こえず、目があっても見えない」（詩113・13―14、七十人訳）人たちのことはもう放っておきましょう。しかし皆様は神の民なのですから、また、主の御力を広く伝える（一ペト2・9―10）ために選ばれ、神のものとさせられた民なのですから、神の御言葉にふさわしい割礼を受けてください。あなたがたの耳に、唇に、そして心に、体の包皮に、本当にすべての体の部分に割礼を受けてください。そう、神の御言葉にふさわしい仕方で、あなたがたの耳に割礼を施してください。それは、［神のことを］そしる人たちの意見を受け入れることなく、［神を］呪う者や冒瀆者たちの言葉に聞かず、悪しき中傷や偽証、誘惑などに対して耳を開かないためです。流血の判決を聞かず（イザ33・15）、淫らな歌や劇場にこだまする歓声に対して耳を開かないように、耳は閉じられ塞がれていなくてはなりません。

下品なことを何一つ聞き取ることなく、腐敗した芝居の舞台［から流れてくるも］のすべてから身を遠ざけてください。これこそが、キリスト教会がその子どもたち（創17・12）の耳に施すべきところの割礼です。主は、「聞く耳のある者は聞きなさい」（マタ13・9）と言われましたが、その主が、ご自身のお言葉を聞く者たちに対して望まれたのは、以上のような［意味での割礼が施された］耳であったと私は信じます。無割礼の汚れた耳をもってしては、誰一人として、知恵と真実のこもった清い御言葉に聞くことはできません。もし皆様がよろしければ、唇の割礼についても見ていきましょう。私が思いますに、無割礼の唇を持つ人とは、善人のことを悪く言うような、あるいは隣人を誹謗（ひぼう）するような愚かな話や下品な冗談（エフェ5・4）をまだ遠ざけてはいない人のことです。あるいは、争いを引き起こしたり、策略を錬ったり、兄弟たちに対し、悪（あ）しき言葉でもって互いに戦わせたり、さらには空しいこと、無分別で俗っぽいこと、淫らなこと、不当なこと、我がままなこと、冒瀆的なこと、そのほかキリスト者としてふさわしくないことをしゃべる人たちのことです。反対に、いつも口を慎み、言葉を深い認識のうちに置き、言葉数を控え、舌を抑え、言葉を和らげるなど、こういったことをしている人が、まさしく唇に割礼を受けた人と呼ばれます。さらに言えば、異端者によく見られることですが、崇高な事柄をけなした仕方で語ったり、己の舌を天まで伸ばす（詩72・8以下、七十人訳）人は、無割礼にして汚れた唇を持つ者と見なされます。一方で、常に神の御言葉を語り、福音と使徒の規範に基づいた健全な御教えを語る人の唇は、割礼を受けて清くなっています。以上、このような意味において、唇の割礼といったものも神の教会においてはなされています。

6 それではお約束していましたように、肉における割礼をどのように理解すべきか考えていきましょう。包皮は［生殖］器官に属するものなのでしょうが、その［生殖］器官が、性的交わりを経て子を産むといった本能的な業のために用いられることは、誰であっても疑いますまい。この種の営みに対し、その欲望を露骨に見せることがない人は、［律］法によって定められた境界線を破ることもなければ、法で認められたところの妻以外の女性を欲しがることもなく、むしろ、この営みに当たる際にも、子孫を残すといった目的だけで、しかも、ふさわしく然るべき一定の時間だけそれに従事しますが、こういった人こそが、肉の包皮に割礼を受けた人と見なされます。一方で、あらゆるふしだらな行為に身を任せ、場所を選ばずさまざまな許されぬ相手と抱き合ったままでいたり、底なしの欲望にどっぷりのめり込んでいく人は、肉の包皮が無割礼な人です。ですが、キリスト教会は、教会のために十字架にかかられたお方の御恵みによって堅く立たされているのですから、許されてはいない忌まわしい交わりからは遠ざかっていますし、それどころか、許された合法的な交わりをも慎んでいます。キリスト教会は、いわばキリストのおとめなる花嫁として、貞節で清きおとめたちによって輝いています。そしてこのおとめたちこそが、肉の包皮に割礼を施した人たちであり、その体において、神との真実にして永遠なる契約が保たれている人たちです。［続きましては］私たちにとって、心における割礼についても解き明かすことが残っています。もし、淫らな欲望や、忌まわしい情熱に燃える人であれば、またこれを一言で表現するならば、心で姦淫(かんいん)を犯す者（マタ5・28）であれば、その人は心が無割礼の人（エゼ44・9）です。一方で、精神は異教的な思考で詰まっており、またその心にはキリストの知恵に反する冒瀆的な見解が占めているならば、やはりその人も心が無割礼な人です。反対に、誠実な良心に清い信仰を宿している人は、心に割礼を施している人です。そしてこのような人は、「心の清い人々は、幸いである。その人たちは神を見る」（マタ5・8）と言われるような人たちです。

さらに私としましては、［耳や唇や心の割礼について説く］預言者たちの言葉から類推できることとして、つけ加えて次のように申し上げたいと思います。耳や唇、心、そして肉の包皮に関しては、私がこれまで説明してきたような意味において割礼を施す必要があるわけですが、私たちの手も、そして足も目も嗅覚器官も触覚器官もまた、私が説明したような仕方で割礼が施される必要があるでしょう。なぜなら、神の人はどのようなことにおいても（二テモ3・17）全き人であるはずなのですから、体のすべての部分に割礼を施さなくてはなりません。手に関して言うならば、略奪、盗み、殺人から切り離し、また手を広げるとすれば、ひたすら神の働きのためだけにそうすべきです。足は、血を流そうと急ぐ（箴1・16、イザ59・7）ことがないように、あるいは、悪意を抱く人たちの 謀（はかりごと） に参与する（詩1・1）ことがないために、むしろ、神の戒めを果たすためだけに歩き回れるように割礼が施されねばなりません。目にも割礼が施されねばなりません。それは、他人の持ち物を欲しがることなく、女性を求めて淫らに見つめないためです（マタ5・28）。女性の姿を見て、好奇心に満ちた欲望の眼差し（まなざし）できょろきょろしている人は、目が無割礼の人です。一方で、もし、食べたり飲んだりする際に、使徒の教えのとおり、すべて神の栄光のために食べ、飲む（一コリ10・31）のだとすれば、その人は味覚［器官］において割礼を受けている人です。反対に、腹を己の神とする（フィリ3・19）人、ないし美食を楽しむことにうつつを抜かすような人は、私ははっきり言いましょう、そういった人の味覚［器官］は無割礼であると。キリストのかぐわしい香り（二コリ2・15）を嗅ぐ人や、憐れみ深い働きに勤しむ中で甘き香り（創8・21）を追い求める人は、その嗅覚に割礼を受けている人です。逆に、最高の香油をふんだんにつけて（アモ6・6）歩き回る人は、嗅覚が無割礼の人であると言えるでしょう。体におけるそのほかの部分も、もし、それらを通して、神が命じられることを果たそうと仕えているのならば、それらは割礼を施されていると言うことができます。逆に、体のそれぞれの部分が、神から命じられた掟から外れ、享楽にふけるために用いられているならば、それらは無割礼と見なされるべきです。そしてまさに以上のことが、使徒が言ったことなのだと私は思います。すなわち使徒はこう言いました。「あなたがたの体を不義の奴隷として不義のために用いたように、今はあなたがたの体を、義に仕えようと聖なるもののために用いなさい」（ロマ6・19）。かつて私たちの体が、不義の奴隷として仕えていたとき、私たちの体には割礼が施されてはおらず、私たちの体において、神との契約はなされていないままでした。しかし、私たちの体が聖なるもののために義に仕え始めて以来、アブラハムに対してなされたお約束は、私たちの体において実現しています。なぜなら、私たちの体が義に仕え始めて以来、神の律法とその契約とは、私たちの体に刻まれているのですから。そしてその刻印こそが、神と人との間で結ばれた永遠の契約であり、正真正銘の信仰のしるし（創17・11）です。これは、石の刀（ヨシュ5・2）でもって、イエス[21]を通して与えられたところの、神の民に対する割礼です。それにしても、石の小刀、つまり、それをもって神の民に割礼が施されたところの剣とは、一体何なのでしょうか？　聞いてください、使徒は言っています。「神の言葉は生きていて、力があり、いかなる諸刃（もろは）の剣よりも鋭く、魂と霊、関節と骨髄とを切り離すまでに刺し通します。神の言葉は、心の思いや考えを見分けることができます」（ヘブ4・12）。よって、神の言葉こそが、私たちがそれをもって割礼を施されねばならぬところの剣です。この剣について、主イエスはおっしゃっています。「私は、地上に平和ではなく、剣をもたらすために来たのだ」（マタ10・34）と。

以上、これまで見てきましたところの割礼の方が「肉における文字どおりの割礼よりも」、神の契約が立てられるためにははるかに必要とされるものであると、あなたはお考えになりませんか？　もしよろしければ、割礼に関する以上の私たちの解釈と、あなたがたユダヤ人[22]の作り話、すなわち嫌悪すべきその物語とを比べてみてください。そして確かめてください。神にとってふさわしい割礼の儀式がなされるとしたら、割礼に関するあなたがたの解釈と、キリスト教会が告げ知らせている方法とのどちらに従ってなされるべきなのかを。教会が行っている割礼こそが尊く、聖にして、神にとってふさわしいものであると、あなた自身もお感じになり、そのように理解いたしませんか？　これに対して、あなたがたの割礼の方は恥ずべきものにして、忌まわしく、醜いものであり、また外見の上でも見た目の上でも、ぞっとするようなものとなっていると、あなたはお考えにはなりませんか？　神はアブラハムに言われます。「こうして、割礼と私の契約は、あなたの肉の上になされる」（創17・13）と。本当に、体におけるすべての部分が、正しくふさわしいかたちで用いられているとともに、私たちの動き一つ一つが神の戒めに沿ってなされている、といった仕方で私たちが生きているならば、神との契約は、私たちの肉において確かに結ばれていることになるでしょう。以上、ここまで旧約聖書に関して手短に論じてまいりましたが、それは、肉における割礼に頼る人たちを論駁すると同時に、主の教会を造り上げるためです。

7　それでは新約聖書も見てみましょう。新約聖書にはすべてのことが詰まっておりますから、私はこの新約聖書をもとに、私たちの主イエス・キリストとの契約が、どのようにして私たちの肉において立てられるかを解き明かしたいと思います。このことは、[23]〔キリスト者といった〕肩書きや〔語る〕言葉の上でなされていると言われるだけでは十分でなく、行いの上でもきちんとなされなくてはなりません。確かに、使徒ヨハネは次のように言っています。「イエスが肉となって来られたことを告白する霊は、すべて神から出たものです」（一ヨハ4・2）。これはどういうことなのでしょう？　罪を犯したままで正しく生きてはいない人も、イエスが肉となって来られたことを告白しさえすれば、その人も神の御霊において告白していると見なされるべきなのでしょうか？　しかしそれでは、神の契約は肉においてなされているのではなく、単に言葉の上でなされているのにすぎません。よって、このような人は直ちに指摘されてしまうでしょう。「とんでもない、あなたは思い違いをしています。『神の国は言葉ではなく、力にあるのです』」（一コリ4・20）と。

では私は尋ねよう、キリストの契約は、私の肉において、どのようにして立てられるのだろうか？　地上に属する私の体を殺せば（コロ3・5）、私は自分の肉において、キリストと契約を立てることになります。もし、イエス・キリストの死をいつもこの身に負って運んでいれば（二コリ4・10）、私は私の体において、キリストとの契約がなされています。なぜなら、「私たちがキリストと共に苦しむなら、私たちはこのお方と共に支配するようになる」（二テモ2・12）のですから。もし、キリストの死と同じ状態になって（ロマ6・5）、私がキリストと共に植えられれば(24)、私は自分の肉において、キリストとの契約がなされていることを示せるでしょう。なぜなら、もし私が、「イエスはマリアによって受け取ったところの肉となって来られた」ことを告白するだけで、このお方が私自身の肉の中にもやって来られたことを証ししないのだとしたら、私にとって何の益がありましょうか？ 私は以前、私の体を不義に仕えようとして、不義のために用いていましたが、体を以前とはまったく違ったように用い、義に仕えようとして、聖なるもののために用いるならば、私は今こそ、キリストが私の肉の中にやって来られたことを証しするでしょう。もし、私がパウロに倣い、「私はキリストと共に十字架につけられました。生きているのはもはや私ではありません。キリストが私の内に生きておられるのです」（ガラ2・19—20）と言うことができるとしたら、私は私の肉において、神との契約がなされていることを証しいたします。さらに、やはりパウロが言ったように、「私はこの体に、私の主イエス・キリストの焼き印を帯びているのです」（ガラ6・17）と言うことができるのならば、やはりそのことを証しいたします。己の肉において、神との契約が立てられていることをはっきりと証ししていたパウロはこう言いました。「誰が、キリスト・イエスにおける神の愛から私たちを引き離すでしょうか？ 苦難か、行き詰まりか、迫害か、危険か、剣か？」（ロマ8・35）もし、私たちが、主イエスを口先だけで告白するにとどまり、――私たちがこれまで確認してきた仕方で――己の肉において主との契約がなされていることを身をもって示していないならば、そのときの私たちは、人々の目から見ても、ユダヤ人がしているのと同じことをしているにすぎないでしょう。彼らユダヤ人たちは、割礼のしるしだけをもって神を告白できているものと思い込んでいますが、その行いをもって神を否定しています。しかし、主よ、私たちは心で信じ、口で告白する者（ロマ10・9—10）となるとともに、行いをもって、自分の肉に神との契約がなされていることを確かに証しできる者とならせてください！ それは、私たちの良き行いを見た人たちが、われらの父をほめたたえるようになるためです。この天にましますわれらの父に、われらの主イエス・キリストを通して、栄光が世々限りなくありますように、アーメン！

説教四――創世記18章1―33節

小高　毅訳

（第四講話［アブラハムへの神の顕現］『中世思想原典集成1　初期ギリシア教父』五二四―五三三頁、註部分は六二五―六二六頁）

「神がアブラハムに現れた」と記されていることについて。

第18章(1)

1 神はマムレの樫の木のところでアブラハムに現れたが、アブラハムは真昼に自分の天幕の入り口に座っ
ていた。2 アブラハムは目を上げて見ると、すると見よ、三人の男が彼の上に立っていたのを見た。そし
てそれを見ると、彼は彼らに出会うために自分の天幕の入り口から走り寄り、地にひれ伏し、3 そして言
った。「主よ、もしあなたの前に恵みを得ますならば、あなたの僕のところを通り過ぎないでください。4
今水を持ってこさせ、あなたがたの足を洗わせますから、木の下でお休みください。5 また私がパンを持
ってきますので、お食べになって、それからあなたがたの道をお進みください。あなたがたの僕を訪れた

のですから」。すると彼らは、「あなたの言うとおりにしてください」と答えた。6 そこでアブラハムは天
幕のサラのところに急ぎ、「急いで三升の上等の小麦粉を捏ね、灰で焼いたパンを作りなさい」と彼女に
言った。7 そしてアブラハムは牛の群れのところに走って行き、一頭の柔らかくておいしそうな子牛[2]を取
り、召使いに渡し、そして召使いは急いでそれを調理した。8 彼はバターと乳、そして彼が調理した子
牛を持ってきて、彼らの前に出し、彼らは食べた。アブラハム自身は木の下にいる彼らのそばに立ってい
た。9 主[3]は彼に対し、「あなたの妻サラはどこにいるのか？」と言われた。彼はそれに答えて言った。「はい。
天幕の中におります」。10 すると主は言われた。「私は帰ってくる際に、来年のこの時期にあなたのところ
に来るが、あなたの妻サラは一人の息子を持つであろう」。サラは彼の後ろにおり、これを天幕の入り口で
聞いた。11 アブラハムとサラは老人[4]になっており、多くの日々を重ねていた――（略）――16 アブラハム
は彼らと一緒に行き、彼らにお供した。17 すると主は言われた――（略）――21「それでは私は降っていっ
て見てみよう、私のところに届く彼らの叫びのとおり、［彼らの罪は］絶頂に達しているのかどうかを。しか
しそうでなければ、［彼らを］知るために［私は降っていこう］」。

（七十人訳創18・1―21、堀江知己訳）

1　アブラハムへの別の示顕がわれわれに語られている。その次第は次の通りである。「神はアブラハムに現れた。そのとき［アブラハムは］マムレの樫の木の下の天幕の入口に座っていた。見よ、三人の男が彼の上の方に立って[5]いた。アブラハムは目を上げて見ると、見よ、三人の男が彼の上の方に立っていた。彼は彼らを迎えに走り出た」云々（創18・1―2）と［聖書は］述べている。

もしよければ、初めに、この示顕をロトに対して起きた［示顕］と比べてみたいと思う。三人の男がアブラハムのところに来て、彼の上に立つ。ロトのところに来るのは「二人」であり、彼らは「街路に」坐すことになる（創19・1）。考えてみよ、これらのことは、聖霊の配慮によって、［両者の］功績に応じてなされたのではあるまいか。実際、ロトはアブラハムよりはるかに劣っていたのである。もし劣っていなかったならば、アブラハムから離れることはなかったし、「あなたが右に行くなら、私は左に行こう。あなたが左に行くなら、私は右に行こう」（創13・9）とは言わなかったはずである。また、もし劣っていなかったならば、ソドムの人々の地とそこに住むことが彼の気に入るはずはなかった。

したがって、三人の男がアブラハムのところに来るのは「真昼」（創18・1）であり、二人がロトのところに来るのは「夕方」（創19・1）である。ロトは真昼の絶大な光を受けることができないからである。だが、アブラハムは光の輝きを完全に受けることができたのである[6]。

では次に、どのようにアブラハムは来訪者を迎え、ロトはどのようにしたかを検討し、両者の客人のもてなし方を比べてみよう。だが、まず初めに、次の点に注目してほしい。ふたりの天使とともに主はアブラハムに現れたが[7]、ロトを訪れたのはふたりの天使だけである。彼らは何を語るのか。「主は、この町を破壊し壊滅するために私たちを遣わされたのです」（創19・13）。したがって、彼は壊滅をもたらす者たちを迎え入れたのであって、救いをもたらす者を迎えたのではない。だが、アブラハムは、救いをもたらす者と壊滅をもたらす者たちとを迎え入れたのである。

さて、両者がそれぞれどのように迎え入れるか検討することにしよう。「アブラハムは［彼らを］見た。そして彼らを迎えに走り出た」（創18・2）と記されている。ここで何よりも、務めを果たすにあたってのアブラハムの熱意と敏捷さとに注目してほしい。迎えに走り出て、出迎えると、「急いで天幕に戻り、〈急いで天幕に来なさい〉と妻に言った」（創18・6）と記されている。これらの一つ一つのうちに、「客を」迎え入れるにあたっての敏捷さがどれほどのものであったか読み取ってほしい。すべてにおいて急がれ、すべてが迅速になされている。何一つとして悠長になされていない。したがって、妻のサラに言う、「急いで天幕に来なさい。そして三枡の上等の小麦粉を捏ね、灰の下で焼いたパン（subcinericias）を作りなさい」（創18・6）。この「パン」はギリシア語では「エンクリュフィアス」（ἐγκρυφίας）と言われるが、これは秘密の、あるいは隠されたパンを意味する。「〔アブラハム〕自身は牛の群のところに走って行き、一頭の仔牛を引き出した」（創18・7）と記されている。どのような仔牛か。最初に出会った「仔牛」だろうか。そうではない。「柔らかくて善い」（創18・7）仔牛である。すべては迅速になされているが、主要で重要なものを主もしくは天使たちに捧げなければならないことを彼は知っている。したがって、群から「柔らかく善い」仔牛を引き出した、というか選び出して、召使いに渡したのである。「召使いは急いでそれを料理した」（創18・7）と記されている。「アブラハム」自身が走り、妻も急ぎ、召使いも迅速に行動している。知恵ある者の家には怠惰な者は一人もいないのである。したがって、「アブラハム」は仔牛を、そして「仔牛」と同時に、パンと小麦粉、そして乳とバターとを供したのである（創18・8）。これがアブラハムとサラとにとって客をもてなすにあたってなすべきことである。

では、ロトに目を向けることにしよう。彼は上等の小麦粉も、白いパンももっておらず、麦粉しかもっていなかった。彼は三枡の上等の小麦粉を知らず、「エンクリュフィアス」すなわち隠された神秘のパンを来訪者たちに供することもできなかったのである[8]。

2　では、また「アブラハムに戻って」先を続けることにしよう。アブラハムは「彼の上の方に立った」三人の男と何をしたか。「彼に向かって」ではなく、「彼の上の方に」彼らは来たということはどういうことなのか考えてみてほしい。彼は神の意志に服したのである。それゆえ、神は「彼の上の方に」立つと言われるのである。

したがって、彼は三枡の上等の小麦粉を捏ねて作ったパンを供する。三人の男を迎え入れ、三枡の上等の小麦粉でパンを捏ね上げたのである。仔牛も供される。ここにまた、もう一つの秘義がある。この仔牛そのものは堅いものではなく、「柔らかく善い」ものである。われわれのために「死に至るまで自らを低くし」（フィリ2・8）、「友のために自分の魂を捨てた」（ヨハ15・13、一ヨハ3・16）彼の方ほどに柔らかなもの、善いものが何かあろうか。それは、悔い改めた息子を迎えるために父が屠った「肥えた仔牛」（ルカ15・23）である。「実に、［父は］その独り子を」この世の生のために「お与えになったほど、この世を愛されたのである」（ヨハ3・16）。

ところで、知恵ある者には、彼が迎え入れた者たちが何者か隠されていたわけではない。彼は三人の許に走り寄り、［そのうちの］ひとりを礼拝し、ひとりに話しかけて言う、「どうか、あなたの僕のところに立ち寄り、木陰で一休みなさって下さい」（創18・3―4）。

だが、人々に語りかけるかのように、「水を持って来させますから、足をお洗い下さい」（創18・4）と言ったと言い添えられているのはどうしてか。

諸国の民の父であり教師であるアブラハムは、このことを通して、あなたがどのように客人を迎え入れなければならないか、また客人の足を洗うよう、あなたに教えているのである。もっとも、それは神秘的なかたちで語られてはいるが。実に、主の諸秘義が、ほかでもなく足を洗うことで全うされること（ヨハ13・6）を彼は知っていたのである。だが、この訓戒の重要性は彼に対して秘められていたのではない。救い主は次のように言っている。「あなたがたを迎え入れない者たちがいたら、彼らへの証しとして、あなたがたの足についた埃を払い落としなさい。はっきり言っておく、裁きの日には、この町よりもソドムの地のほうが軽い罰ですむ」（マコ6・11、マタ10・15）。したがって、「裁きの日に」不信仰の証しとして払い落とされるものとして埃がついたまま残っていないように、彼は先んじて行い、足を洗おうとしたのである。

それゆえ、賢明なアブラハムは言うのである、「水を持って来させますから、足を洗わせて下さい」と。

3　では、次に続く箇所で語られていることを検討することにしよう。「ところで、アブラハム自身は、木陰の彼らのそばに立っていた」（創18・8）と言われている。

この種の記述を［理解する］のに、われわれは割礼を受けた耳を必要とする。というのは、アブラハムがどこに立っていたかを律法の書に記すことが、聖霊の最大の関心事であったと考えるべきではないからである。実に、「アブラハムは木陰に立っていた」と聞いたからといって、聖霊が人類に教えることを聞きに来た私にとって、何の役に立つというのか。

だが、アブラハムがその下に立ち、主と天使たちのために会食を整えた、この木は何の木であったのか検討することにしよう。「マンブレ［マムレ］の木の下」と言われている（創18・1）。「マンブレ」とはわれわれの言語で言えば、「眺望」（visio）もしくは「洞察」（perspicacia）を意味すると解される[9]。主が会食をすることができる場所はどのような場所かあなたにわかるか。アブラハムの眺望と洞察とが主を喜ばせたのである。実に彼は、神を見ることができるまでに心の清い者であった（マタ5・8）。したがって、そのような場所、そのような心の内で、主は天使たちとともに会食をもつことができるのである。まさしく、かつて預言者たちは「見者」と呼ばれたのである（サム上9・9）。

4　では、主はアブラハムに何と言われるのか。「〈あなたの妻サラはどこにいるのか〉と言われる。〈はい。天幕の中におります〉とアブラハムが答えると、〈私はかならず来年の今頃またここに来る。その頃、あなたの妻は男の子を産むであろう〉と主は言われた。ところで、サラは、アブラハムの後ろ、天幕の入口の後ろに立って聞いていた」（創18・9）。

妻たちは族長たちの模範から学ぶがよい。すなわち、妻たちは自分の夫に従うものであるということを学ぶがよい。何の理由もなしに、「サラはアブラハムの後ろに立っていた」と書き記されたのではない。それは、夫が主に向かって先に進むとき、妻は夫に従わねばならないことを明示するためである。妻は夫に従わなければならないというのは、自分の夫が神の前に立っているのを見るなら、ということである。

他の観点から、より高度な理解へと昇り、夫とはわれわれの内の理性的な知覚であり、妻とは、［妻が］夫と結ばれているように、それと結ばれたわれわれの肉であると言うことができよう。したがって、肉は常に理性的な知覚に従うべきであり、そこに怠惰が忍び込むことがけっしてないようにしなければならない。理性的な知覚が配下に置かれ、放埒（ほうらつ）と享楽に流された肉に従うことにならないためである。それゆえ、「サラはアブラハムの後ろに立っていた」のである。

ところで、「出エジプト記」において、どのようにして「夜は火の柱の内に、昼は雲の柱の内に、主が先立って進まれ」（出13・21）、主の会衆は［主］の後ろに従ったかを考察すれば、この箇所の内になんらかの秘義を見出すこともできる。

それゆえ、そのようにサラはアブラハムに従い、あるいは［アブラハム］の後ろに立ったものと私は解するのである。

その後、何が語られているのだろうか。次のように言われている。「二人とも長老[10]」すなわち老人「になっており、しかも多くの日々を重ねていた」（創18・11）。肉体上の年齢に関する限り、彼らよりも前に多くの人々が彼らよりも多くの日々の人生を送っていた。だが、誰一人として長老とは呼ばれなかった。ここから、この称号は、長寿ではなく成熟のゆえに、聖なる人々に帰されるものであることがわかる。

5　では、アブラハムが眺望の木陰で主と天使たちに供した盛大ですばらしい会食の後、何が起きたのだろうか。来訪者たちは出発する。次のように記されている。「アブラハムは彼らと連れ立ち、彼らといっしょに歩いていった。すると、主が言われた。〈私が行おうとしていることを私の僕アブラハムに隠すまい。アブラハムは大きな強い国民になり、地のすべての国民は彼の内に祝福されるであろう。彼は息子たちに命じ、［息子たち］は主の道を守り、彼らは義と公正とを行い、主はアブラハムに約束したことを成就されると彼は知っているからである〉。そして、言われた。〈ソドムとゴモラの叫びは絶頂に達し、彼らの罪は非常に重い。私に届いた彼らの叫びの通り、［彼らの罪は］絶頂に達しているのか見て確かめるため、そうでなければ［彼らを］知るため私は降って来た〉」（創18・16―21）。これが神聖なる書の言葉である。

では次に、それらの言葉の内に何を理解するのが妥当なのか検討することにしよう。

「知るため私は降って来た」と記されている。アブラハムに対して語られた言葉に関しては、神は降って来るとは言われていない。むしろ、彼の上の方に立っている。先に、「三人の男が彼の上の方に立っていた」（創18・2）という言葉で説明した通りである。ところがここでは、罪人たちのゆえに行われるので、神は降って来ると言われるのである。空間的な上昇とか下降を考えないように気をつけてほしい。実に、これは神聖なる書にしばしば見られることである。たとえば、預言者ミカ［の書］に次のように記されている。「主はその聖なる場から出て、降って来て、地の高みを歩まれる」（ミカ1・3）。したがって、人間の脆弱さを慮ってあることを行うとき、主は降って来ると言われるのである。このことは特にわれわれの主、救い主に関することとして解さなければならない。この方は、「神と等しい者であることに固執しようとは思わず、かえって自分を無にして、僕の姿形をとられた」（フィリ2・6―7）のである。したがって、降って来られた。「天から降って来た者、天にいる人の子のほかに、天に昇った者は誰もいない」（ヨハ3・13）からである。実に、ただわれわれの世話をするためだけでなく、われわれのものを担うために、主は降って来られたのである。「僕の姿形をとられた」のであり、父に等しい者として不可視の本性を有していたが、可視的な外観を受け取って、「その外観はまさしく人間と見られた」（フィリ2・7）のである。

だが、降って来るときにも、［主は］ある者たちにとっては下におり、ある者たちにとっては昇って行き、上にいるのである。実に、使徒たちを選んだ後、［主は］「高い山に登り、そこで彼らの前で変容された」（マコ9・2）のである。したがって、天の国の秘義を伝授された者たちにとって（マタ13・11）、［主は］上にいる。だが、［主が］彼らの罪を非難した、群衆とファリサイ派の人々にとっては、［主は］下におり、草の生えている所で（マタ14・19）、彼らと共にいるのである。下では変容することはありえないが、自分の後について来ることのできた者たちとともに上に昇り、そこで変容するのである。

6「私に届いた彼らの叫びの通り、［彼らの罪は］絶頂に達しているのか見て確かめるため、そうでなければ、［彼らを］知るため私は降って来た」と記されている。

この言葉を楯にして、異端者たちは私の神を攻撃するのが常である。彼らは言う、「見るがよい。律法の神は、見て確かめるために降って来、判定する者を遣わさない限り、ソドムで何が行われているか知らなかったのである[11]」。

だが、主の戦いを戦うよう訓戒されているわれわれは、彼らに対して「神の言葉の剣」を研ぎ澄まし、彼らとの戦いに進み出よう。「真理を帯として腰に締めて」戦場に立ち、同時に「信仰を楯として掲げて」（エフェ6・14―17）、毒を含んだ彼らの論難の槍を防ぎ、彼らの放つ矢を細心の注意を払って彼らに投げ返そう。実に、主の戦いとは、ダビデとか他の族長たちが戦った戦いなのである。われわれの兄弟たちのために、彼らに向かってわれわれは立とう。彼らが私の兄弟たちのうちの誰かをわれわれから引き離し略奪し、狡猾な欺瞞の言葉をもって、キリストにおける乳飲み子（一コリ3・1）や子供たちを捕虜として連行するよりも、「私が死ぬほうが善い」（一コリ9・15）からである。だが、彼らは完全な者たちに手をかけることはできず、あえて戦いに出て来ることはないだろう。それゆえ、われわれは、まず主に加護を願い求めつつ、そしてあなたがたの祈りに支えられて、彼らに対する言葉による戦いに乗り出すことにしよう。

したがって、われわれは確信をもって言う、〔聖〕書によれば神はすべてを知っているのではない。神は罪を知らないし、罪人たちを知らないし、自分と疎遠の者たちを知らないのである。〔聖〕書が次のように言うのを聞くがよい。「主はご自分の者たちを知っておられる。また、主の名を呼ぶ者は皆、不義から身を引くべきである」(二テモ2・19。民16・5参照)。主は自分の者たちを知っているが、不義を行う者たち、そして不敬な者たちを知らないのである。救い主が次のように言うのを聞くがよい。「私から離れ去れ。不法を働くすべての者よ、私はあなたたちを知らない」(マタ7・23)。また、パウロも言う、「あなたがたのなかで自分を預言者もしくは霊の人と思っている者がいれば、私がここに書いてきたことは主の〔命令〕であると知るがよい。知らない者は、知られない」(一コリ14・37—38)。

われわれはこのように言うが、あなたたちがなしているように、神について冒瀆となることを何かしら考えているのではないし、神に無知を帰するのでもない。むしろ、その行為が神にふさわしくない者たちは神の認知にもふさわしくないと判断されると、われわれは理解するのである。自分に背き、自分を知らない者を知ることは神にふさわしいことではないからである。それゆえ、使徒〔パウロ〕は言うのである、「知らない者は、知られない」と。

したがって、ここでソドムに住んでいる人々について、同様に言われるのである。神の許にまで昇った「叫び」の通り、彼らの〔悪い〕行為が絶頂に達している」ものなら、認知するに値しないと判断される。だが、彼らのうちになんらかの回心が見られるなら、彼らのうちに一〇人の義人が見出されるなら(創18・32)、そのときには神は彼らを認知するのである。そのため、「そうでなければ、知るため」と言われたのである。彼らが何を行っているか知るためと言ったのではない。もし彼らのうちに義人たちを見出すなら、悔い改めた者たちを見出すなら、知るに値する者たちを見出すなら、彼らを知るため、私の認知にふさわしい者たちとするためにと言ったのである。

結局、ロトのほかには誰一人として悔い改めた者、回心した者は見出されなかったので、ロトただ一人が知られ、彼ただ一人が大火災から救われるのである。警告を受けた人々も、近所の人々も、近親者たちも［ロトに］従わず、誰一人として神の慈しみを知ろうとせず、誰一人として［神］の憐れみにすがろうとしなかったのである。それゆえ、誰一人として認知されなかったのである[12]。

以上は、「高きところで、不正を口にする」（詩73・8）者たちに対して言われたことである。だが、われわれはわれわれの行為、われわれの振舞いに十分気をつけよう。われわれが神の認知に値する者となるように、神がわれわれを知ることを良しとされるように、また［神］の子イエス・キリストの知識と聖霊の知識とをもつに値する者とされるように、三位の神に知られた者として、われわれに対する主イエス・キリストの啓示によって、われわれが三位の神の秘義を十全に、何も損なうことなしに、完全に知るに値する者とされるように。［主イエス・キリスト］に「栄光と力とが、代々限りなくありますように。アーメン」（一ペト4・11）。

説教五——創世記19章

堀江知己訳

ロトとその娘たちについて

第19章[1]

12 その男たちはロトに言った。「あなたにはここに誰かいますか？ 婿や息子や娘がいますか？ あるいは、
もしあなたにとって、町に誰かほかの者がいるのならば、この場所から連れ出しなさい。13 なぜなら、私
たちはこの場所を滅ぼすのですが、それは、彼らの叫びが主の御前に上り、そして主はこの町を滅ぼすため
に私たちを遣わされたからです」。——（略）——17 彼らを外に連れ出したときのことである。御使いたち
は言った。「あなたは必ず生き延びなさい。振り返ってはならず、この付近のどこにも立ち止まってはなら
ない。山へ逃げなさい、あなたも一緒に襲われないためです」。18 しかしロトは御使いたちに対して言った。
「主よ、お願いです。19 僕（しもべ）はあなたの憐れみを得ているわけですし、また、私の命が助かるためにあなたが
私になさることを「通して」、あなたはあなたの正義を広く知らしめなさいますが、しかし私は、災いが襲

いかかってきて死んでしまわないために、山へ逃れて助かることはできません。20 御覧ください。この町
は近くにあるので私はそこに逃げ込むことができます。この町は小さく、私はそこで助かることができる
でしょう。この町は小さくないではありませんか？ そして私は生き延びることができるでしょう」。——
（略）——22 それで、その町の名はツォアルと呼ばれた。23 日が地上に昇り、そしてロトはツォアルに着き、
24 そして主は、ソドムとゴモラの上に、主の御もとより、天から硫黄と火を降らせられ、25 そしてこれら
の町とその付近一帯、これらの町の住民すべてと、土地に芽生えるすべてのものを滅ぼされた。26 そして
彼の妻は振り向き、塩の柱になった。——（略）——29 こうして、主がこの付近の町すべてを滅ぼされた
とき、神はアブラハムのことを思い出され、そして、主が、ロトがその中に住んでいたところの町々を滅ぼ
された際、ロトをその滅亡のただ中から外に出された。30 ロトはツォアルから上っていって山に留まったが、
二人の娘も彼と一緒であった。ツォアルに住むのを恐れたからである。そして彼は洞窟で暮らしたが、彼と、
そして二人の娘も彼と一緒であった。31 姉は妹に言った。「お父さんは年を取っていますし、そして、この
世全体にとって「私たちのところに来てくれる人がいないのは」当然のことなのですが、地上において、私た
ちのところに来てくれるような人は誰もいません。32 さあ、お父さんにぶどう酒を飲ませ、お父さんと一
緒に寝て、そして私たちはお父さんから子孫を残しましょう。33 その夜、彼女たちは父にぶどう酒を飲ませ、
そしてその夜、姉が父のところに入って父と一緒に寝たが、父は彼女が寝てから起きるまでの間、気づかな
かった。34 次の日になって、姉は妹に言った。「聞きなさい、私は昨日お父さんと寝ました。今夜もまたお
父さんにぶどう酒を飲ませ、あなたはお父さんのところに入って一緒に寝て、そして私たちはお父さんから
子孫を残しましょう」。35 彼女たちはその夜もまた、父にぶどう酒を飲ませ、そして妹は父のところに入っ
て父と一緒に寝たが、父は彼女が寝てから起きるまでの間、気づかなかった。36 こうしてロトの二人の娘は、

父によって身ごもった。37 そして姉は男の子を産み、「私の父から」と言って、その子をモアブと名づけた。彼が今日にいたるまでのモアブ人の先祖である。38 妹もまた男の子を産み、「私の家族の子」と言って、その子をアンモンと名づけた。彼が今日にいたるまでのアンモン人の先祖である。

（七十人訳創19・12—38、堀江知己訳）

1　ソドムを滅ぼすために遣わされた御使いたちは、己に委ねられた務めを急ぎ実行することを望んでいました。しかしその前に、御使いたちは、客として手厚く迎え入れてくれたロトのことを心に留め、そのロトを差し迫る炎の滅びから救い出すために動いてくれました（創19・12以下）。見知らぬ外国人を家に入れようとしない人たちは、このことからよく学んでください！［本来は］客［として迎え入れるべき人］をあたかも敵であるかのように避ける人たちは、このことからよく学んでください！ ソドムに住んでいたロト。その彼が、何かほかの良き行いをしていたとは書かれておりません。彼は客をもてなすことを普段からしていた、といった点のみが言及されています。自分の家を客に提供していた、といったことだけの理由で、ロトは火を逃れ、炎を逃れるのです。普段から客人に提供されていた彼の家を、御使いたちは訪れました。客に対して扉を閉めていた家には、代わりに火が訪れることになりました。

それでは、客をもてなす務めを果たしたことのお返しとして、御使いたちがその家の主人に向けて告げている言葉に聞いていきましょう。「山［へ逃げてそこ］で助かりなさい。［炎に］巻き込まれないために」（創19・17）。ロトは［普段から］客人を手厚くもてなしていました。その彼に関して聖書が証言しているように、御使いを厚くもてなしたことにより、ロトもまた滅びを免れました（ヘブ13・2）。とはいえ、ロトという人は、ソドムを脱出したあと、直ちに山に上ることができるような全き人、ということではありませんでした。なぜなら次の御言葉は、全き人たちにこそふさわしいものだからです。「私は山々に向かって目を上げた。そこから私の助けは来る」（詩120・1、七十人訳）。よって、ロトは、ソドム人と一緒に滅びに定められているほどではなかったものの、さりとてアブラハムと一緒に高き場所に住むほど［には全き人ということ］ではありませんでした。それにもし、ロトがアブラハムと同じような［全き］人であれば、アブラハムとて決してロトに対して言わなかったでしょう。「あなたが右にと言うなら、私は左に行こう。あなたが左にと言うなら、私は右に行こう」（創13・9）などとは。そして、ロトがアブラハムと同じような［全き］人であれば、［そもそも］ソドムという居住地などを気に入ることもなかったでしょう。したがってロトという人は、全き人と、そして滅びるべき人との中間の人でした。またロト自身知っていました。自分の力では山に上るのに十分ではないということを。そのため、彼は恭しく、そして謙遜に弁解して言っています。「私は山へ逃れることはできません。ですがご覧ください、この町は小さな町です。私はここで生き延びることができるでしょう。そして、この町は小さくありません」（創19・19―20）。彼は小さな町ツォアルに入り、この町で助かります。そしてこのあと、ロトは娘たちと一緒に山に上ります（創19・30）。ソドムから出てきた［ばかりの］この人は、［すぐさま］山に上ることはできませんでした。確かに、ソドムの地について聖書が記しているとおり、ソドムが根底から覆され［て滅ぼされ］る以前は、つまり、ロトが住まいとしてソドムを選んだときは、ソドムは神の園のようであり、またエジプトの地のようなところ（創13・10）であったのかもしれませんが［ソドムから出てきたばかりの人は、すぐさま山に上ることはできません］。それにしても――少し脇道に逸れることかもしれませんが――、ソドムは神の園とエジプトの地にたとえられているわけですが、神の園とエジプトの地との間に、一体どんな類似点が見られるというのでしょうか？　私としても、ソドム［人］が罪を犯す以前は、まるでそこが神の園であるかのように、この町は汚れない生活を送ろうとする素直さをまだ保っていたであろうとは思います。しかし、次第に堕落していき、罪人たちの汚れで闇がかかってしまい、エジプトの土地のようになってしまいました。

さらに、預言者［エゼキエル］は、「あなたの姉妹ソドムは昔の状態に回復するだろう」（エゼ16・55）と言っていますので、この問題に関しても探求いたしましょう。「ソドムが昔の状態に戻る」と言われていることは、ソドムがこの二つのうちどちらかの状態に戻るということでもあるのではないでしょうか？　つまり、ソドムは「神の園のようなところであったときの状態に戻る」か、それとも、「エジプトの土地のようなところに戻るにすぎない」かのいずれかではないでしょうか？　私は疑ってしまうのです、エジプトの地に比較できるくらいの状態に回復するならまだしも、神の園にたとえられるような状態に回復するほどに、ソドムの罪を焼いてきれいにし、その悪行を清めることなど可能であったのだろうか、と。しかし、このことを［つまり、聖書を文字どおりとらえようとするために、ソドムの回復は確かに起こると］強く主張したがる人たちは、［これを疑ってしまう］私たちに対して抗議します。しかもこの人たちは、とりわけ「昔の状態に」といった言葉――この言葉は、この［ソドムは回復するだろうといった］約束につけ加えられた［補足くらいの］言葉［にすぎないのでは］と思われるのですが――に着目して、次のように言い張ります。「聖書は『ソドムは回復するだろう』とだけ言って締め括っているのではなく、『ソドムは昔の状態に回復するだろう』と告げている」。そして、この人たちが強く主張するところによりますと、ソドムの「昔の状態」とは、エジプトの地のような状態ではなく、むしろ神の園のような（創13・10）状態のことなのだそうです。

2　それではロトの話に戻りましょう。ロトは妻と娘たちと一緒に、滅亡していくソドムから逃れます。彼は、「後ろを振り返ってはならない」（創19・17）といった命令を御使いたちから受けていました。そして彼はツォアルへと向かいますが、彼の妻はその命令を忘れてしまいます。彼女は後ろを振り返ったせいで、課されていた掟を破ってしまいます。そのため、ロトの妻は塩の柱像となってしまいます（創19・26）。お考えになってください、単に「後ろを振り返ってしまったために、神の御恵みによって避けられるはずであった死を体験してしまった」といった過ちをこの女性は犯したのにすぎなかったのでしょうか？　といいますのは「もし字義どおりにだけ理解するとなると」、「不安で」かき乱された精神状態の女性が、巨大な炎がめらめらと音を立てて燃えていたために恐れをなし、つい後ろを振り返ってしまったとしても、それがどうして、かくも重い罪を犯したことになったというのでしょう？　やはり、律法は霊的なものでありますし（ロマ7・14）、また、昔の人たちの身に起こったことは象徴として起こった（一コリ10・11）のでありますから、私たちとしては次のように考えましょう。すなわち、後ろを振り向くことがなかったロトとは、理性的な心、ないし雄々しい精神のことであり、一方ここでの妻は、肉という象徴を担っているのではないか。なぜなら、常に悪を見つめてしまうのが肉であるからです。本来、精神は救いへと向かわねばなりません。しかし肉は、後ろを振り返り、快楽を得ようとします。実に、肉とはそういったものであるがために、主も言われました。「鋤（すき）に手をかけてから、後ろを振り返る者は、誰一人として神の国にふさわくない」（ルカ9・62）。そして主はこうも言われています。「ロトの妻のことを思い出しなさい」（ルカ17・32）。しかしおそらく、ロトの妻が塩の柱になってしまうといった出来事は、彼女が愚かであったことの証拠として語られています。つまり、ここでの「塩」は、彼女に欠けていたところの賢さの言い換えです。ロトの方はツォアルに到着し、そこにしばらくの間とどまって力を蓄えます。その力は、ソドムにおいては得ることができなかったところのものでした。そしてそのあと彼は山に上り、そこで暮らしました。聖書が告げているとおり、「ロトと、ロトと二人の娘たちも彼と一緒に」（創19・30）。

3　このあとに記されていますのは、悪名高いことで十分有名な物語です。つまりそれは、ロトの娘たちが、父に気づかれないまま父と一緒に寝た（創19・31―36）ことが記されているところの物語です。この出来事に関して、ロトには罪はないと、ロトのために弁解できるものなのかどうか、私としては判断しかねます。一方で、ロトのことを非難するにしても、彼について、近親相姦という非常に重い罪を犯した張本人と見なして当然だとも私は思いません。といいますのは、私はロトのことを、娘たちの貞節を奪おうと狙っており、また暴力でもってそれを汚したとは思わないからです。むしろ彼は、計略にひっかかり、悪賢くだまされたのだと思います。それに、もし、ロトを酔いつぶれさせることができなければ、娘たちとしてもロトをだませなかったでしょう。よって私の考えによりますと、ロトは部分的に罪を犯し、部分的に弁解の余地ありといったことになりましょう。ロトとしては、強い欲望や快楽という罪からは免れていた点で、弁解も可能です。またロト自身は、そういった行為を望んでいなかったのは明白ですし、それを望んだ娘たちに同意しなかったであろうことも明らかなのですから。とはいえ、ロトは罪に負けてもいます。大量のぶどう酒を飲んでしまったせいで、娘たちからだまされてしまったからです。しかも、これが一度だけでなく、二度も続いたからです。聖書自体も、ロトのために［全面的にではなく、むしろ］ある程度弁護している［にすぎない］ようにも思われます。つまり聖書には、「父は娘たちと一緒に寝たことも、また［娘が］起きたことも知らなかった」（創19・33―35）と記されています。小賢（こざか）しく、かつ熱心に父をだまそうとする娘たちに関しては、「彼女たちは一緒に寝たことも起きたことも知らなかった」とは記されていません。しかしロトは、ぶどう酒によって深く酔いしれていたために、長女であれ次女であれ、彼女たちと一緒に寝たことを知りませんでした。

酔いしれることがどんな結末をもたらすものなのか、あなたがたは学んでください！　酩酊（めいてい）がどれほどひどい悪行を引き起こすのかを学んでください！　学び、そして注意してください！　ああ、あなたがたはこの［酩酊（めいてい）といった］悪を非難するどころか、この悪を習慣として犯してしまっているではありませんか！　ロトはソドムにはだまされませんでしたが、酩酊（めいてい）にはだまされてしまいます。［そのせいで］硫黄の灼熱（しゃくねつ）には焼かれなかったのに、女たちの熱情には焼かれてしまいます。

ロトは、自分の意志によってではないものの、娘たちの狡猾にだまされてしまいました。よってこのようなロトは、いわば罪人と義人の中間に位置します。それもそのはず、ロトはアブラハムの親族の一人ではあったものの、ソドムなどに住んでいたからです。そもそも、彼がソドムから脱出できたとしても、聖書が教えていますとおり、それはロト自身の功績とは関係なく、むしろアブラハムの誉れのお陰です。聖書は記しています。「神は、ソドムの町を滅ぼされる際、アブラハムのことを思い出され、ロトをその地より連れ出された」（創19・29）。

4 しかし、娘たちが企てたことについても、もう少し詳しく調べてみるべきでしょう。彼女たちとしても、人々から普通に受けてしまっているほどの強い非難を受けるいわれは、もしかしたらないのではないかと。といいますのは、聖書は娘たちが互いに言い交していたことを伝えていますが、それによると、「お父さんは年を取っていますし、そして、この世全体にとって［私たちのところに来てくれる人がいないのは］当然のことなのですが、地上において、私たちのところに来てくれるような人は誰もいません。さあ、お父さんにぶどう酒を飲ませ、一緒に寝ましょう。そして、私たちはお父さんから子孫を残しましょう」（創19・31―32）。聖書が娘たちについてこのように告げておりますところによれば、彼女たちに対しても、少しばかり弁護がなされているようにも思われます。ロトの娘たちが、やがて訪れるところの、火による世の終わりについて、何らかのことを学んでいたのは明らかです。しかし彼女たち――ロトの娘たちのように、若い女性というものがえてしてそうであるように――は、世の終わりについて、正しくかつ正確に学んでいたわけではありませんでした。つまり彼女たちは知りませんでした。ソドム地方が炎によって荒れ果ててしまったあとも、世の中にはまだまだ焼かれてはいない場所がたくさん残っているということを。娘たちは聞かされていました。世の終わりに際しては、大地であれ、すべての諸要素であれ、炎の灼熱によって燃えて溶け去ってしまう（二ペト3・12）ということを。娘たちは見ました、火を。娘たちは見ました、硫黄の炎を。娘たちは目撃しました、すべてが荒れ果ててしまったのを。また彼女たちは見ていました、自分の母親が助からなかったのを。彼女たちは、ノアの時代に起こった出来事について聞かされていましたが、それと同じことが［自分たちの時代にも］起こったものと不安に感じていました。そして、人類の子孫を再び増やすために、自分たちだけが父と一緒に生き残ったのではないかと思ってしまいました。そのため、彼女たちにしてみれば、人類を再興させたいとの願いを抱き、さらに、回復の時代の幕開けは自分たちからこそ始まらねばならないと考えています。父をだまし、強制的に一緒に寝るなどといったことは、大罪であると彼女たちにも思えたでしょう。しかし彼女たちにしてみれば、自分たちが貞節を守ろうとするせいで、人類の子孫を残すといった希望がついえる――これは彼女たちが思い込んでいたことにすぎませんが――ことは、もっと大きな不義であると思われたのでしょう。私の考えによれば、彼女たちはこのような思いでいたために、より小さい方の罪に手を染めながらも、より大きな希望と、より正しい理由をもってそうしたのでしょう(2)。彼女たちは、悲しみに暮れ、あるいは心が沈んでいた父をぶどう酒でなだめ、それを取っ払います。二人とも父のところに一夜だけ忍び込み、何も知らない父によって子を宿します。このような行為を、それぞれ二度は繰り返しませんでしたし、それを望みもいたしません。

こういった場合、非難されるような欲望の罪は、どこに見られるのでしょうか？　非難されるべき近親相姦といった犯罪なのでしょうか？［それぞれ］二度と繰り返されることのない行為が、どうして悪徳と名づけられるのでしょうか？［とはいえ］私は以上のような見解を表明するのをはばかります。はいそうです、大勢の女性が守っている貞節よりも、ロトの娘たちが犯した近親相姦の方が清い、などといったことになってしまうのではないかと私は恐れています。妻といった立場にある女性は、どうぞお考えになり、そして自問なさってくださるとよいのですが。子どもを宿すといった目的のためだけに、夫と一緒に寝るべきなのではないか？　そして、妊娠したあとには、このことは控えるべきなのではないか？　ロトの娘たちは、近親相姦を厳しく責められるべきなのでありましょうが、身ごもるやいなや、二度と一緒に寝ようと男性に近づくことはありません。それなのに、決して少なくはない女性――「少なくはない」と言いましたのは、私はすべての女性に対し、同じ烙印を押そうとしているわけではないからですが、しかしそういった女性はやはり多くいます――が、まるで動物のように思慮を完全に喪失し、ひっきりなしにこういった欲望に仕えています。私はそういった人たちを、おとなしい家畜にたとえたりはいたしません［むしろ野生の荒々しい動物にたとえます］。なぜなら、家畜であっても、子を宿している間は、雄に対してそういった機会を与えないようにする術を身につけているのですから。神の書も、そのような人たちに対して烙印を押しています。「あなたがたは、分別のない馬やらばのようであってはならない」（詩31・9、七十人訳）。またこうも言われています。「彼らは発情した馬となった[3]」（エレ5・8）。しかし、ああ神の民である皆様、あなたがたはキリストを変わることなく愛しておられる（エフェ6・24）のですから、使徒が言っていることを理解してください。使徒は言っています。「食べるにも、飲むにも、そのほか何をするにも、すべて神のご栄光を現すためにしなさい」（一コリ10・31）。「食べるにも、飲むにも」と言ったあと、「そのほか何をするにも」と使徒は言っています。使徒は、この「そのほか何をするにも」といったぼやかした言い方でもって、夫婦の行為をあからさまに言うのを避けているのですが、つまり使徒としては、たとえ子孫を残すといったことだけを思ってこの事に当たるにしても、常に神のご栄光のためになされるべきだと言おうとしています。ここまで私たちは、［字義どおりの観点から］ロトとその娘たちの罪について、また、彼らの罪が弁解できる点を十分考察してまいりました。

5　一方で、アレゴリーによる解釈についてですが、ロトを主キリスト[4]として、また、ロトの娘たちを［旧新の］二つの聖書に当てはめて解釈する人たちが幾人かいることを私も存じ上げております。ですが、ロトの子孫として生まれたアンモン人やモアブ人について、聖書は何と言っているのかをよく理解している人であれば、以上のアレゴリーを喜んで受け入れるものでしょうか？ つまり、ロトの子孫として生まれた彼らは、「三代、四代まで」（出34・7）「主の会衆に加わることはできない」（申23・4）と言われていますが、これをどのようにしてキリストに関連づけることができるでしょうか？ むしろ私たちとしましては――次のように考えることが許されるとしたら――、ロトを律法の象徴ととらえましょう。ギリシア語では、「律法」は男性名詞の形を保っており、私たちのところ［つまりラテン語］では、「律法」は女性名詞としての活用をしますが、この違いは問題ではないでしょう。[5] ロトの妻に関しては、神の民ととらえましょう。すなわち、エジプトを旅立ったあと、紅海を通って救われ、ファラオの追跡から救われた民のことです。この民が紅海やファラオの手から救われたことは、いわばソドムを襲った火から救われることに置き換えられます。エジプトの肉や鍋、たまねぎやきゅうり（民11・5）を再び求めてしまったかつての民は、［いわば］後ろを振り返って荒れ野で倒れてしまいましたが、さらにこの出来事は、荒れ野における激しい欲望といったかたちで人々の記憶に残ることにもなりました（詩105・14、七十人訳）。荒れ野において、律法は早くも民を見放し、そのまま捨て置くこととなりましたが、それはまるで、ロトが後ろを振り返った妻を［荒れ果てた場所にて］失い、そのまま置き去りにしていかねばならなったかのようでした。

　ソドムから逃れたロトはツォアルに住みます。この町について、ロトは言っています。「この町は小さく、そこで私の命は助かるでしょう。そして、この町は小さくはありません」（創19・20）。それでは、小さな町にして小さくはない町とはいったいどのようなことを意味しているのか、律法と関連づけながら考えていきましょう。「町」とは、大勢の人たちが行き交う場所であることからそう名づけられます。というのは、町とは、大勢の人の［細々とした］生活が一つに合わされ、一つにつながれていくところだからです。[6] よって次のように考えましょう。律法において生きている人であっても、律法を文字どおり理解しようとしている間は、小さく細々とした仕方で［律法を］用いている人たちにすぎません。安息日や新月［祭］、肉における割礼や、肉的に食物規定を守ることなどは、決して大きくはな［く、むしろ小さ］い事柄です。しかし、律法を精神的に理解し始めた人にとって、律法を霊的に守ることは――律法を文字どおりとらえながらそれを守ることは、細々として小さなことでありますが――、決して小さくはなく、むしろ大きなことです。

これらのことの後、ロトは山に上りましたが、聖書によりますと、山において彼と二人の娘は洞窟に住み（創19・30）ます。［ロトが象徴するところの］律法もまた上ったものと考えなくてはなりません。なぜなら、ソロモンによって建設された神殿［に納められること］を通して、律法は神の家にして祈りの家（イザ56・7、ルカ19・46）となり、飾りが施されたからです。[7] しかし、律法に住みつく悪しき住民は、そこを強盗の洞窟（マタ21・13）としてしまいました。だからこそ、ロトと二人の娘たちは、洞窟に住んだのでした［が、これは以下のように解き明かすことができるでしょう］。預言者は、「オホラとオホリバは二人の姉妹である。そして実に、オホラはユダ、オホリバはサマリアのことである」[8]（エゼ23・2―4）と告げていますが、その際に預言者としては、この［ロトの］二人の娘のことをはっきりと意識しています。［南北の］二つに分かれてしまった民は、律法の二人の娘を儲けてしまいました。肉の子孫を増やすといった欲望のために、そして、地上の王国における権威を、大勢の子孫によって盤石なものとするといった欲望のために、二人の娘は父に眠気を催させ、眠らせてしまいます。このことはすなわち、律法における霊的な意味を覆って曇らせるということにほかならず、また、律法から肉的な解釈のみを拾い出そうとすることにほかなりません。だからこそ二人の娘は、父親があずかり知らず、認識しないような子孫を宿し、産み落とします。肉の子を産み落とすなどといったことは、本来律法自体が意図したことでもなければ、律法が望んでいたことでもありません。それどころか、主の教会に入ることができないような子どもたちをあえて産み落とすために、律法は眠らされてしまうのです。「〔二人の娘たちの子孫である〕アンモン人とモアブ人は、三代目、四代目の子孫であっても、いつまでも主の会衆に加わることはできない」（申23・4、出34・7）と言われていますが、すなわちこれは次のような意味です。「律法の肉における子孫は、三代目になっても、三位一体〔と関わりがないこと〕のゆえに〔教会に〕入ることはできず、四代目になっても、〔四つの〕福音書〔と関わりがないこと〕のゆえに入ることはできず、さらに、いつまでも――異邦人の大群が入ってきて、そしてこうして全イスラエルが救われることになった（ロマ11・25―26）ところの今の時代になるまでずっと――入ることはできない」。以上、私はここでの箇所から、より神聖なことを学び取れる人たちに対して、〔「どうせ神聖なことは学び取れはしないだろう」などといった〕先入観を捨てて、私の力が及ぶかぎり、ロトとその妻、そしてその娘たちについて、アレゴリーによる解釈を繰り広げてまいりました(9)。

6 さらに、私たちはその前〔つまり、アレゴリーによる解釈を繰り広げる前〕に倫理的な観点から、ロトのことを理性的な心として、あるいは勇気ある精神として解釈し、一方で、後ろを振り返ってしまった彼の妻に関しては、欲情や快楽に支配されている肉ととらえましたが、この〔倫理的観点から述べました〕ことを、聴衆である皆様はどうぞないがしろにしないでください。たとえ世という炎から逃れ、肉という火災から逃れることができたとしても、あるいは、小さな町にして小さくはない町ツォアル――いわばこの町は、〔霊的〕共同体としては中程度の段階か、あるいは〔少しばかり〕進歩した段階にありますが――を後にすることができたとしても、そして、いわば山の頂上にたとえられる知識の高みに上り詰めたとしても、あなたは気をつけていなくてはなりませんし、ぜひ目を光らせていてください、二人の娘たちがあなたのことをひそかにねらっていないかどうかを。彼女たちは、あなたが山に上ったあとも、あなたから離れようとはせず、あなたの後ろについてきます。彼女たちとはすなわち虚栄心のことであり、〔とりわけ年齢の高い〕長女の方は高慢を意味します。そして気をつけてください。あなたが意識をなくして眠り込んでいるときに、あなた自身、まるで何も感じず理解しなかったように思われるとしても、この二人の娘たちの腕に抱かれてしまわないようにと。しかし、虚栄心や高慢は、私たちの外から襲ってくるものではなく、むしろ私たち自身の中から出てくるものであり、また、いわば「外からは」まったく影響されてはいないそのままのかたちで、私たち自身の行いから誕生してくるものであるがために、まさしくそれらは「娘たち」と呼ばれます。ですから、あなたは可能なかぎり目を覚ましていてください！　そして、彼女たちを通して子どもを産み落とさないように注意していてください。なぜなら、彼女たちから産まれてくる人たちは、「主の教会に加わることはできない」（申23・4）のですから。もし、あなたが子を産みたいならば、霊において産んでください。「霊において蒔く者は、霊から永遠の命を刈り取る」（ガラ6・8）ことになるのですから。あなたが抱きたいのならば、知恵を抱いてください。そして、「知恵はわが姉妹」（箴7・4）と呼んでください。そうすれば、知恵からも言ってもらえるでしょう。「天におられる私の父の御心を行う人は誰でも、私の兄弟、姉妹、また母なのだ」（マタ12・50）と。この知恵こそ、われらが主イエス・キリストであられます、このお方に、栄光と支配とが世々限りなくありますように、アーメン！

説教六——創世記20章

堀江知己訳

ペリシテ人の王アビメレクについて、なぜ彼はサラを妻にしようと望んだのか

第20章[1]

1 そしてアブラハムはそこから南の地に移り、そしてカデシュの間とシュルの間に住み、そしてゲラルに
一時滞在した。2 アブラハムは自分の妻サラのことを、「彼女は私の妹です」と言った。それは、「彼女は
私の妻です」と言うのを恐れたからだが、この町の男がサラのゆえに自分を殺すことのないようにするた
めであった。そこでゲラルの王アビメレクは［人を］遣わしてサラを召し入れてしまった。3 するとその夜、
神が夢の中でアビメレクのもとにやって来られ、そして言われた。「聞きなさい。あなたは、あなたが召し
入れた女のゆえに死ぬことになる。彼女は夫のある身なのだ」。4 しかしアビメレクは彼女に触れてはおら
ず、そして言った。「主よ、あなたは、理解していない［ゆえに罪を犯してしまう］正しい民でも滅ぼされる
のですか？ 5『彼女は私の妹です』と私に言ったのは、彼自身ではありませんか？ また彼女自身も、『彼

は私の兄です』と私に言いました。私は清い心と正しい手で、このことを行ったのです」。6 すると神は夢
において彼に言われた。「私も、あなたが清い心でこのことを行ったのを知っており、私自身、あなたが私
に対して罪を犯すことのないように引き止めた。それゆえ、あなたが彼女に触れるのを私は許さなかった。
7 さあ、［あの人の］妻をあの人に返しなさい。彼は預言者であり、あなたのために祈り、あなたは生きる
ことができるだろうから。——（略）——9 そしてアビメレクはアブラハムを呼んで彼に言った。「あなた
はなぜ私たちに対してこのようなことをしたのか——（略）——そこで 17 アブラハムが神に祈り、そして
神はアビメレクとその妻、およびその侍女たちを癒され、そして彼女たちは子を産んだ。18 主は、アブラ
ハムの妻サラのゆえに、アビメレクの家［の女たち］の胎をすべて、天より[2]堅く閉ざしておられたからである。

（七十人訳創20・1—18、堀江知己訳）

1　三人の男たちがやって来て、そしてソドムの滅亡とロトの救出——ロトが助けられたのは、彼が客人を手厚くもてなしたことの報いであり、そしてまた、アブラハムと血縁関係にあったことのお陰でありましたが——のあと、アブラハムはそこからアフリカに向かって旅立ち（創20・1）、ペリシテ人の王のところにやって来たとのことですが、以上が創世記から朗読された物語です。また続いて報告されていますこととして、アブラハムは、妻サラとの間で、アブラハムの妻ではなく姉妹だと言うようにとの約束を交わしました。すると王アビメレクはサラを召し入れましたが（創20・2）、夜、神がアビメレクのもとにやって来られ、彼に対して言われました。「あなたはこの女に触れなかった。私はあなたが彼女に触れるのを許さなかった——」。その後、アビメレクはサラをその夫に返しました。そしてその際に、アビメレクはアブラハムに対し、なぜ自分に真実を告げなかったの

かと叱責しました（創20・3―9）。さらに報告されていますように、アブラハムがいわば預言者としてアビメレクのために祈ったところ、「主はアビメレクとその妻、およびその侍女たちを癒され」（創20・17）ました。全能の神におかれては、「子を産むことがないようにと、彼女たちの胎を堅く閉ざしておられた」（創20・18）わけでありますが、アビメレクの侍女たちをも癒されることを御心に留めてくださいました。そして、アブラハムの祈りを通して、彼女たちは産むようになりました。

もし、以上の物語について、字義どおりにだけ読んで理解を得たいのでしたら、キリスト教徒のもとではなく、ユダヤ人のところで話を聞くべきです。しかしもし、キリスト教徒であり、またパウロの弟子でありたいならば、パウロが言っていることに聞かねばなりません。パウロは「律法は霊的なものである」（ロマ7・14）と言っていますし、さらに、アブラハムとその妻、その息子たちについて語る際に、「これは比喩によるものです」[3]（ガラ4・24）とはっきり言っています。また私たちの中には、ここでの物語にはどんな比喩が込められているものなのか、うまく解き明かすことができない人もいるでしょうが、主がいます方に向こうとする人であるならば、必ず祈らなくてはなりません、覆いが心から取り去られ「て霊の御光が当てられ」る（二コリ3・16）ようにと。実に、主は霊であられます（二コリ3・17）。この主が、文字という覆いを取り去ってくださり、霊の御光を明らかにしてくだされば、私たちは言うことができるでしょう、「顔を晴れやかにし、主のご栄光を見つめる私たちは、栄光から栄光へと、［主と］同じかたちに変えられていきます。これはいわば主の霊によるものです」（二コリ3・18）と。

さて、私の考えによりますと、「女王」、あるいは「支配する」といった意味の名の「サラ」は、「美徳」、つまり、心における美徳を象徴します。この心における美徳といったものは、賢くて信仰深い夫と結びつき、つながっているものでありますが、それは、かの知恵者「ソロモン」が知恵について言ったとおりです。「知恵を私の花嫁として連れてこようと願った」（知8・2）と。よって［サラが心における美徳を象徴しているからこそ］、神はアブラハムに言われます。「サラがあなたに言うことは何でも聞いてやりなさい」（創21・12）と。神によるこのご命令は、肉における夫婦の絆（きずな）に当てはめて考えるのはまったくふさわしくありません。なぜなら、神は妻に対し、夫に関することで次のように言っておられるからです。「あなたは夫を求め、夫はあなたを治める」（創3・16）。このように、夫が妻に対しての主人と言われています。それならば、どうして逆に、夫に対して、「サラがあなたに言うことは何でも聞いてやりなさい」などと神が言われたことになるでしょうか？　よって次のように理解されます。すなわち、美徳を妻に選んだ人は、美徳が助言することにすべて耳を傾ける、ということなのです。そしてだからこそ、アブラハムとしても、サラを自分の妻と名乗らせるのをもはや望まないのです。つまり、美徳がアブラハムの妻と呼ばれる間は、美徳はアブラハムだけのものであり、よってアブラハム以外の者がそれに近づくことはできません。私たちがそれぞれ全き完成へと至るまでは、心の美徳はそれぞれ私たちの中にあり、そしてそれぞれ私たちだけのものであるとしても当然でありましょう。しかし、私たちが全き完成へと至ったあかつきには、ほかの人々にも教えることができる者（二テモ2・2）となります。その際には、妻としての美徳を、自分の懐だけに押し込めておくのではなく、むしろ、美徳を望む人たちに対しても、美徳を姉妹と呼んで分かち合います。それゆえ、全き完成に至った人は、神から次のお言葉をたまわります。「知恵はわが姉妹である、とあなたは言いなさい」（箴7・4）。まさにこのような意味において、アブラハムもサラに言いました、あなたは私の姉妹である、と。なぜなら、アブラハムはすでにほとんど完全の域に達していたため、美徳を欲する人に対し、それにあずからせてあげるからです。

2　以前、ファラオもサラを召し入れようと望んだことがあります（創12・15）。しかしファラオの場合、清い心で（創20・5）彼女を望んだわけではありませんでした。それに美徳の方も、清い心［の持ち主］としか［相手に」ふさわしくありません。ファラオは清い心でなかったがゆえに、聖書はファラオに関して次のように告げています。「主はファラオに対し、大いなる苦痛にして最も恐ろしい苦痛でもって苦しめられた」（創12・17）。美徳は絶滅させる人――「ファラオ」を私たちの言語に訳しますと、「絶滅させる人」と訳されます――などとは一緒に住めません。一方で、アビメレクが主に言ったことに私たちは聞きましょう。アビメレクが言うことには、「私は清い心でこのことを行ったのですが、主よ、それはあなたがご存知です」（創20・5）。このように、アビメレクはファラオとまったく異なる行動をします。アビメレクはファラオのように無知ではないし、汚らわしくもありません。むしろ彼自身、美徳を迎えるためには、清い心を用意しておかなくてはならないことを知っています。実際、アビメレクは清い心で美徳を迎え入れようと願ったゆえに、神もアブラハムがアビメレクのために祈ったあと、アビメレクを癒してくださいますし、さらには、アビメレクだけでなく、その侍女たちも癒してくださいます。

しかし、続いて聖書に記されていますことはどういった意味なのでしょうか？　つまり、主はアビメレクに対し、彼女に触れさせたまわなかった（創20・6）と言われています。サラが美徳の象徴であり、そしてアビメレクがその美徳を清い心で受け入れようと願ったのだとしたら、「主はアビメレクに対し、彼女に触れることをお許しにはならなかった」と言われているのはどういう意味なのでしょうか？　「アビメレク」とは、「私の父にして王」という意味です。よって、ここに出てくるアビメレクは、知識欲の旺盛な人や、世の知恵者という象徴を担っているものと私は考えます。この人たちは、哲学に夢中になる人たちで、誤りなき正しい信仰の規範を会得済みというわけではないのですが、とはいえ彼らとしても、神はすべてのものにとっての父であり王であるということ、つまり、神が万物をお造りになり、それを支配されているといった点は認識しています。よって、この人たちも、倫理、もしくは倫理哲学の分野においては、ある程度は心の清さを追い求めようとしていると認めざるをえませんし、また、全身全霊で神の美徳といった光の照らしを得ようと模索していることは確かです。しかし神におかれましては、こういった人たちが美徳に触れるのを許されませんでした。といいますのも、確かに、アブラハムという人は偉大な人物でありましたが、［神の］僕（しもべ）にすぎませんでしたので、異邦人にも美徳にあずからせる、といった恵みは、アブラハム自身がどうこうできる問題ではなく、むしろそれは、キリストを通してもたらされることになっていたからです。よって、確かにアブラハムとしましては、自分に約束されたこと、つまり、「すべての国民は、あなたによって祝福を受けるようになる」（創22・18）といった約束が、自分を通して、そして自分自身において実現するのをしきりに待ち望んでいたでしょうが、しかし［厳密には］この約束は、イサクのゆえにアブラハムに与えられているものなのです。このイサクとはキリストのことです。それは使徒が言っているとおりです。「いわば大勢の人たちとして『子孫たちとに』とは言われず、いわば一人の人として『あなたの子孫とに』と言われたのですが、このお方こそキリストです」（ガラ3・16）。

　ところで、「主はアビメレクとその妻、およびその侍女たちを癒された」（創20・17）とのことです。3 私には、アビメレクの妻だけでなく、その侍女たちについても言及されているのには意味があるのではないかと思われます。そしてとりわけ、神が彼女たちを「癒され」「そして彼女たちは子を産むようになった。なぜなら、子が産まれてこないように、彼女たち［の胎］を堅く閉ざしておられたからである」（創20・17―18）と記されていることには、大きな意味があるのではと思います。ここは非常に難しい箇所でありますが、可能なかぎり私が解釈を試みさせていただきますと、私としては次のように考えます。すなわち、アビメレクの妻は自然哲学のこととして、一方彼の侍女たちは、それぞれの学校［ないし学派］の種類に応じてさまざまに異なっているところの、弁証学に関するそれぞれの考え方として、私たちはとらえることができるでしょう。

　アブラハムは、美徳といった神の御恵みを異邦人にも分け与えようとします。しかし、その時はまだ熟していませんでした、神の御恵みが、古き民［イスラエル］から異邦人に移るといった時は。これに関して、使徒も別の角度から、そして別のたとえを用いて教えています。「女性は、夫の生存中は律法によって［夫と］結ばれていますが、夫が亡くなれば、その律法から解放されます。もし、ほかの男性と一緒になっても、もはや姦淫の女ということではありません」（ロマ7・2―3）。この箇所からも分かるとおり、魂が霊と結ばれ、新しい契約に基づく結婚に至るためには、まず文字という律法が死に、魂がそれから解放されなくてはなりません。今や私たちの時代は、異邦人が召しを受け、律法が葬られている時代です。私たちの時代は、すでに［元の］夫である律法から解き放たれた魂が、新しい男性と結婚する時代です。その男性とはキリストのことです。律法がどのような意味において死んでいるのか、あなたはお知りになりたいですか？ ではよくお考えになってください。今、どこにいけにえがなされていますか？ 今どこに祭壇があり、神殿がありますか？ どこに清めの儀式が、どこに過越の祭りがなされていますか？ これらすべてがどこにもなされていないことにおいて、律法は死んでいるのではないでしょうか？ もし、文字の友、ないし文字の擁護者たちが、律法の文字［どおりにこれらの儀式］を遵守なさることができるとしたら、どうぞなさってみてください。

さて、これまで見てまいりましたアレゴリーの流れに沿って考えれば、当然ファラオは、絶滅させる人にして汚れた人であるわけですから、サラという美徳を召し入れることなど到底できるはずがありませんでした。これに対して、清く生き、また哲学を愛して生きていたところのアビメレクはサラを召し入れることができました。彼は清い心（創20・5）でサラを求めていたからです。しかし、まだその時は至ってはいませんでした（ヨハ7・6）。すなわち、われらの主なるキリスト・イエスにおいて、そう、満ち溢れる神性がことごとくその御体に宿って（コロ2・9）おられるところのキリストにおいて、全き完成された美徳は異邦人の集う教会へと渡りますが、その時はまだ至っていませんでした。そのため、美徳はアブラハムのもとだけにとどまり、また割礼

［に代表される律法］の中にとどまっています。しかしその時が至れば、アビメレクの家と、そしてその侍女たちは、主に癒やしていただき、教会の子どもたちを産むことになるでしょう。なぜならその時には、不妊の女性が子どもを産み（イザ54・1、ガラ4・27）、また、夫に捨てられた女性の子どもは、夫のある女性の子どもよりも多くなるからです。そしてそれは、主が、子の産めない胎を開かれたからであり、さらにその胎は一つの国民を一度に産む（イザ66・8）ほどにまで実りを豊かにもたらすものとなりました。しかし［時が至って招かれた異邦人だけでなく］、聖なる人たちも叫んで言っています。「主よ、あなたへの恐れのゆえに、私たちは胎に宿し、そして産みました。あなたの救いの霊を、私たちは地にもたらしました」（イザ26・17以下、七十人訳）と。よって［異邦人ではなく、もともと聖なる民の一人であった］パウロも同様に言っています。「私の子どもたち、キリストがあなたがたの内に形づくられるまで、私はもう一度あなたがたを産もうとしています」（ガラ4・19）と。神の全教会は、このような［パウロが産んできたような］子どもたちを宿し、そして産んでいます。確かに、自分の肉に蒔く者は、肉から滅びを刈り取ることにもな（ガラ6・8）ります。一方で、使徒も言っているところの子どもたち、すなわち、「女が慎みをもって、信仰と愛を保ち続けるなら、子どもたちを産むことによって救われます」（一テモ2・15）と言われているところの「子どもたち」とは、霊の子どもたちのことです。

神の教会ならば、子を産むことや子を残すこと［について告げている聖書の記述］に関して、以上のように［文字どおりではなく、むしろ霊的に］理解しなくてはなりませんし、父祖たちの行いをほめたたえるにしても、以上のようなふさわしく正しい解釈のもとに、ほめたたえなくてはなりません。さらに、聖霊によって記された御言葉を、ふさわしくはない仕方で、あるいはユダヤ人のおとぎ話（一テモ4・7、テト1・14）のようなものをもってして汚してはなりません。むしろ、聖霊の御言葉を、高潔と美徳、そして有益さに満ち溢れているものとして認めなくてはなりません。そうでなければ、偉大なる族長アブラハムが王アビメレクをだまし、さらには伴侶の貞節をも犠牲にしようとした、といった記事を読んだところで、私たちがどうして造り上げられることがありましょうか？　偉大なる族長の妻が夫婦であることを隠したせいで、他人に汚されそうになったと考える［だけである］としたら、それがどうして私たちを造り上げるでしょうか？　ユダヤ人ならば、こういったことを［文字どおり］信じるでしょう。またユダヤ人と同様、霊の友ではなく、文字の友である人ならば、それを信じることでしょう。しかし、霊によって霊のことを考える私たちは、行いにおいても理解の仕方においても、われらが主キリスト・イエスによって霊の者とさせられましょう。キリスト・イエス、このお方に、栄光と力とが世々限りなくありますように、アーメン！

説教七――創世記21章1―21節

堀江知己訳

イサクの誕生と、イサクが乳離れしたことについて

第21章(1)

4 神が命じられたとおり、アブラハムは［生後］八日目に息子イサクに割礼を施した。5 息子イサクが生
まれたとき、アブラハムは百歳であった。6 サラは言った。「主は私に笑いを作ってくださいました。この
ことを聞く人は、私と一緒に笑ってくれるでしょうから」。7 また彼女は言った。「サラが子どもに乳を飲
ませると、誰がアブラハムに告げるでしょう? 私は、この高齢の年で息子を産んだのですから」。8 そし
て子どもは大きくなって乳離れし、そしてアブラハムは息子イサクが乳離れした日に盛大な祝宴を開いた。
9 一方、サラは、アブラハムに生まれた、エジプトの女ハガルの子が、自分の子イサクと遊んでいるのを
見て、10 そしてアブラハムに言った。「この女奴隷とその子を追い出してください。この女奴隷の息子は、
私の息子イサクと一緒に跡を継ぐことはないでしょうから」。――（略）――13［神はアブラハムに言われた。］

「私は、この女奴隷の息子もまた一つの大いなる国民とするが、彼もあなたの子孫だからである」。14 アブ
ラハムは朝早く起きて、パンと水の皮袋を取ってハガルに与え、そして子どももその肩に負わせ、彼女を
送り出した。彼女は出ていったが、誓いの井戸に沿って荒れ野をさ迷った。15 しかし皮袋の水がなくなり、
彼女は子どもを一本の針葉樹の下に横たえた。——（略）——17 神は、ご自身がいます場所で子どもの声を
聞かれ、そして神の使いが天からハガルに呼びかけて言った。「ハガルよ、どうしたのか？　恐れることは
ない。——（略）——18 私は彼を大いなる国民とするのだから」。19 そして神が彼女の目を開かれ、そして
彼女は生ける水の［湧く］井戸を見つけた。

（七十人訳創21・4—19、堀江知己訳）

1　モーセの書が教会で朗読されるに際して、私たちは主に祈りましょう。モーセの書が読まれる際に、この私たちにとっても、使徒が告げたところの覆いが心に掛からない（二コリ3・15）ようにと。なにしろアブラハムは百歳のときに息子イサクを生んだと（創21・5）［いったようなつまずきとなることを］聞かされている私たちなのですから。また、「サラは言った。『サラが子どもに乳を飲ませると、誰がアブラハムに伝えるでしょう』」（創21・7）と、さらに、「そしてイサクが生れると、アブラハムは［生後］八日目に子イサクに割礼を施した」（創21・4）と書かれています。アブラハムは、この子が誕生した日に祝うのではなく、この子が乳離れした日を祝い、盛大な祝宴を催します（創21・8）。これらの記述にはどういった意味があるのでしょうか？　どのようにしてこの子が乳離れし、また、どのような意味において祝宴が催されたのか、さらに、この子がどのような遊びをし、遊び以外においてもどんな風に子どもらしく振舞っていたのか、などなどといったことを［単に］文

書に記して［字義どおり］私たちに読み聞かせることが、聖霊が願われていたことであるとでも言うのでしょうか？　それとも、これらの事柄を通して、聖霊は、神に属する何らかの秘義を私たちに教えようとされていると、私たちはとらえるべきではないでしょうか？　そして、神に属する何らかの秘義こそが、私たち人間が神の御言葉から学ぶにふさわしいものなのではないでしょうか？「イサク」とは「笑い」、あるいは「喜び」という意味です（創21・6）。「笑い」、あるいは「喜び」という子どもを生む人は誰でしょうか？　疑いなく使徒がそれに当てはまります。この人は、福音を通して生んだ子どもたちに関して、次のように言っています。「あなたがたこそ私の喜びであり、誇りの冠なのです」（一テサ2・19―20）。このような子どもたち、すなわち、もはや乳を必要とはせず、固い食物（ヘブ5・12）を必要とする人たち、さらには、「その理解力に応じて、善悪を見分けるための鍛えられた感覚を持つ人たち」（ヘブ5・14）が乳離れした際に、その子どもたちのためには祝宴が開かれ、そして大いなる喜びが生じます(2)。まさにこのような人たちが乳離れする際に、盛大な祝宴が開かれるわけですが、一方で、祝宴も催されず、喜びも生じえないところの人たちとは、使徒が次のように言っている人たちのことです。「私はあなたがたに乳を飲ませて、［固い］食物は与えませんでした。まだ［固い食物を口にすることは］無理だったからです。いえ、今なお無理です。だから、私はあなたがたには、霊の人に対するように語ることができず、肉の人、つまりキリストにある幼子に対するように語りました」（一コリ3・1―2）。神の書を単に［文字どおり］理解しようとする人たちは、私たちに対してどのように説明してくれるのでしょうか？　つまり、「だから、私はあなたがたには、霊の人に対するように語ることができず、肉の人、つまりキリストにある幼子に対するように語りました。私はあなたがたに乳を飲ませて、［固い］食物を与えませんでした」といった箇所を、どう説明してくれるのでしょうか？　本当に、こういった箇所の言葉を、私たちは［文字どおり］そのまま単純に受け取ることができるものでしょうか？

2 話は本題から外れてしまいましたので元に戻りましょう。息子イサクが乳離れした日に、アブラハムは喜んで盛大な祝宴を催します。この日のあと、イサクは遊んでいたとのことですが、彼はイシュマエルと遊んでいました。サラは、女奴隷の息子が自由な身の女から生まれた息子と遊ぶことに憤慨し、そのような［相手との］遊びは呪われるべきものと判断します。そこで彼女はアブラハムを諭して言います。「女奴隷とその子を追い出してください。この女奴隷の子が、私の子イサクと一緒に相続人となってはいけません」（創21・10）。この言葉をどのよう［な霊的意味］に理解すべきであるのか、今のところ私自身の解釈は述べないでおきますが、使徒はこの言葉に関して、次のように説明して言いました。「律法を熱心に読んだ人たち、私に答えてください。あなたがたは律法に耳を傾けないのですか？　アブラハムには二人の息子があり、一人は女奴隷から、もう一人は自由な身の女から生まれた、と書いてあります。女奴隷の子が肉によって生まれたのに対し、自由な身の女から生まれた子は約束を通して生まれたのです。これらは比喩によるものです」（ガラ4・21―24）。どういうことでしょうか？　イサクは肉によって生まれたのではないのでしょうか？　サラ［という肉を持つ人間］が彼を産んだのではないのでしょうか？　イサクは［肉に］割礼を受けなかったのでしょうか？　イサクがイシュマエルと遊んでいた、と書かれてありますが、これは、体でもって遊んでいたのではないということなのでしょうか？　だとすれば使徒の理解には驚かされます。つまり、それぞれ明らかに肉においてなされた行為だというのに、使徒がそれを比喩的なものと言っていることには驚かされます。しかしそれは、私たちに対して学ばせるためなのです。何を学ばせるためかと言いますと、ここ以外の箇所、とりわけ、神の律法としてまったくふさわしくはないことが示されているのでは、と私たちが疑ってしまうような歴史的物語が記されている箇所にぶつかった場合、我々はどうすべきなのかをです。イシュマエルは、肉によって（ガラ4・23）女奴隷の子として生まれました。一方で、自由な身の女から生まれたイサクは、肉によって生まれたのではなく、むしろ約束に従って（ガラ4・23）生まれました。さらに、この人たちに関して使徒が言っていることには、ハガルは奴隷となる（ガラ4・24）肉の民を生みましたが、一方自由な身であったサラは、肉による民を生んだのではありません、自由へと召された民を生んだのですが、この自由へと後者の民を解放してくださったのはキリストであられます（ガラ5・1）。キリストご自身も言われました。「もし御子があなたがたを自由にすれば、あなたがたは本当に自由になる」（ヨハ8・36）と。

では、使徒が引き続いて何と説明しているのか、私たちは聞いていきましょう。使徒はこう言っています。「しかし、当時、肉による子が霊による子を迫害したように、今も状況は同じです」（ガラ4・29）。よく学んでください、使徒は私たちに何と教えているのでしょうか？　すなわち、肉はいつも霊に反（ガラ5・17）するがゆえに、［使徒の時代も］かの肉の民［ユダヤ人］は、彼ら［教会における］霊の民にあらがいますし、また、この私たちの時代においても、まだ肉によって生きている人たちがいれば、その人たちは霊の人たちにあらがっています。あなたも、もし肉に従って生き、肉に従って歩んでいるとしたら、ハガルの子どもということになります。それゆえ、その際のあなたは、霊に従って生きる人たち（ロマ8・4）に敵対することになります。ですが私たち自身も、よく自分を見つめてみれば、［自分自身の中で］肉が霊に反して欲望を募らせている一方で、霊は肉と戦っており、この二つは互いに対立し（ガラ5・17）ていることを悟るでしょう。そして私たちは悟るはずです。私たちの五体には、私たちの心の法則にあらがう法則があり、それが私たちをとりこにして罪の法則へと連れていく（ロマ7・23）ということを。あなたはお感じにはなりませんか？　肉がどれほど激しく霊と戦っているかを？　しかし以上のような戦い［すなわち、肉の民と霊の民の間の戦いや、私たち自身の中での霊と肉の戦いなど］よりも、より激しい戦いとおそらく言ってよいところの別の戦いもまた存在します。その戦いとは、律法を肉的に理解する人たちが、霊に従って律法を理解しようとする人たちに敵対し迫害を加える、といった戦いのことです。こういった戦いが起こるのはなぜでしょうか？　それは、「［肉によって］生きている人間は、神の霊に属する事柄を受け入れないからです。その人にとって、それは愚かなことであり、理解できないのです。霊に属する事柄は、霊によって判断されるからです」（一コリ2・14）。

いずれにしても、あなたも、もし自分の中に霊の実りを持っているならば、つまり、喜び、愛、平和、寛容（ガラ5・22）といった霊の実りを持っているならば、あなたは肉によって生まれたのではなく、むしろ約束に従って生まれたところのイサクになれます。さらに、もしあなたが、自由な身の女から生まれた息子として、パウロのように言うことができるとしたら、つまり、「私たちは肉において歩んでいますが、肉に従って戦っているわけではありません。――私たちが戦う際の武器は肉のものではなく、神の力であって、砦（とりで）を破壊することができます――私たちはさまざまな議論を破り、神の知識に逆らうあらゆる高慢を打ち砕きます」（二コリ10・3―5）と言うことができるとしたら、私たちもイサクになれます。もしあなたが、次の使徒の言葉もふさわしく当てはまるような人であれば、つまり、「神の霊があなたがたの内に宿っているなら、あなたがたは肉において生きているのではなく、霊において生きています」（ロマ8・9）という言葉もふさわしく当てはまるような人であるならば、あなたもイサクになれます。そして、あなたがそのようにして生きていれば、あなたは肉によって生まれた者ではなく、約束を通しての、霊によって生まれた者となり、さらには約束を受け継ぐ者――「神の相続人、しかもキリストと共同の相続人です」（ロマ8・17）と言われているとおり――となれるでしょう。その際のあなたは、「かつては肉に従ってキリストを知っていたとしても、今はもうそのように知っているのではない」（二コリ5・16）のですから、あなたは肉によって生まれた者と一緒の相続人となるのではありません、キリストと一緒の相続人となれるのです。

3　しかし、書かれてあることを読みますと、私にはよく分かりません。サラに対し、一体どんなことが、女奴隷の子を追い払わせようとの気持ちにさせたのでしょうか？　イシュマエルはサラの子イサクと遊んでいました。しかし、イシュマエルがイサクと遊んでいたからといって、何がサラの感情を害し、気持ちを損ねたというのでしょうか？　それとも、この時代においても、女奴隷の子が自由な身の女から生まれた子と遊ぶのは歓迎されていなかった、ということなのでしょうか？　それから使徒が言っていることにも驚かされます。つまり使徒は、イシュマエルがイサクと遊んでいたことは、迫害であったと説明したのです。彼はこう言っています。「当時、肉によって生まれた者が霊によって生まれた者を迫害したように、今も状況は同じです」（ガラ４・29）。少なくとも、イサクに対してなされたイシュマエルの迫害については、［創世記において］何も記載されてはおらず、単に子ども同士のお遊びについてだけ記されているにすぎません。ですが私たちとしては、このお遊びの中にパウロが何を読み取ったのか、そして、何がサラを怒らせたのか、よく考えてみましょう。私たちは以前、サラのことを美徳ととらえるといった霊的な解釈をしたはずです。よって今、同じく霊的な解釈をするならば、肉が――肉によって生まれたイシュマエルが、「肉」といった象徴[3]を担うことになりますが――イサクに、すなわち霊に媚びたりおもねったり、あるいは、霊を誘惑したりだましたり、あるいは、娯楽をもって唆したり、快楽をもってなよなよしくさせたりするのならば、まさにこれらは霊を相手取る肉の遊びにほかならず、それこそサラという美徳を深く傷つけてしまいます。そしてこの手のお楽しみとなるものを、極めて深刻な迫害とパウロは見なしています。

　ですから、以上のことを聞いたあなたは、異教徒たちが怒り狂って偶像にいけにえを献げさせようとしてくることだけを、迫害ととらえないでください。肉の快楽が、もしあなたを誘惑してくるのならば、あるいは、欲情という餌があなたをおびき寄せるならば、それは立派な迫害にほかなりません。よって、もしあなたが、美徳「サラ」の息子「イサク」であるならば、どうかこれらから逃げてください！　使徒も言っています。「姦淫から逃げなさい」（一コリ6・18）と。しかしもし、不正があなた［の心］に忍び寄ってきて、［裁判の場において］強い者の代理を務めたり、あるいは強い者から贈り物をもらって心がなびいてしまうことによって、正しくはない判決を下してしまうならば（レビ19・15）、あなたは理解しなくてはなりません、一見軽い遊びに付き合っただけのように思えても、実は不正による誘惑といった迫害を被っているのだということを。それどころか、悪徳が正体を隠し、いかなる姿にばけている場合であっても——たとえそれが微々たるもので、しかも見た目はよく、軽い遊びに似たようなものに思えるものであっても——、あなたはそこに霊に対する迫害を見抜かなくてはならないのです。なぜなら、そういったものに捕らえられてしまえば、必ずや美徳が傷つけられてしまうのですから。

4　かくして、アブラハムには二人の息子がいます。一人は女奴隷の子であり、もう一人は自由な身の女から生まれた子です。二人とも自由な身の女から生まれたわけではありませんが、二人ともアブラハムの子です。二人とも自由な身の女から生まれた息子と一緒に相続人となることはできません。とはいえ女奴隷の子も、手ぶらで追い出されるのではなく、贈り物を受け取ります。女奴隷から生まれた子も祝福を受け取るのです。ですが、自由な身の女から生まれた子は約束を受け取ります。前者も「大いなる国民」（創21・18）となりますが、後者は［神の］子どもとされた民となります（ガラ4・5、ロマ8・23、エフェ1・5）。確かに、信仰によって神を知るに至る人たちは皆、霊的な意味において、アブラハムの子どもたちと言うことができます。しかしながら、その中には、愛のゆえに神につき従っている人もいれば、一方で、やがて訪れる裁きへの恐れ、ないし恐怖のゆえにそうしている人もいます。このことを知っていた使徒ヨハネも言っています。「恐れる者には愛が全うされていません。完全な愛は、恐れを締め出します」（一ヨハ4・18）。よって、愛を全うしている人こそが、アブラハムの子であると同時に、自由な身の女から生まれた人です。一方で、愛において完成されていない人は、将来の裁きに対する恐れや、将来における刑罰に対する恐怖のゆえに、神の戒めを守っているにすぎません。こういった人たちも、確かにアブラハムの子ではありますし、贈り物をいただきもします。その贈り物とは、自分の行いに対する報酬のこと――なぜなら、「主の弟子だという理由だけで、冷たい水を一杯でも飲ませてくれる人は、必ずその報いを受ける」（マタ10・42）のですから――です。だとしても、こういった人たちは、先の人たち、すなわち、奴隷的な恐れではなく、むしろ愛という自由において完成されている人たちより劣っています。

使徒の言葉、すなわち、「相続人が子どもであるうちは、全財産の所有者であっても奴隷と何ら違いはなく、父親の定めた時期まで後見人や管理人の下にいます」（ガラ4・1―2）と使徒が言っていることも、これまで私たちが確認してきたのと同じようなことを指しています。乳によって育てられている段階の子ども、あるいは、義の御言葉について教えることのできない子どもは、神の知恵と律法の知識とからなる固い食物を食べることはできません（ヘブ5・12―14）し、霊によって霊のことをたとえる（一コリ2・13）こともできませんし、次のような発言もまだできません。「大人になったとき、子どものことは捨てました」（一コリ13・11）。よってこのような人は、「自由のない」奴隷と何ら違いない人です。一方で、キリストの教えの初歩を後にし、完成を目指して進み（ヘブ6・1）、キリストが神の右に座しておられるところの天にあるものを求め、地上のものを求めず（コロ3・1―2）、見えるものではなく見えないものに目を注ぎ（二コリ4・18）、死をもたらすところの文字にそって聖書は読まず（二コリ3・6）、命を与える霊（一コリ15・45）に従う者となれば、間違いありません、繰り返し繰り返し恐れを抱かせてしまうところの奴隷の霊を受け取るのではなく、子としてくださる霊――この霊において、「アッバ、父よ」と呼ぶのです（ロマ8・15）――をいただく人たちの一人となれるはずです。

5 それでは、サラが激怒したあと、アブラハムが取った行動について見ていきましょう。アブラハムは女奴隷とその子どもを追い出しますが、水の皮袋を持たせます（創21・14）。しかしそれは、この子の母親が、水の湧く井戸を所有していないからでした。また子どもとしても、自分で井戸から水を汲み取ることができなかったからです。イサクは井戸を幾つか持っていますが、これらの井戸をめぐって、ペリシテ人との間のいざこざに巻き込まれます（創26・15―22）。イシュマエルの方は皮袋から水を飲みます。しかしこの皮袋も皮袋である以上、［やがて当然］底が見え、彼は渇きを覚えますが、井戸を見つけることができません。ですがあなたは、約束の子イサクのように、あなたの泉から水を飲みなさい。そして、あなたの井戸から水が外のどこかに流れ出ていってしまわないようにし、あなたの庭にあなたの水を流れさせなさい（箴5・15―16）。一方で、肉によって生まれた人は、皮袋から水を飲みますが、飲むための水は十分でなく、多くの場所で渇きを覚えることになります。その皮袋とは、律法の文字のことです。かの肉における民［ユダヤ人］は、それから水を飲むことによって理解を得ます。しかし、この文字［という皮袋の水］は、この民にとって、しばしば欠くことがあります。すなわち、彼らにとって、しばしば文字の解き明かしが不可能な箇所があります。本当に、多くの箇所において、［文字どおりの］歴史的解釈は不可能なのです。これに対して、教会は福音と使徒といった泉から水を飲みます。福音、そして使徒という泉は、決して水不足になることはなく、むしろ［その水は］己の庭(4)に広く流れているような泉です。なぜなら、霊的解釈といった広がりの中で、いつでも水が豊かに溢れ、流れ出ているからです。また教会としては、律法からより深い意味をたくさん汲み取って味わう際には、井戸からも水を飲んでいることになります(5)。われらの主にして救い主も、以上の秘義に関して、サマリアの女性に解き明かされたのではないでしょうか。すなわち、われらの主は、［サマリアの女性を介して］いわばハガルに向かって語りかけて言われました。「この水を飲む者は誰でも渇く。しかし、私が与える水を飲む者は決して渇かない」（ヨハ4・13―14）。これを聞いて、サマリアの女性は救い主に言いました。「主よ、渇くことがないように、また、ここに汲みに来なくてもいいように、その水をください」（ヨハ4・15）。このあと主は彼女に言われました。「私を信じる者は、泉から永遠の命に至る水が湧き出るだろう」[6]（ヨハ4・14、ヨハ6・47）。

6 さて、ハガルは子どもと一緒に荒れ野でさ迷い、子どもは泣いてしまいました。ハガルはその子を置いて言いました。「私は我が子が死ぬのを見るに堪えない」と。このあと、ハガルとしては、息子はもはや死んでしまったものと見捨て、泣き叫びました。すると主の使いが彼女のそばに立ち、「ハガルの目を開いたので、彼女は水が流れる井戸を見つけ」（創21・19）ました。以上の出来事を、どのようにして文字どおりとらえることが可能でしょうか？ というのは、ハガルの目は［もともと］閉じられており、それが後になって開かれた、とはどこにも説明されていないのです。よってここでの箇所では、霊的、神秘的解釈がなされるべきであるのは明白です。すなわち、霊的、神秘的解釈によれば、肉に従って生きる人ないし民は見捨てられ、そしてシナゴーグの目[7]が開かれるまでは、飢え渇きの状態で横たわります。さらに、この人たちが苦しむところの飢え渇きとは、パンへの飢えでも、水への渇きでもなく、神の言葉への［飢え］渇き（アモ8・11）です。以上のことは、まさしく使徒の言うところの秘義（ロマ11・25）、すなわち、「イスラエルの一部が目が見えなくなってしまったのは、異邦人の大群衆がやって来るまでのことであり、こうして全イスラエルが救われることになるのです」（ロマ11・25―26）といった秘義に当たります。よって、ハガルが見えていなかったのも、イスラエルの一部の目が見えなかったのと同じ状態です。肉において［イシュマエルを］生んだところのハガルの目は、神の使いが文字という覆いを取り去ってくれて（二コリ3・16）、湧き出る水を見ることができるようになるまで見えないままです。一方私たちの時代においても、ユダヤ人たちは律法と預言者たち[8]という井戸の周りに横たわっていますが、彼らの目は塞がれているため、この井戸から水を飲むことができていません。

しかし、私たち自身も気をつけなくてはなりません。といいますのは、私たちも、水が湧き出る井戸の周りに座りながらも、これを言い換えれば、神の書の周りにいながらも、この神の書の中でさ迷ってしまうことがよくあるからです。私たちは聖書を所有し、それを読んでいますが、霊的理解に達しないのです。だからこそ、主が私たちの目を開いてくださるようにと、私たち自身涙を流し、絶えず祈ることが欠かせません。エリコで座っていたあの盲人たちも、もし主に向かって叫ばなかったならば、その目は開かれなかったことでしょう（マタ20・30―34）。では私は何と言ったらよいのでしょう？「私たちの目を開けていただきたいのです」（マタ20・33）と言うべきなのでしょうか？ 私たちの目はすでに開かれたのではありませんか？ イエスは、目の見えない人の目を開くために（イザ42・7）やって来られたのですから。だからこそ、私たちの目は見えるようになったのだし、律法の文字という覆いは取り去られました。けれども私は不安です。再び深い眠りに落ちてしまい、また目を閉じてしまいはしないかと。霊的な解釈のうちに目を覚ましていなくなり、まぶたから眠けを追い払って霊の事柄を見つめる努力をしなくなってしまうのではないかと。その結果、肉における民と一緒に、水のそばに置かれながらもさ迷うことになってしまうのではないかと。そうならないためにも、むしろ目をしっかりと覚ましていましょう！ そして、預言者と声を合わせて言おうではありませんか、「決して目には眠りを与えず、まぶたにはまどろみを与えず、休息のための時間を設けません。主のために場所を見つけ、ヤコブの神のために幕屋を見つけるまでは」（詩131・4―5、七十人訳）と！ このお方に、栄光と力とが世々限りなくありますように、アーメン！

説教八——創世記22章1—14節

小高　毅訳

（第八講話［アブラハムの犠牲］(1)『中世思想原典集成1　初期ギリシア教父』五三三—五四五頁、註部分は六二六—六二七頁）

アブラハムが息子イサクを捧げたことについて。

第22章(2)

1 そしてこれらのことのあとに起こったのだが、神はアブラハムを試みられ、そして彼に言われた。「アブ
ラハムよ、アブラハムよ」。そこで彼は答えた。「はい、ここにおります」。2 そして神は言われた。「あな
たが愛を抱いた、あなたの愛する息子イサクを連れて、高い地に行き、私があなたに示す山々の一つで、彼
を焼き尽くす献げ物として献げなさい」。3 そこでアブラハムは朝早く起きて、驢馬に鞍を置き、二人の
僕と息子イサクを一緒に連れ、焼き尽くす献げ物に用いる薪を割ったあと、彼は立ち上がり、神が彼に示

された場所に歩いて行った。4 三日目になり、そしてアブラハムが目を上げると、遠くにその場所が見え
た。5 そしてアブラハムは自分の僕（しもべ）たちに言った。「お前たちは驢馬（ろば）と一緒にここにいなさい。私と子ども
はあそこまで行って礼拝したあと、お前たちのところにまた戻ってくる」。6 アブラハムは焼き尽くす献げ
物［のため］の薪を取って、息子イサクの上に置いた。アブラハムは火と刃物も手に持って、そして二人は
一緒に歩いて行った。7 イサクは父アブラハムに、「お父さん」と言って呼びかけた。アブラハムは答えた。
「子よ、何だね？」 するとイサクは言った。「見てください、火と薪はあります。焼き尽くす献げ物にする
羊はどこにいるのですか？」 8 アブラハムは答えた。「子よ、焼き尽くす献げ物にする一匹の羊は、神が
ご自分のために備えてくださるだろう」。二人は一緒に歩いて行ったあと、9 神が彼に示された場所に着い
た。そしてアブラハムはそこに祭壇を築き、その上に薪を置き、そして息子イサクを縛って、祭壇の薪の上
に彼を置いた。10 そしてアブラハムは、刃物を取り、息子を屠（ほふ）ろうと手を伸ばした。11 すると天から主の
御使いが彼を呼んで言った。「アブラハムよ、アブラハムよ」。そこで彼は言った。「はい、ここにおります」。
12 すると御使いは言った。「子どもに手を置いてはならず、彼に何一つしてはならない。なぜなら今、あな
たが神を畏れていることを、そしてあなたが自分の愛する息子を私のために惜しまなかったことを知ったか
らだ」。13 そしてアブラハムは目を上げて見ると、なんとサベクの藪（やぶ）に一匹の雄羊が角を取られている。そ
こでアブラハムは行ってその雄羊を捕まえ、息子イサクの代わりに焼き尽くす献げ物として献げた。

（七十人訳創22・1―13、堀江知己訳）

1

主に近づいており、自分を信じる者であるとみなしているあなたがたにお願いする、ここでとくと耳を傾

けてほしい。あなたがたに朗読された［この記述］から、信じる者たちの信仰がどのように試されるものか、細心の注意を払って考えてほしい。［聖書は］言う、「これらの言葉の後、次のようなことが起きた。神はアブラハムを試みて、言われた。〈アブラハムよ、アブラハムよ〉。彼は答えた。〈はい、ここにおります〉」（創22・1）。書き記されている一つ一つの点に注意してほしい。実に、深みまで掘り下げる術を知っていれば、その人は一つ一つの事柄の内に宝を見出すであろう。また、おそらく、考えられもしないところに多くの秘義の貴重な宝石が隠されていることだろう。

この男はかつてはアブラムと呼ばれていた。だが、その名をもって神が彼を呼んだり、「アブラムよ、アブラムよ」と彼に呼びかけたと［聖書に記されているのを］われわれが読んだことはまったくないのである。抹消されるはずの名前をもって神に呼びかけられることはありえず、［神は］自分が与えた名前をもって彼を呼び、しかも［ただ一度］その名前をもって呼びかけるだけでなく、繰り返し［呼びかける］のである。さて、［アブラハム］が「はい、ここにおります」と答えると、［神は］彼に言う、「あなたの息子、あなたの愛する最愛の［息子］イサクを連れて来なさい、彼を私に捧げなさい。高い地に行きなさい。私が示す山々の一つで彼を焼き尽くす献げ物として捧げなさい」（創22・2）。

ところで、どうして神は彼に名前を与え、彼をアブラハムと呼んだのか、［神］自身が説明している。「あなたを多くの国民の父として立てたからである」（創17・5）と言っている。イスマエル［イシュマエル］という息子を有していたときに、この約束が彼に与えられたのであるが、サラから生まれる息子において、この約束は成就されると彼に約束したのである。したがって、単に自分の後裔［をもつことになる］ためだけでなく、約束による希望によって息子に対する愛を彼の心に燃え立たせたのである。

だがいまや、そのような大いなる驚くべき約束が彼に対してなされた当の息子、その息子においてアブラハムというその名をもって呼ばれることになった当の息子を「山々の一つで焼き尽くす献げ物として主に捧げるよう命じる」のである。

アブラハムよ、あなたはこれに対して何と［答える］のか。あなたの心の内には、どんな思いが駆け巡ったのだろうか。神から声が発せられた。それはあなたの信仰を粉砕し試みるものである。これに対して、あなたは何と言うのか。何を考えているのか。何を思い巡らしているのか。「イサクにおいて約束が私に与えられたとすれば、その［イサク］を焼き尽くす献げ物として捧げるなら、あの約束はもはや期待されないものとなってしまう」と、あなたは心の中で考え、苦慮したのか。それとも、むしろ「約束して下さった方は偽ることのありえない方（ヘブ6・18）であるから、どのようなことになろうとも、約束は存続するであろう」と考え、そう語るのか。

実際のところ、私は「いちばん小さい者である」（一コリ15・9）から、あれほど偉大な族長の思いを究め尽くすことはできないし、彼を試みるために発せられた神の声が、独り子を殺すよう命じたとき、どのような思いに駆り立てられたか、どんな気分になったか、私には知ることができない。だが、「預言者の霊は預言者に服した」（一コリ14・32）のであるから、私の思うに、［聖］霊によってアブラハムがどんな気分で、どんな考えを抱いたか学んだ使徒パウロは、次のように言って、それを明らかにしてくれている。「信仰によって、アブラハムは、その［子］において約束を受けた当の独り子を捧げるにあたって、少しも躊躇しませんでした。神が死者のなかから彼を生き返らせることがおできになると信じていたのです」（ヘブ11・17、ヘブ11・19）。

したがって、そのときすでに、イサクにおいて［アブラハムは］復活への信仰を抱き始めていたという、この信じる男［アブラハム］の思いを使徒［パウロ］はわれわれに示してくれたのである。したがって、アブラハムはイサクが復活させられることを希望し、それまで起きたことのないことが将来起きると信じていたのである。したがって、イサクにおいて将来［起こる］と［アブラハム］が信じていたことが、キリストにおいて［すでに］

起きたと信じない者たちが、いったいどうしてアブラハムの子らなのであろうか。もっとはっきり言えば、アブラハムは、自分が、将来の真理の像をあらかじめかたどっていると知っていたのであり、自分の子孫からキリストが生まれるであろうこと、そのキリストも全世界のためのいっそう真実なる供え物として捧げられるはずであり、死者のなかから復活するであろうことを知っていたのである。

2　だが今は、「神はアブラハムを試された」のであり、次のように「「アブラハム」に言った」と記されている。「あなたの息子、あなたの愛する最愛の［息子］イサクを連れて来なさい」（創22・2）。「息子」と言うのでは十分でなく、「最愛の」と言い添えられている。これはこれでよかろう。「あなたの愛する」とも言い添えられるのはどうしたことか。この試練の重さを考えてみるがよい。優しさと情愛の籠った言葉を繰り返し口にすることで親の愛情がかき立てられるのである。それは、愛の思い出が呼び覚まされたことで、息子を犠牲として捧げるために［息子に対して振りかざす］父親の右腕はためらい、心の信仰に対して肉が全勢力を挙げて逆らうようになるためである。

それゆえ、「あなたの息子、あなたの愛する最愛の［息子］イサクを連れて来なさい」と言われる。主よ、あなたは父親に息子のことを思い起こさせます。それはそれでかまいません。だが、あなたは、殺すように命じた［その息子］に「最愛の」という言葉を言い添えられた。父親の煩悶はこれでもう十分でしょう。だが、あなたはさらに「あなたの愛する」とも言い添えられた。これで親としては三重の煩悶を負うことになるでしょう。それでもなお、イサクという名前まで挙げる必要があるのでしょうか。アブラハムは自分の息子、最愛の息子、愛していた息子がイサクと呼ばれていることを知らなかったとでも言うのでしょうか。では、ことここに及んで［名前］が言い添えられるのは、いったいなぜなのですか。それは、「イサクから生まれた者が、あなたの子孫と呼ばれる、またイサクにおいて約束はあなたのものとなるであろう」（創21・12、ロマ9・7―8、ヘブ11・18）と、かつてアブラハムに言われたことを彼に思い起こさせるためです。こうして、名前が言及されます。それはまた、その名前の下になされた約束に対する絶望が湧き起こるためでもあります。

だが、これらすべては、神がアブラハムを試みられたためである。

3 その後、どうなったのだろう。「高い地に行きなさい。私が示す、山々の一つに［行きなさい］。そこで彼を焼き尽くす献げ物として捧げなさい」（創22・2）と記されている。

これらの個々の点を通して、試みが増大していくさまをとくと見てほしい。「高い地に行きなさい」。まずアブラハムをその子供とともに高い地に導き行き、どんな山であれ主が指示した山に、まず登らせて、そのうえでそこで彼に息子を捧げるようにと言うことはできなかったのか。だが、まず息子を捧げなければならないと［アブラハム］に言い、そのうえで高い地に行き、山に登るよう命じるのである。これは何を意図してのことか。歩いているあいだ、旅を続けるあいだ、全行程を通じて、さまざまな思いに心を引き裂かれるようにするためであり、一方では命令にせき立てられ、他方では独り子に対する情愛がそれに逆らって彼を責め苛むようにするためである。したがって、このゆえに、旅が課され、山に登ることまでが課されるのである。それらのすべてを通して、情愛と信仰、神への愛と肉への愛、この世での恵みと来たるべきものへの期待が、それぞれ互いに戦い合う場をもつためである。

したがって、高い地に送り込まれるが、主に対してこれほどのことを成し遂げる族長［アブラハム］にとって、高い地では十分ではない。山に登るように命じられる。つまり、信仰によって高められ、地に属するものを捨て、上にあるものを目指して登るよう［命じられるのである］。

4 「アブラハムは朝早く起きて、驢馬に鞍を置き、焼き尽くす献げ物に用いる薪を割った。そして、息子のイサクと二人の僕を連れ、三日目に、神が彼に言われた地に着いた」（創22・3）。

アブラハムは朝早く起き――「朝早く」という言葉が言い添えられているのは、おそらく、彼の心の内に光の発端が輝き始めたことを示そうとしてのことであろう――、驢馬に鞍を置き、薪を準備し、息子を連れて出たのである。彼は考え込むことなく、躊躇することなく、誰からも助言を求めることなく、ただちに旅に出る。

「そして、三日目に、主が彼に言われた地に着いた」と記されている。ここでは、「三日目」という言葉に含まれている秘義について［説明するの］は省略する。試みる方の知恵と熟慮のほどに注目することにする。山々のあいだを通って来たのであるから、近くに山がなかったわけではない。だが、［旅は］三日間にも及んでいる。三日のあいだずっと、執拗に襲いかかる不安が父親の臓腑を憔悴させる。これほど長い行程のあいだじゅう、父親は息子を眺めていなければならず、息子とともに食事をし、夜な夜な子供は父親の抱擁に身を託し、その胸にすがりつき、その懐の内に眠ったのである。考えてみるがよい、試みはどれほど増していったことか。

しかし、「三日目」という日は常に秘義に適した日である。民がエジプトから出たときも、三日目に神に犠牲を捧げ、三日目に浄められている（出19・11、出19・15―16、出24・5）。また、主の復活も三日目のことである（マタ27・63、マコ8・31）。そしてほかにも多くの秘義がこの日［つまり三日目］に成し遂げられているのである。

5 「アブラハムが目を凝らすと、遠くにその場所が見えたので、僕たちに言った。〈お前たち、驢馬といっしょにここで待っていなさい。私は息子とあそこまで行って、礼拝して、お前たちのところにまた戻ってくる〉」（創22・4―5）と記されている。［アブラハムは］僕たちを残していく。僕たちは、神が示された献げ物を焼き尽くす場所までアブラハムといっしょに登っていくことはできないからである。「お前たちはここで待っていなさい。私は幼な子と行って、礼拝して、お前たちのところにまた戻ってくる」と言う。アブラハムよ、私に教えて下さい。礼拝して、幼な子といっしょにまた戻ってくると、あなたはほんとうに言ったのですか。それとも嘘をついたのですか。ほんとうのことを言ったのであれば、彼を焼き尽くす献げ物にしないことになります。嘘をついたのなら、［あなたほどの］大族長にふさわしいことではありません。すると、この言葉は、どのようなあなたの心の内を示しているのですか。アブラハムは言う。「私はほんとうのことを言っている。私は息子を焼き尽くす献げ物として捧げる。だからこそ薪を持って行く。だが、私は彼といっしょにあなたたちのところにまた戻ってくる。私は信じている。〈神は彼を死者のなかから復活させることがおできになる〉（ヘブ11・19）、これこそ私の信仰である」。

6　その後、次のように記されている。「アブラハムは焼き尽くす献げ物に用いる薪を取って、息子イサクに背負わせ、自分は火と刃物を手にもった。二人はいっしょに歩いて行った」（創22・6）。

イサクが自分で自分のために焼き尽くす献げ物に用いる薪［木］を運んで行くというこのことは、キリストもまた「自分で自分のために十字架を背負って行った」（ヨハ19・17）ことの前表である。実に、焼き尽くす献げ物に用いる薪を運ぶのは祭司の務めである。したがって［イサク］自身が供え物であり、祭司でもある。しかも、「二人はいっしょに歩いて行った」と言い添えられていることも、このことを裏づけている。実に、アブラハムは犠牲を捧げる者として火と刃物を持って行ったが、イサクは［父］の後について行くのではなく、［父］といっしょに行く。これは［父］とともに彼自身も祭司の務めを果たしていることを示すためである。

その後どうなったのだろう。「イサクは父アブラハムに、〈お父さん〉と呼びかけた」（創22・7）と記されている。この期に及んで、息子の口から発せられたこの一言は試みの声である。事実、屠（ほふ）られるはずの息子は、このかけ声によって父親の臓腑をどれほどかきむしったか、想像できるのではなかろうか。信仰のゆえにかなり厳格であったにしても、アブラハムは情愛の籠った声で答えている。「何だね、わが子よ」。すると［イサク］は言う。「火と薪はここにありますが、焼き尽くす献げ物にする仔羊はどこにいるのですか」。これに答えてアブラハムは言う。「わが子よ、焼き尽くす献げ物にする仔羊は神がご自分で備えて下さるだろう」（創22・7—8）。

この細心の注意を払った慎重なアブラハムの答えは私を感動させる。彼が霊において何を見ていたのか、私にはわからない。というのは、現在のことではなく、将来のことを語って、「神がご自分で仔羊を備えて下さるだろう」と答えている。現在のことを尋ねている息子に対して、将来のことを答えているのである。実に、主自身が自分のために、キリストの内に仔羊を備えるであろう。[3]「知恵ご自身がご自分のために家を建てられた」（箴9・1）からであり、「死に至るまで自らへりくだられた」（フィリ2・8）からである。キリストについて［聖書の内に］あなたが読むことはすべて、必然的に起きたのではなく、［彼が］自ら欲したがゆえに起きたことであることをあなたは発見するであろう。

7　「こうして、二人はいっしょに歩いて行った。そして、神が彼に命じられた場所に着いた」（創22・8―9）。モーセは、神が彼に指示した場所に着いても、そこに登るのを許されなかった。その前に、「足に履いている履物の紐を解きなさい」（出3・5）と命じられている。アブラハムにはそのようなことは何も言われていない。イサクもそうである。彼らは登っていく。履物を脱ぐこともない。その理由はおそらく、モーセは「偉大な人物」（出11・3）ではあったが、エジプトから出てきたので、死すべき者としての絆のようなものがその足に絡みついていたためであろう。だが、アブラハムとイサクはそのようなものは何一つもっておらず、その場所に着いたのである。

アブラハムは祭壇を築き、その上に薪を並べ、息子を縛って、屠る（ほふ）ために身構える（創22・9）。

神の教会の内にあって、これを聞いているあなたがたの多くは父親である。考えてほしい。独り子である場合も、非常に愛している場合もあろうが、自分の息子を万人に共通の避けがたい死によって失うこともあろうが、そのとき、アブラハムを手本としてそれに倣い、その雅量を自分の眼前に据えるほどに平静で堅固な心を、この出来事の記述から習得する人があなたがたのうちに誰かいるだろうか。だが実際のところ、自ら息子を縛り、自ら結わえつけ、自ら刃物を用意し、自ら独り子を屠るまでの心の雅量は、あなたに求められてはいない。これらの秘義のすべて［を果たすよう］あなたに求められているのではない。だが、少なくとも精神をしっかりと据え、平静でありなさい。信仰によってしっかりと立ち、喜んで息子を神に捧げなさい。自分の息子の魂の祭司でありなさい。神に犠牲を捧げる祭司は泣いてはならないのである。

それがあなたに求められていることを確認したいのか。福音の中で主が言っている。「あなたがたがアブラハムの子なら、アブラハムと同じ業をなすはずである」（ヨハ8・39）。見るがよい。これがアブラハムの業である。アブラハムが行った業をなすがよい。だが、悲しみながらではない。「喜んで与える人を神は愛して下さる」（二コリ9・7）のである。あなたがたがそれほどに神に対して用意ができているなら、あなたがたにも言われるであろう。「高い地に登りなさい。あなたに示す山に［登りなさい］。そして、そこであなたの息子を私に捧げなさい」。地の深みではなく、「嘆きの谷」（詩84・7）でもない。高い、それも非常に高い山々で「あなたの息子を捧げなさい」。神に対する信仰が肉の情愛よりも強いことを見せてほしい。［聖書に］記されている。アブラハムは息子イサクを愛していた。だが、肉の愛よりも神への愛を優先したのである。肉の臓腑［愛の心］ではなく、「キリストの臓腑［愛の心］の内に」（フィリ1・8）、すなわち神の言と真理と知恵の臓腑［愛の心］の内にあったのである。

8 「そしてアブラハムは、刃物を取って息子を屠ろうと手を伸ばした。すると、天から主の御使いが彼を呼んで言った、〈アブラハム、アブラハム〉。そこで彼は言った、〈はい、ここにおります〉。すると御使いは言った。〈子供に手を下すな。何もしてはならない。あなたが神を畏れていることを、今、知った〉」（創22・10—12）と記されている。

この言葉について、次のようにわれわれは常々非難されている。アブラハムが神を畏れていることを、今、神は知ったと言っているのは、あたかもそれまで知らなかったかのようではないか。[4] だが、神は知っていたし、それは［神］に隠されてはいなかった。「神はあらゆることをその起こる前に知っておられる」（スザ42）からである。しかしながら、あなたのためにこれらのことは記されているのである。あなたは神を信じたにしても、もし「信仰の業」（二テサ1・11）を成し遂げないなら、もしむずかしいものも含めてすべての掟に従うのでないなら、もし犠牲を捧げ、父をも母をも、また子供たちをも神に優先させないことを示すのでないなら、あなたは神を畏れているとは認められず、あなたに対して「あなたが神を畏れていることを、今、知った」とも言われないのである。

だが、これをアブラハムに語ったのは御使いであったと述べられているが、先に進んだところでは明らかにその御使いは主であったことが明らかにされていることも考察しなければならない。ここから私が思うに、われわれ人間のあいだには「人間の姿で現れた」（フィリ2・7）ように、御使いたちのあいだには御使いの姿で現れたのであろう。そして、その模範に倣って御使いたちは天において「悔い改めた一人の罪人のために」（ルカ15・10）喜び、人々の進歩を誇りとするのである。実に、彼らはわれわれの魂の管理者のような立場にあり、われわれが「まだ子供であるあいだは」（ガラ4・3）、「父親が定めた期日までは後見人や管理人」（ガラ4・2）のような彼らに、われわれは託されているのである。そして、彼らはわれわれ一人ひとりの進歩について、今、言うのである。「あなたが神を畏れていることを、今、知った」と。たとえば、殉教の意向を私がもっているにしても、そのことから、「あなたが神を畏れていることを、今、知った」と御使いは私に対して言うことはできないのである。心の内での意向は、ただ神のみに知られているものだからである。だが、私が戦闘に与し、「立派な信仰表明」（一テモ6・12）を成し遂げ、「私の身に」降りかかることをすべて平静に耐え忍ぶなら、そのとき御使いは私を強め、元気づけるかのように、「あなたが神を畏れていることを、今、知った」と言うことができるのである。

実際、これらのことはアブラハムに語られ、彼は神を畏れていると宣言されたとしよう。ではなにゆえか。自分の息子を惜しまなかったからである。では、これを使徒［パウロ］が言っていることと比べてみよう。彼は神について次のように述べている。「［神］はご自分の子を惜しまず、私たちすべてのために彼を渡された」（ロマ8・32）。見るがよい、卓抜した物惜しみせぬ心で人々と競い合っている神を。アブラハムは死すべき者である息子を死なせることなく神に捧げた。神は不死の御子を人々のために死に渡したのである。

これに対してわれわれは何を言ったらよいのだろう。「［主が］私たちに報いて下さるすべてのことに対して、私たちは何を報いることができようか」（詩116・12）。神なる父はわれわれのために「ご自分の子を惜しまれなかった」。あなたがたのうちの誰が、いつの日か、御使いの声が次のように言うのを聞くことがあるだろうか。「あなたが神を畏れていることを、今、知った。あなたはあなたの息子、あるいは娘、あるいは妻を惜しまなかったからである」。または「あなたは金銭、あるいは世間的な栄誉とこの世での野心を惜しまず、すべてを軽蔑し、〈キリストを得るためにすべてを糞土とみなし〉（フィリ3・8）、〈すべてを売り払い、貧しい人々に与え、神の言(ロゴス)に従ったからである〉（マタ19・21）」。あなたがたのうちの誰が、御使いからのこのような声を聞くだろうか。ともかく、アブラハムはその声を聞いたのであり、「あなたは私のためにあなたの愛する息子を惜しまなかった」（創22・12）と、彼に対して言うのである。

9 「アブラハムは目を凝らして見回した。すると、サベク[5]の藪に一匹の雄羊が角をとられていた」（創22・13）と記されている。

イサクはキリストをかたどっていると先に指摘したと思うが、ここでの雄羊もまたキリストをかたどっているものと思われる。どうして屠(ほふ)られなかったイサクと屠(ほふ)られた雄羊の双方がキリストにあてはめられるのであろう。

これを知ることは価値あることである。

キリストは「神の言（ロゴス）」であるが、この「言（ロゴス）は肉となった」（ヨハ1・14）のである。したがって、キリストにおいて一つは上からのものであり、もう一つは人間本性からのもの、処女の胎から受けたものである。それゆえキリストは苦難を受けるのである。だが、それは肉においてのことである。最後まで死を耐え忍ぶ。だが、［死を耐え忍ぶのは］肉である。このかたどりとなっているのがこの雄羊である。[6]［洗礼者］ヨハネの言った通りである。「見よ、世の罪を取り除く神の仔羊だ」（ヨハ1・29）。ところで、霊に即してキリストであるところの言（ロゴス）は「朽ちないもの」（一コリ15・42）であり続けた。この像となっているのがイサクである。それゆえ、同じひとりの者が、供え物であり、大祭司でもある。実に、霊に即して父に供え物を捧げる一方、肉に即して自らが十字架という祭壇で捧げられるのである。まさに、この方について、「見よ、世の罪を取り除く神の仔羊だ」と言われているように、「あなたはメルキゼデクの位に即した、とこしえの祭司である」（詩110・4）とも言われているからである。

したがって、「雄羊はサベクの藪に角をとられている」のである。

10 「そこで、その雄羊を捕まえ、息子イサクの代わりに焼き尽くす献げ物として捧げた」（創22・13）と記されている。

これを聞き取る術を知っている人々に対して、霊的理解の明白な道が開かれている。実に、なされたすべてのことは眺望に至るものなのである。まさに「主は見ておられる」と言われているからである。ところで、「主が見ておられる」眺望は、霊におけるものである。あなたもまた、書き記されていることを霊において見なければならない。神の内に物体的なものは何一つないように、あなたもこれらすべてのことの内に物体的なものを何一つとして感知してはならない。むしろ、あなたもまた霊において息子イサクを産まなければならない。それは、

「霊の結ぶ実である喜びと平和」（ガラ5・22）をあなたがもち始めるときのことである。だが、「サラは女性的なものがなくなっていた」[7]（創18・11）が、そのときイサクを産んだと記されているように、あなたの魂の内に女性的なものがなくなり、あなたの魂の内には女々しさや軟弱なところはまったくなく、「雄々しく行動し」（申31・6）、雄々しく「腰に帯を締める」ようになるなら、またあなたの胸が「正義の胸当て」で武装されているなら、「救いの兜と霊の剣」を着けているなら（エフェ6・14、エフェ6・17）、そのときこそ、ついにあなたはこの［息子］を産むことになるだろう。したがって、あなたの魂の内に女性的なものがなくなるなら、徳と知恵という配偶者によって、喜びと歓喜という息子をあなたは産むことになる。「いろいろな試練に出会うとき、すべてを喜びと思い」（ヤコ1・2）、その喜びを神への犠牲として捧げるなら、あなたは喜びを産むことになる。

また、歓喜のうちに神に近づくとき、［神は］あなたが捧げた当のものを再びあなたに返して下さり、あなたに言う、「あなたがたは再び私と会い、あなたがたの心は喜ぶことになる。その喜びをあなたがたから奪い去る者はいない」（ヨハ16・17、ヨハ16・22）。したがって、このようにあなたは、あなたが神に捧げたものを数倍にして取り戻すことになる。別の表象を通してではあるが、同じようなことが福音の中で述べられている、ある人が商売をして家父のために金を儲けるためにムナを受けたという譬え話（マタ25・14—30、ルカ19・11—27）で語られているものがそれである。もしあなたが五［ムナ］を一〇［ムナ］に殖やして持参するなら、それがそのままあなたに与えられ、あなたに譲渡されるのである。次の言葉を聞くがよい。こう言っている、「その一ムナをこの男から取り上げ、一〇ムナもっている者に与えよ」（ルカ19・24）。

したがって、このように主のためにわれわれは商売をしているようではあるが、商売の収益はわれわれのものとなるのである。われわれは供え物を主に捧げているようではあるが、われわれが捧げるものはわれわれに返されるのである。実に、神は何ものをも必要としないのである。むしろわれわれが富んだ者となることを望んでおり、それぞれのことを通してわれわれが進歩することを渇望しているのである。

このことは、ヨブに対してなされたことのうちにも表象的に示されている。彼は富んだ者であったが、神のためにすべてを失ったのである。だが、忍耐の苦闘をよく耐え抜き、忍んだすべての苦難の中にあっても雅量をもち続け、次のように言ったのである。「主は与え、主は奪う。主の御心のままに、そのようになった。主の御名は誉め讃えられよ」（ヨブ1・21）。彼について書かれた最後のことを見てほしい。このように言われている、「彼は失ったすべてのものを二倍にして再び受け取った」（ヨブ42・10）。

あなたにもわかるであろう。神のために何かを失うということは、まさに数倍にして受けるということである。だが、福音は何かしらそれ以上のことをあなたに約束している。「一〇〇倍のもの」、そのうえさらに、「永遠の生命」がわれらの主イエス・キリストにおいてあなたに約束されているのである（マタ19・29）。［われらの主イエス・キリスト］に「栄光と力が、代々限りなくありますように。アーメン」（一ペト4・11、黙1・6）。

説教九——創世記22章15—17節

堀江知己訳

アブラハムに与えられた二度目の約束について

第22章

15 そして主の使いは、天から二度目にアブラハムに呼びかけて、16 言った。「主は言われる。『私は自らに
かけて誓った。あなたはこのことを行い、私のために、自分の愛する独り子を惜しまなかったので、17 必
ず私はあなたを大いに祝福し、あなたの子孫を天の星のように、海辺の砂のように大いに増やし、そして、
あなたの子孫はもろもろの敵の町を取り分として得るであろう』」。

（七十人訳創22・15—17、堀江知己訳）

1　先を読み進めましょう。読み進めれば読み進めるほど、私たちはより多くの秘義を目の当たりにします。

たとえば、小さな船に乗り込んで海に出る際に、まだ陸の近くであるならば、それほど恐れはしないでしょう。しかし次第に遠くに離れるにつれ波が高まり、船を突き上げはじめたり、あるいは、波に飲まれて海の底に連れていかれそうになれば、「こんな小さな船で巨大な高波を相手にしてしまってよいものか?」と、大きな不安と恐怖が心を横切ることでしょう。今の私たちも、そのような体験をしているのではないでしょうか。私たちの働きは小さく、(1)能力も乏しい者です。そのような私たちが、秘義という名の果てしのない大海に乗り出そうとしているのです。ですが、主があなたがたの祈りに御耳を傾けられて、聖霊という順風を私たちに送ってくださるならば、御言葉という進路をたどって救いの港に着くでありましょう。

それでは、私たちの前で朗読された箇所がどういった意味なのか、今から考えていきましょう。次のように記されています。――そして、主の使いはアブラハムに呼びかけて、天から二度目に言った。「主は言われる。『あなたはこのことを行い、愛する息子をさえ私のために惜しまなかったので、私は自らにかけて誓うことにした。私はあなたを大いに祝福し、あなた［の子孫］を大いに増やそう。あなたの子孫は天の星のように、また、とても数え切ることのできない海の砂のように多くなるだろう――』」（創22・15―17）。以上の御言葉を理解するためには、あなたがた聴衆の皆様が注意深く熱心でなくてはなりません。といいますのは、「そして、主の使いは、天から二度目にアブラハムに呼びかけた」（創22・15）と書かれてある箇所は、まさに新しい［事柄を伝えている］からです。ところが、続いて記されていることは新しくはありません。つまり、「あなたを大いに祝福しよう」といった言葉は以前にも告げられていますし（創12・2）、「あなたを大いに増やそう」といった言葉も、以前にすでに約束されたことです（創16・10）し、さらには、「あなたの子孫は天の星のように、海の砂のようになるだろう」といった言葉も、以前に伝えられています。では、「天から二度目に呼びかけた」とあるわけですが、一体どんなことが一度目とは違うのでしょうか？　以前の約束に、どんな新しい約束がつけ加えられているのでしょうか？　神は「あなたはこのことを行ったゆえに」と言われておりますが、つまり、「あなたは息子を献げ、あなたの独り子ですら惜しまなかったゆえに」と言われているわけですが、このお言葉自体の中に、「アブラハムに対する」何らかのより大きな報酬が認められるでしょうか？　私としましては、これまで告げられてきたお約束に対して何もつけ加えられてはおらず、むしろ、以前受けたのと同じ内容の約束が繰り返されているだけではないかと思います。よって、同じ内容の約束について、何度も繰り返して論ずるのは無駄ではないかと、皆様は思われるかもしれません。しかしそうではないのです。それは必要なことなのです。なぜなら、起こることはすべて、秘義において起こるからです[2]。

かりに、アブラハムが肉に従って生きるのみで、また、肉において生んだ（ガラ4・23）ところの民だけの父にとどまっていたならば、一つの約束だけで十分でした。つまりこういうことです。アブラハムが、まず肉において割礼を受けた人々の父となることが明らかにされるために——それはアブラハム自身が割礼を受けた頃のことでしたが——、割礼の民に関するところの約束が彼に与えられます。一方で、「二度目として」とあるわけですが、それは、彼が信仰による人々（ガラ3・9）、すなわち、キリストのご受難を通して約束の地に到達した人々にとっての父となるためにも、まさにイサクが受難を被ったばかりのこのときに、約束が新たにされるからです。よってこのたびの約束は、キリストのご受難と復活を通して救われるに至る民に向けられるべきです。確かに、同じ約束が繰り返されているように聞こえますが、実際はそれぞれ大きく異なります。というのは、最初に告げられたところの約束は、古き民に向けてのものでありますが、この最初の約束は地上において語られたものだからです。これについては聖書が伝えているとおりです。「主はアブラハムを外に連れ出されて——幕屋から連れ出されて、という意味です——言われた。『天の星を見上げなさい。これだけ多くの星を数えることができるのならば』。そして言われた。『あなたの子孫はこのようになる』」（創15・5）。一方で、約束が二度目として繰り返されているここでの箇所では、「主は『天より』語られた」（創22・15）と記されています。要するに、最初の約束は地上において告げられ、二番目は天より与えられます。このことは、使徒が告げていることにぴったり適合してはいないでしょうか？　つまり、「最初の人は地に属する地上の人であり、第二の人は天に属する天上のお方です」（一コリ15・47）と使徒が言っていますとおり、信仰の民に向けての第二の約束は天から与えられ、最初の約束は地上において告げられたのでした。

一度目に約束が与えられる際には、約束のお言葉が語られただけでした。これに対して、今の箇所では誓いが果たされています。神がなされたこの誓いについては、聖なる使徒が、ヘブライ人に向けて手紙を書き送った際に次のように説明して言っています。「神は約束のものを受け継ぐ人々に、ご計画の不変であることを示そうとなされ、誓いを果たされました」（ヘブ6・17）。さらにこうも記されています。「人間は、自分より偉大な者にかけて誓う」（ヘブ6・16）「しかし神は、ご自身より偉大な者にかけて誓うための人をお持ちではなかった」（ヘブ6・13）。ゆえに、「私は自らにかけて誓う」と主は言われました（創22・16）。神におかれましては、誰かから誓うようにと強制されていたわけではありません（一体、神から誓約をもぎ取れる人などおりましょうか？）。いいえ、使徒が教えていますように、神におかれましては、ご自身のご計画が不変であることを信者たちにお示しになられるために、ご自身にかけて誓約を果たされました。使徒が教えたとおりのことが、別の箇所でも預言者を通して言われています。「主が誓われたからには、それを悔いられることは絶対にない。『あなたはメルキゼデクに連なるとこしえの祭司』」（詩109・4、七十人訳）。以前、最初の約束が与えられた際には、なぜその約束が与えられるのか、その理由の説明はなされませんでした。単に、アブラハムを外に連れ出されたことと、そして、「主は彼に天の星を見させ、『あなたの子孫はこのようになる』と言われた」と示されているのみです。これに対して、このたびは理由がつけ加えられています。そしてまさにその理由のために、主は誓いをもって、将来における約束をより強固なものとしてくださいます。その理由とはこうです。「あなたはこのことを行い、自分の息子を惜しまなかったので」（創22・16）。このように、「息子を献げたゆえに」、ないし「息子が受けた苦しみのゆえに」約束を堅くしてあげよう、と主はおっしゃっていますが、実に主がお教えになられていることは明確です。すなわち、キリストのご受難のゆえに、アブラハムの信仰によって（ロマ４・16）誕生した異邦人の民に対する、堅い約束が用意されているということです。それに、二番目の方が一番目のものより強固なものである、といったことは、アブラハムに対する二つの約束以外においても、よく見られることなのではないでしょうか？　多くの箇所において、これと同じ秘義[3]が込められているのをあなたは理解することでしょう。たとえば、神からはじめてたまわったところの、文字の記された律法の板を、モーセは粉々に壊し、投げつけました（出32・19）。しかし、再びいただいた律法を、モーセは霊において受け取り、そしてこの二番目の板の方が、先のものより強固なものです。また、モーセは律法に関するすべてを四つの文書にしたためたあとで、申命記、すなわち「第二の律法」という意味の申命記を著します。イシュマエルは「アブラハムにとっての」第一の子であり、イサクは二番目の子でしたが、やはりより勝った境遇といったものは、後者のために取っておかれています（創17・19―21）。これと同じことを、エサウとヤコブの関係においても見出すでしょう（創25・25以下）し、エフライムとマナセにおいても同様ですし（創41・51以下）、そのほかの多くの箇所においても、これと同じ図式を見つけることができます。

2　では、私たち自身に係わることに話を戻し、倫理的観点から一つ一つ考察していきましょう。先ほど触れたことですが、使徒は次のように言っています。「最初の人は地に属する地上の人であり、第二の人は天に属する天のお方です。地上の者たちはその地上の人のようであり、天上の者たちは天上のそのお方のようです。私たちは、土のかたちを持っていたように、天のかたちをも持つようになります」（一コリ15・47―49）。パウロが何を言おうとしているのか、あなたはお分かりになるでしょうか？　すなわちこういうことです。もし、あなたが最初のものの内にとどまっているかぎり、あるいは、地上に属するものにとどまっているかぎり、あなたは［天から］退けられてしまうということです。もし、あなたが変わらなければ、あなたが変化しなければ、あなたが天のものとなり、天の似姿を受け取らなければ、あなたは退けられてしまいます。これと同じことを、使徒は別のところでも言っています。「あなたがたは、古い人をその行いと共に脱ぎ捨て、神［のかたち］に従って造られた新しい人を着なさい」（コロ3・9―10）。さらにこれと同じことが別の箇所に記されています。「さあ、古いものは過ぎ去り、すべては新しくされました」（二コリ5・17）。実に、神はご自身のお約束を新しくされますが、それはあなたに学ばせるためです。あなた自身も新たにされなくてはならないということを。あなたが「古き人」（ロマ6・6）にとどまらないようにと、神ご自身も、古きものにとどまることをよしてくださいます。また、神はお約束を天から語られますが、それは、あなた自身も天のかたちを受け取るためです（一コリ15・49）。もし、神がお約束を新たにしてくださっても、あなた自身が新たにされないとしたら、あなたにとって何の益があるでしょうか？　もし、神が天に属することをお語りくださるとしても、あなたが地に属することを聞いてしまうならば、あなたにとって何の益があるでしょうか？　もし、神が誓いを立てて約束を請け負ってくださるとしても、あなたが、どこでも聞けるようなおとぎ話か何かのようにそれを聞き流してしまうとしたら、あなたにとって何の益があるでしょうか？　どうぞよくお考えになってください。神はあなたのために、ご自身のご本質とはまったく相いれないようなことでさえ、[4]喜んで受け入れてくださるのです。［つまり］聖書において、「神は何々を誓われる」と言われているのです。しかしそれは、神が誓われると聞いたあなたが畏れおののき、恐怖に打ちのめされて、「神はこのことを誓うと言われているのだから、このことはいかに大切なことであろうか」と自問するようになるためです。本当に、神がご自身にかけて誓われつつお約束を語られたのは、あなたに対して気を引き締めさせ、熱心にならせるためであり、そして、「あなたには天における約束［の地］が用意されている」と聞かされたあなたに対し、「私は、この神のお約束にどれほどふさわしいものとして生きているだろうか？」と反省させるためなのです。

それはそれとして、使徒もここでの箇所を説明して言っています。「神はアブラハムとその子孫とに対して約束されました。神は、いわば大勢の人たちとして『子孫たちとに』と言われたのではありません。むしろ、いわば一人の人として『あなたの子孫とに』と言われましたが、この子孫とはキリストのことです」（ガラ3・16）。「あなたの子孫」とは、キリストのことであるのですから、次の言葉はキリストに関して言われています。「私はあなたの子孫を大いに増やし、あなたの子孫は天の星のように、海辺にある砂のように多くなるだろう」（創22・17）。キリストの子孫がどのようにして増えたのかは、もはや説明するまでもないでしょう。私たちは知っているからです。福音が、地の果てから地の果てにまで（ロマ10・18）広く宣べ伝えられているのを。御言葉という種[5]を受け取っていない地は、ほとんどどこにも残ってはおりません。これは、世界が造られた最初のときに、あらかじめはっきりと予告されていたことでした。つまりそれは、アダムが次のように言われたときのことです。「大きくなり、増えよ」（創1・28）。そして、使徒は以上の御言葉について、まさしくキリストと教会とに関して言われていると説明しています（エフェ5・32）。ところで、「天の星のように多くなり」と神は言われたあと、「数え切れない海辺の砂のように」とも続けて言われましたが、もしかしたら、「天の［無］数［の星］」といった情景はキリスト者の民に、一方、海の砂のそれはユダヤ人の民に当てはめることができる」と主張する人がいるかもしれません。しかし、むしろ私としましては、天の星といったたとえであれ、海の砂といったたとえであれ、それぞれ両方の民にあてがうことができると思います。なぜなら、ユダヤ人という民の中にも、たくさんの義人や預言者たちがいたのですから。この人たちならば、天の星々といったたとえを用いるにふさわしい。逆に、私たちキリスト者という民においても、地上のことを考えている（フィリ3・19）人がたくさんいますし、彼らの愚かさといったら、海の砂などよりも重い（ヨブ6・3）のです。いえ、彼らなどは、断じて異端者たちのやからと見なすべきなのではありませんか？　しかし、私たち自身も安心してはなりません。もし私たちの中に、土のかたちを捨て去ってはおらず、天のかたちをまだ身につけて（一コリ15・49）いない人がいるとしたら、地上における生き方をする人となんら変わりません。よって使徒としましても、以上の見解を前提にしつつ、天上の体と地上の体といった概念を用いながら復活をイメージしているのだと私は思います。[6]つまり使徒はこう言っています。「天上の輝きもあれば、それとは違う地上の輝きもあります」「星と星との間にも輝きに違いがありますが、死者たちの復活もこれと同じです」（一コリ15・40―42）。さらに、主ご自身も、しっかりと聞ける人たちに対して、「あなたがたの光を人々の前に輝かせなさい。人々が、あなたがたの立派な行いを見て、天におられるあなたがたの父を崇めるようになるためである」（マタ5・16）と言われている際に、やはり以上の点を思い起こさせようとなさっています。

3　さて、キリストはアブラハムの子孫であり、アブラハムの子であられます。そのことを聖書からもう少しはっきりとご確認したいのでしたら、福音書が何と告げているのか聞いてください。福音書はこう告げています。「イエス・キリストの系図。ダビデの子、アブラハムの子」（マタ1・1）。キリストがアブラハムの子、ダビデの子であられるということをもってして、「あなたの子孫は、もろもろの敵の町を相続地として得るだろう」（創22・17）といったお言葉も実現することになります。ではキリストは、どのようにして敵の町を相続地として得られるのでしょうか？　間違いありません、使徒たちの御声が全地に広がり、彼らの言葉が世界に及んだ（ロマ10・18）ことによっています。したがって、それぞれの国を支配下に置いていたそれぞれの天使たちは、怒りに駆り立てられたことになります。[7]つまり、「いと高きお方が、神の天使たちの数に合わせてそれぞれの民を分けられたとき、ヤコブが神の取り分となり、イスラエルはその相続地[8]となった」(申32・8―9)わけですが、御父はキリストにおっしゃいました。「求めよ。私は国々をあなたの相続地とし、地の果てまでをあなたの所有地としよう」(詩2・8)と。そこでキリストは、天使たちは、天使たちが握っていた、もろもろの国を治めるための権威と力とを奪われましたが、そのことをもって、天使たちは怒りを覚えることになりました。だからこそ、次のように記されているとおり、「地上の王たちは立ち上がり、君主らは共に謀って、主と、主が油注がれたお方に逆らった」(詩2・2)のです。そしてそれゆえに、彼らは私たちにも逆らい、私たちに対して戦いや争いを仕掛けてきます。この点に関して、キリストの使徒も指摘しています。「私たちの戦いは、血肉に対するものではなく、支配、権威、この世界の支配者に対するものです」(エフェ6・12)。ですから私たちは目を覚ましていましょう。そして注意して行動しましょう。なぜなら、「私たちの敵が獅子のように、誰かを食い尽くそうと、ほえたけって歩き回ってい」(一ペト5・8)るのですから。もし、この敵に対し、私たちが信仰において雄々しく立ち向かう(一ペト5・9)ことがないとしたら、私たちは再び捕らわれの身となってしまいます。そしてそのような事態となってしまえば、もろもろの支配と権威をご自身の十字架につけてくださったお方の御業に対して、また、ご自身の力のみにより頼んでそれらに勝利してくださったお方の御業に対して、さらには、捕らわれている人を自由の身に解放するためにこの世にお出でになられたお方の御業に対して、私たちは忘恩に振る舞うことになってしまいます。ですからキリストに対する信仰を保ちましょう。このお方は、もろもろの支配と権威に勝利してくださったのですから、敵の権威の下に私たちをつないでいた枷を、私たちは粉々に砕こうではありませんか。ですが、敵が私たちを束縛していたところのその枷とは、私たち自身の情欲であり、私たち自身の悪徳にほかなりません。私たちは、己の肉を悪徳と欲望と共に十字架につける(ガラ5・24)ときまで、そしてついに、私たちが悪徳や欲望といった枷を粉々に壊し、その軛を自分から離して投げ捨てるまで(詩2・3)、これらの枷にずっとからまれ続けています。以上の意味において、アブラハムの子孫［であられるキリスト］は、もろもろの敵の町を占領してくださいましたが、これを言い換えるならば、御言葉の種(9)、すなわち、福音宣教とキリストの信仰とが、もろもろの敵［にたとえられる私たちの情欲と欲望］を占領したということです。

　ですが問わせてください。異邦人に対して、もろもろの敵の権威の下から救い出し、ご自身に対する信仰へと連れ戻し、そのご支配の下へと立ち帰らせたもうた際に、主は何らかの小賢しい手段を用いられたのだろうか(10)？　断じてそうではない。かつて、イスラエルは主の取り分（シラ17・17）でありましたが、もろもろの敵はイスラエルに対して神に背かせ、罪を犯させせました。そしてその罪のゆえに、神はイスラエルの民に対して言われました。「聞くがよい、あなたがたの罪のゆえに、あなたがたはばらばらにさせられた。あなたがたの罪のせいで、あなたがたは天［の果て］の方々に散らされた」（ネヘ1・8）。［このようにして、イスラエルの民ではなく、異邦人の方が先に救われるに至りましたが］しかしまた、彼ら［イスラエルの民］は続いて言われました。「あなたがたが、天の果てから天の果てまで［隅々に］追いやられても、私はそこからあなたがたを集めよう、と主は言われる」（ネヘ1・9）。よって確かに、かつてこの世の支配者たち（一コリ2・8）は、主の取り分（申32・9）を侵しました。しかし、良き羊飼い（ヨハ10・11）は、九十九匹を山に置いたままにしてでも地に下りてきてくださり、失われた一匹の羊を探すのを大切にしてくださいました。そして、良き羊飼いはその羊を見つけ出し、肩にかついで戻ってこられ、山の上にある汚れなき羊小屋へと連れ戻してくださいました（マタ18・12―13、ルカ15・4―6）。

　アブラハムの子孫、すなわちキリストは、もろもろの敵の町を相続地として所有されています（創22・17）。だとしても、もしキリストが、私の町を所有してくださらないとしたら、私にとって何の益がありましょうか？　私の町とは私の魂のことでありますが、そこが偉大なる王（詩47・3、マタ5・35）の町［の一つ］となっていないとしたら、このお方の律法であれ正義であれ、私の町では決して遵守されてはいないのではありませんか？　主がこの世界をご支配され、もろもろの敵の町を手にしておられるとしても、もしこの私の中において、ご自身にとっての敵を打ち負かしてくださらないとしたら、私に何の益があるでしょうか？　私の体において、私の心の法則と戦い、私を罪の法則のとりこにしているところの法則（ロマ 7・23）を、キリストが粉々に壊してくださらないとしたら、私にとって何の益がありましょう？　ですから私たちはそれぞれ、自分の魂と体の中でもキリストが敵に勝利してくださるようにと、そして、もろもろの敵を屈服させて勝利をお収めくださり、キリストが自分の魂といった町をも所有してくださるようにと、大いに努力するようにいたしましょう！　そうしてこそ、私たちはキリストの取り分とさせられるのですから。この取り分はとてもすばらしいものであり、まるでまばゆく輝く天の星のようです。そして私たちも、われらの主キリストを通して、アブラハムに与えられた約束にあずかることができますように、このわれらの主キリストに、栄光と力とが、世々限りなくありますように、アーメン！

説教十――創世記24章10―27節

堀江知己訳

リベカが水を汲みにやって来たとき、アブラハムの僕が出会ったそのリベカについて

第24章[1]
11 そして、僕は夕暮れ時、水汲みの女たちがやって来る頃、町の外にある、水の［湧く］井戸のそばにらく
だを休ませた。12 そして彼は言った。「私の主人アブラハムの神、主よ。どうか今日、私の前に恵みの道を
切り開いて、私の主人アブラハムに慈しみを示してください。13 ごらんください、私は、水の［湧く］泉の
そばに立っていますが、この町に住む娘たちが水を汲みにやって来て、14 そして一人のおとめがおり、彼
女に対し、『私が飲むために、あなたの水がめを傾けてください』と私が言って、そして彼女が、『お飲みく
ださい。あなたのらくだにも、飲み終わるまで飲ませてあげましょう』と答えれば、彼女こそ、あなたがあ
なたの僕イサクのためにご用意された者であり、そしてこのことをもって、私は、あなたが私の主人アブ
ラハムに慈しみを示されたと分かるでしょう」。15 すると、僕がまだ心の中で語り終わらないうちに、見よ、

リベカが水がめを肩に載せてやって来たが、彼女はアブラハムの兄弟ナホルの妻、ミルカの息子ベトエルの子であった。16 そのおとめは極めて姿が美しかった。彼女は男を知らなかった。彼女は泉に下りていき、水がめ［に水］を満たして上がってきた。17 僕（しもべ）は彼女と出会うために駆け寄り、「どうか、あなたの水がめから水を少しばかり飲ませてください」と言った。18 すると彼女は、「お飲みください、ご主人」と言って、素早く水がめを腕に下ろして彼に飲ませ、19 彼は飲み終わった。そして彼女は、「あなたのらくだにも水を汲（く）んであげましょう、すべてのらくだが［十分］飲むまで」と言った。――（略）――22 こうして、すべてのらくだが水を飲み終えると、この人はそれぞれ［片方ずつ］重さ一ドラクメの金でできた耳輪［一セット］と、重さが十枚の金貨に当たる、彼女の手につけるための腕輪二つを取り出した。

（七十人訳創24・11―22、堀江知己訳）

1　聖書が告げていますとおり、イサクは大きくなって（創21・8）力を増しましたが、これは、アブラハムの喜び(2)が増していったということでもあります。このアブラハムは、見えるものではなく、見えないものに目を注（二コリ4・18）いでいました。アブラハムは、現実のものを喜んでいたのではなく、世の富やこの世的な営みを喜んでいたのでもありませんでした。では、アブラハムは何に対して喜びを抱いていたのでしょうか？　それをお知りになりたければ、ぜひ主がユダヤ人たちに言われたことに聞いてください。「あなたがたの父アブラハムは、私の日を見るのを楽しみにしていた。そしてそれを見て、喜んだのである」（ヨハ8・56）。アブラハムはキリストの日を、キリストの日に対する希望を、幻に見ていたのでした。そしてその幻こそが、アブラハムの喜びを大きくさせたのでしたが、これすなわち、イサク［という名が意味する「喜び」］が大きくなったということなのです。ですから、どうぞあなたがたもイサクとならせていただき、あなたがた自身の母親の喜びとなってください！　あなたがた自身の母親とは教会のことです！　しかし、私は心配しています。教会は［喜びどころか］、いまだに悲しみと嘆きのうちに子どもたちを産んではいないかどうか。あるいは、教会にとって、あなたがたのことが悲しみと嘆きの種となってはいませんか？　もしあなたがたが、神の言葉を聞くために集まってはこず、祝日にすらめったに［教会に］姿を現さないとしたら？　さらには、あなたがたが集まってくるにせよ、御言葉への熱意というよりは、むしろ儀式を必死に守ろうとするためか、いわば公の場での罪の赦しを得ようとする目的で集まってくるとしたら(3)？

御言葉による救済の務め(4)を委ねられた者として（一コリ9・17）、それでは私は何をすればよいというのでしょうか？　私は役に立たない僕（しもべ）（ルカ17・10）にすぎません。ですが、主の家族に対して穀物を配分するようにと、穀物［を量るため］の升をいただいております（ルカ12・42）。また主は、「『正しい時間に』配分するための穀物用の升」とお言葉を加えておられます（ルカ12・42）。ならば私はどうしましょうか？　あなたがたにとっての時間といったものを、いつどこに私は見出すでしょうか？　あなたがたは時間の多くを、いえ、ほとんどすべての時間を、この世的な営みに従事するのに当ててしまっているではありませんか。たとえば市場で活動するために、あるいはもろもろの商売のために時間を費やしています。ある人は畑で時間を費やし、別の人は争い事に専念しています。本当に、神の言葉に聞こうと専念している人は皆無か、あるいはいたとしても非常に少ないのです。しかし、あなたがたの仕事などに関して、なぜこの私に責める必要があるのでしょうか？　あなたがたが教会にいないことに関して、なぜ私が嘆くのでしょうか？　たとえあなたがたが教会にいて席に座っていようとも、あなたの心は上（うわ）の空で、どこでも聞けるようなおしゃべりにいつも夢中で、神の言葉ないし聖書の朗読には背を向けています(5)。預言者によって記されたことを、主ご自身もあなたがたに言われるのではないかと、私は心配でなりません。「あなたがたは私に背を向け、顔を見せなかった」（エレ39・33、七十人訳）。ですから、御言葉による奉仕が委ねられている者として、いったい私は何をすればよいのでしょう？　朗読された御言葉には、多くの神秘が宿っている以上、その都度アレゴリーに包まれた秘義として解き明かされなくてはなりません。［しかし］背けているため聞こえないあなたがたの耳に、神の言葉という真珠を投げ入れる（マタ7・6）ことなど私にできるでしょうか？　使徒はそのようなこと［つまり、聞こえない耳に神の言葉を投げ入れるようなこと］はいたしませんでした。使徒が言っていることに聞いてください。つまり、「律法を読んでいるはずのあなたがたは、律法に耳を傾けていません。アブラハムには二人の息子があり――」と使徒は言っていますが、「これらは比喩によるものです」と続けています（ガラ4・21―24）。使徒は、律法を読むことができず、律法に耳を傾けることもできない人たちに対し、律法の秘義を解き明かすことができたのでしょうか？　いいえ。使徒は律法を読んでいる人たちに対して、「あなたがたは律法に耳を傾けていない」と言ったのです。だとするならば、私のような者がどうしてできましょう？　律法の秘義を、そして、使徒が私たちに教えてくださったところの、律法に関する比喩を、私のような者がどうして解き明かし、その意味を伝えることなどできましょうか、律法に聞くことも読むこともできていない人たちに対して？

　もしかしたら、私はあなたがたに対して厳しすぎると映るかもしれません[6]。しかし私は、滑り落ちる壁に漆喰を塗ることなどできません（エゼ13・10―12）。なぜなら、私は次のように書かれてあるとおりにならないようにと気をつけているからです。「私の民よ、あなたがたを祝福する人はあなたがたを迷わし、あなたがたの通る道を混乱させる」（イザ3・12）。よって私は、あなたがたを愛する私の子どもたちとして諭します（一コリ4・14）。どうなのですか？　キリストの道は、まだあなたがたに知らされていないのでしょうか？　あなたがたは本当に聞いてはいないのでしょうか？　命に通ずる道は広く大きい道ではなく、むしろ狭く細い道だということを？

ですからあなたがたも、狭き門を通ってお入りください（マタ7・13―14）！　広い道の方は、滅びる人たちのために譲ってあげなさい。夜は更け、昼が近づきました（ロマ13・12）。光の子として歩みなさい（エフェ5・8）。「時は迫っています。残されたやるべきこととして、持っている人であっても、持っていない人のようになりなさい。この世を利用する人は利用しない人のようになりなさい」（一コリ7・29―31）。絶えず祈りなさい、と使徒は命じています（一テサ5・17）。それなのに、あなたがたは祈るために集まりもしません。あなたがたは祈りをいつもなおざりにしています。ならばどうして、まったくしていない祈りをたえず行う、などといったことができましょうか？　しかし、主も命じておられます。「誘惑に陥らぬように、目を覚まして祈っていなさい」（マタ26・41）と。目を覚まして祈り、常に神の言葉に従っている［主の弟子たちのような］人でさえ、誘惑がどうしても忍び寄ってきてしまうというのですから、祝日だけに教会に来る人たちならばなおさらではありませんか？「正しい人であっても救われるのは難しいのですから、罪人や不敬虔な者はどうなることでしょう」（一ペト4・18）？　朗読された箇所から、何か語らなくてはならないのが億劫な私です。なぜなら、使徒でさえ、このような箇所に関して、[7]「あなたがたが聞くのに不熱心になっていますので、これらの事柄を解釈して語り聞かせることは不可能です」（ヘブ5・11）と言っているですから。

2　とはいえせっかくですから、私たちの前で先ほど朗読されたところを見ていくことにいたしましょう。こう記されています。「リベカは町の娘たちと一緒に、井戸から水を汲むためにやって来た」（創24・11、創24・15）。リベカは毎日井戸にやって来て、毎日水を汲んでいました。だからこそ、アブラハムの僕は彼女と出会うことができたのですし、そしてその結果、彼女をイサクと結婚させることができたのです。皆様はこれがおとぎ話であると思われますか？　また、聖霊が聖書において［単なる］物語を伝えていらっしゃるのだと思われますか？　ここに記されている物語は、私たちの魂を教育するためのものであり、かつ霊的な御教えでもありますが、つまり、あなたに対して次のように促し、教え諭しています。――聖書という井戸に毎日来なさい。聖霊の水へとやって来て、それをいつも汲み、器を満たして家に持ち帰りなさい。聖リベカもそうしていたように。もし、リベカが水を汲んでいた女性でなければ、また、家族の者に飲ませてあげられる分だけではなく、アブラハムの僕にも飲ませてあげられる分を汲んでいなかったとしたら、いえ、アブラハムの僕に対してどころか、井戸から汲んだ水が、らくだにも与えることのできるほど――さらには、らくだが水を十分飲み終えるまで（創24・22）と書かれてありますように――の豊富な量でなかったとしたら、彼女は約束によって生まれた（ガラ4・23）偉大なる族長イサクとは、決して結ばれなかったに違いありません。

ここに書かれてありますことはすべて秘義です。まず、キリストはあなたとも婚約を願っておられるということです。なぜなら、キリストはあなたに対し、預言者を介して呼びかけて言っておられるのですから。「私はあなたと、とこしえの契りを結ぼう。私は信仰と憐れみをもって、あなたと契りを結ぼう。そしてあなたは主を知るようになる」（ホセ2・21―22）。こうおっしゃっておられるように、キリストはあなたとの婚約をお望みです。だからこそキリストは、あなたのところに、ここに出てくる僕を前もって送られるのです。ここに出てくる僕とは、すなわち預言の言葉[8]のことです。もし、あなたが前もって預言の言葉を受け取っていないとしたら、キリストと結婚することはできません。ですが覚えていてください。熱心さを欠いており、また無知でもあるような人は、決して預言の言葉を受け取れません。深い井戸から水を汲む術を身につけている人こそが、預言の言葉を受け取ります。さらに、理性を持たず、心がゆがんだように見える人――らくだがこういった人たちを象徴しています――にさえも、十分な量の水を汲むことのできる人が、つまり、パウロのように、「私には、知恵のある人にもない人にも、果たすべき責任があります」（ロマ1・14）と言い切ることのできる人が、預言の言葉を受け取ります。かくして、この僕は心の中で言いました。つまりこう記されています。「水を汲みにやって来るおとめたちの中で、私に対し、『お飲みください。あなたのらくだにも水を差し上げましょう』と答える人がいれば、その人は私の主人の花嫁です」（創24・13—14）と。まさしくリベカ——この名は「忍耐」という意味です——はそういう人でした。彼女は僕を見ました。つまり、預言の言葉を正しく読み取ったのです。このあと彼女は水がめを肩から下ろし（創24・18）ます。これが意味するところとして、彼女はギリシア人が誇っているところの傲慢な雄弁といったものを捨て、それに代わって、謙遜かつ純潔であるところの預言の言葉に思いを馳せ[9]、そして言います。「お飲みください。あなたのらくだにも水を差し上げましょう」と。

3　しかし、皆様はこうお尋ねになるかもしれません。もし、僕が預言の言葉を象徴しているのだとすると、なぜ僕がリベカから水を飲ませてもらうのか、むしろ、僕の方から彼女に水を飲ませてあげるべきだったのではないか、と。それではお考えになってください。僕が水を飲ませてもらったにせよ、それは主イエスも同じだったのではないでしょうか？　主は命のパン（ヨハ6・35）として、空腹である魂を養ってくださいます。しかし主は、ご自身が空腹を覚えられるお方であることを告白して言っておられます。「私が飢えていたときに、あなたがたは食べさせてくれた」（マタ25・35）。また、主は命の水（ヨハ7・38）として、渇いている者すべてに水を飲ませてくださいます。にもかかわらず、主はサマリアの女性に対し、「水を飲ませてください」（ヨハ4・7）と言っておられます。よって、僕が象徴する預言の言葉といったものも、渇きを覚える人に対して飲ませてあげるものではありますが、しかしそれでも、学びに熱心な人たちの意欲が注がれ、そして彼ら熱心な人たちによって注意深く学習される対象となる、といった意味では、彼らから水を飲ませてもらうものでもあると言うことができます。いずれにせよ、リベカがそうであったように、すべての物事に忍耐をもって当たり、素早く行動に移り、預言の言葉といったすばらしいものの学習に傾倒し、深きところから知識の水を汲むのを習慣としている人間こそが、キリストと結婚して結ばれます。もし、あなたが毎日井戸のところにやって来なければ、そしてもし、毎日そこから水を汲んでいなければ、ほかの人に水を飲ませることなどできませんし、さらにはあなた自身、神の言葉［を聞くことへ］の渇き（アモ8・11）を覚えることもありません。主が福音書においておっしゃっていることにも聞いてください。「渇いている人は、私のもとに来て飲みなさい」（ヨハ7・37）。ですが、私の観察によりますと、あなたは義に飢え渇い（マタ5・6）てはおりません。そのようなあなたが、どうして言うことができましょう、「鹿が泉の水をあえぎ求めるように、神よ、私の魂はあなたをあえぎ求めます。生ける神に私の魂は渇きを覚えました。私はいつ、御前にやって来て姿をお見せすればよいのでしょうか？」（詩41・2―3、七十人訳）と。

皆様、御言葉にいつでも聞くことのできる身であるはずの皆様に対して、私はお願いしたい。怠惰で不熱心な人たちに向けて、もう少し忠告を続けさせていただきますが、どうぞご忍耐ください。いえ、忍耐しなくてはなりません。なぜなら、リベカについて扱っている私たちでありますが、彼女の名は「忍耐」という意味なのですから。それに私たちとしては、あなたがたに対し、少しばかり忍耐させるといった仕方で訓練する必要があるのです。なぜならあなたがたは、集会をなおざりにし、神の言葉を聞くことに反抗し、命のパンをあえぎ求めることもなければ、命の水を求めることもいたしません。あなたがたは［荒れ野における昔の民とは違って］、マナを集めるために宿営から出てくることもなければ（出16・13―20）、泥の家（ヨブ4・19）[10]を出てくることもありません。霊の岩から飲む（一コリ10・4）ために、その岩のところにやって来ることもありません。その岩とは、使徒が言っていますように、キリストのことです。ですからどうか、少しばかりの忍耐をお願い申し上げます。私どもの説教は、怠慢かつ病にかかった人たちに向けてのものです。なぜなら、医者を必要とするのは、健康な人ではなく病人である（ルカ5・31）のですから。

あなたがたといったら、祝日の日にだけ教会に集まってきます。そんなあなたがたは私に答えてください。ほかの日は祝日ではないのでしょうか？　ほかの日は、主の日ではないということなのでしょうか？　ユダヤ人たちは、特定の少数の日だけを祝日として守っています。そしてだからこそ、神は彼らユダヤ人たちにおっしゃいました。「あなたがたの新月祭、安息日、大いなる祝祭日に、私は耐えられない。あなたがたの断食や祭りや祝日を、私の魂は憎む」（イザ1・13―14）。こう言われていますように、主の日は［七日のうち］たった一日だけであると考えている人を、神は憎んでおられます。キリスト者たちは、小羊の肉を毎日食べています。すなわち、キリスト者たちは、御言葉という肉を毎日いただいています。なぜなら、「キリストが、私たちの過越の小羊として献げられたからです」（一コリ5・7）。ちなみに過越の小羊に関する規定は次のとおりです。「夕べのうちに食べる」（出12・8）[11]。しかしそれは、主がこの世の夕べに苦しまれたからです[12]。そして、主がこの世の夕べに苦しまれたのは、あなたがいつも御言葉という肉を食べるためです。朝が訪れるまでは、あなたはずっと夕べを生きています。もし、あなたがこの夕べの間に［自分の罪に］悩まされ、涙と断食（ヨエ2・12）に明け暮れ、正義のためにあらゆる労苦をいとわず暮らしていれば、あなたも言うことができるでしょう。「夕べは涙のうちに過ごしても、朝には喜びがある」（詩29・6、七十人訳）と。もし、あなたがこの世において、涙と労苦のうちに義の実（ヤコ3・18）を収穫するならば、あなたは朝、喜ぶことができるでしょう。その朝とは来るべき世のことです。さあ皆様、まだ時間が間に合うならば、私たちも幻の井戸[13]（創24・62）から水を飲むことにいたしましょう。その幻の井戸とは、イサクが散策し、瞑想のために歩いていたところにあったものです。水がある場所で、どれほど大切な出来事が数多く起こったのか、あなたは覚えていなくてはなりません。それは、あなた自身も招かれて、神の言葉という水に毎日来るためです。そして、あなたもその水が得られる井戸のそばに立つためです。リベカがそうしていたように。このリベカについてですが、「極めて美しいおとめで、おとめにして男を知らなかった」（創24・16）と紹介されています。また、「彼女は遅い時刻に、水を汲むために出て行った」（創24・

11、創24・15）とも書かれてあります。

4 リベカについて、以上のように書かれてあることには意味があります。とはいえ、「おとめであった」「おとめにして男を知らなかった」と書かれてあるその意味は何なのかと、私は考えさせられます。これではまるで、［単に］男が触れたことのないおとめとは別のおとめのことが言われているかのようではありませんか。さらに、「彼女には男が触れていなかった」と書かれてあります。これは、おとめについて補足するためのものであると思われるのですが、だとするとこれにはどういった意味が込められているのでしょうか？ といいますのは、男が触れたことのあるおとめなるものなど、最初から存在しないはずだからです［だからわざわざそのように記されているのには、別の意味があるはずです］。私が時折説明してきましたように、今の箇所において、［単なる］物語が読まれているのではありません。むしろここでの箇所には、秘義が織り込まれています。よってこの箇所において、何らかの奇しき意味が指し示されているのだと私は思います。［それについて今から考えていきますが］キリストというお方は魂の夫と呼ばれるように、キリストと結ばれるのは、信仰を持つにいたった魂です。これを考えますと、魂が不信仰に傾く際に、その魂が結ばれるべき相手としての夫は、キリストの［恋］敵であることにもなります。そしてこの［恋］敵とは、麦の中に毒麦を蒔く（マタ13・25）ような敵であるとも言えます。実に、体において清さが保たれているだけでは、魂が清く保たれていることにはなりません。魂に、この最悪な夫がまだ触っていない状態が保たれていることも必要です。なぜなら、体が純潔を保っているとしても、この最悪な夫、すなわちサタンと結ばれているといった人も多く存在するからです。この最悪な夫が、激しい欲情の矢で私たちの心を突き刺せば、私たちの魂の純潔は失われてしまうのです。以上、リベカは［こういった霊的な意味での］おとめでした。つまり、彼女は体も霊も聖なる者（一コリ7・34）でありましたので、彼女に対する賛辞は二倍となり、「おとめであった」「男を知らないおとめであった」と言われています。

かくして彼女が水を汲みにやって来たのは夕べでした（創24・11）。「夕」に関しては、私はすでに論じました。それにしても、僕の賢さに注目してください。美しく顔もきれいなおとめを見つけることがなければ、僕は己の主人イサクの婚約者として連れていこうとはしません。そしておとめであるだけでなく、男に触れていないおとめでなくてはなりません。さらに、水を汲んでいるおとめを見つけることがなければ、主人イサクの婚約者として連れて行こうとはしません。主人の結婚相手として、それ以外の人ではだめなのです。リベカがそのようなすばらしいおとめでないかぎり、僕は飾りを与えたりはしません。耳飾りであれ、腕輪であれ（創24・22）与えたりはしません。よって、そのようなすばらしいおとめでないかぎり、彼女は飾りのないままであり、輝きもなく無骨なままです。リベカの父は裕福であったと考えられます。それなのに、娘につけさせるための腕輪も耳飾りも持ってはいなかったということなのでしょうか？　そういったことに関して極めて疎かったためか、あるいはあまりに強欲であったために、［自分の］娘に［さえも］飾りを与えてはいなかったということなのでしょうか？　いいえ、リベカ自身、ベトエルが所有していた金によって飾られたくはないのです。野蛮で無学な人が持っていた飾りなどは、彼女にとって似つかわしくありません。彼女はアブラハムの家から首飾りを求めます。それは、忍耐［という意味の名のリベカ］は賢い人の家によって飾られなくてはならないからです。そのため、アブラハムの僕がやって来て、僕自身が飾りをつけてくれないかぎり、リベカの耳には飾りをつけることはできませんでした。リベカの手も、イサクが贈った飾り以外は受けつけません。なぜならリベカは、耳には御言葉という金を取りつけ、手には行いという金[14]を持つことを願っているからです。とはいえリベカとしても、水を汲みに井戸にやって来ることがなければ、これらのものを受け取ることはできませんでしたし、受け取るにふさわしくもありませんでした。あなたはいかがですか？　あなたは水があるところにはやって来ようとしません。あなたの耳に、預言者たちの言葉という金をつけようともしていません。だとすれば、どうしてあなたが御教えによって飾られることができましょう？　またどうして、業によって、日々の行いによって飾られることなどできましょうか？

5　さて、多くのことを［語るのは］省略させていただきますが――今は詳しい注釈を施す時間ではなく、むしろ神の教会を造り上げるための時間、さらには、怠慢で不熱心な聴衆に対し、聖なる人たちの模範を示し、そして秘義を解釈することをもってして［熱心さを］呼び起こすための時間ですので――、リベカは僕に導かれてイサクのところにやって来ました。然り、教会は預言の言葉に導かれてキリストのところにやって来たのです！　では、教会はキリストをどこで見つけたのでしょうか？　誓いの井戸[15]です。そのそばをイサクは散策していたと記されています（創24・62）。私たちはこの井戸から決して離れてはなりません。その水からも遠ざかってはなりません。リベカはこの井戸にやって来るのですし、リベカにしてもこの井戸のところでイサクと出会いました。そこではじめてリベカはイサクの姿を見つめました。彼女はそこでらくだを下り（創24・64）、そこで僕に紹介されたイサクと出会います。

井戸に関してですが、単に井戸［をめぐる出来事］の報告がなされているだけなのだと、あなたはお思いになりますか？　ヤコブもある井戸にやって来て、そこでラケルと出会います（創29・2―12）。そこでヤコブは、きれいな目と美しい姿をした（創29・17）ラケルと知り合いになりました。一方、モーセも井戸のところで、レウエルの娘ツィポラと出会います（出2・15―17）。それでもまだ、こういった箇所では、霊的なことが語られているのだというお考えにはなられませんか？　それとも、族長たちが井戸のところにやって来て、そして水があるところで結婚相手を得たのは、すべて偶然であったと思われますか？　そういった意見をお持ちの方は、ただ生きているだけの人にすぎず、神の霊に属する事柄を理解していない（一コリ2・14）人です。もし、霊に属する事柄を理解したくはない人であるならば、これら［の箇所を文字どおり読むだけ］にとどまりますし、ただ生きているだけの人のままでしょう。しかし私としては、使徒パウロに倣って次のように言わせていただきます。「これらのことは比喩によるものです」（ガラ4・24）と。そして私は、聖なる人たちの結婚とは、魂が神の言葉と結ばれることであると主張いたします。なぜなら、主と結ばれる人は、主と一つの霊となるのです（一コリ6・17）から。魂と御言葉の結婚は、神の書から教えられることを通してはじめて可能であるのは言うまでもありません。そして、神の書こそが、比喩として「井戸」と呼ばれます。神の書という井戸のところにやって来てその水を汲むということは、聖書をよく学び、それに宿る深遠な意味と解釈とを得るということなのですが、それができる人は、神の御心にかなう結婚をすることができます。すなわち、その魂が神と結ばれるのです。さらに、リベカはらくだから急いで下りるわけですが（創24・64）、これは、悪徳から離れることを、また不合理な思いを捨て去ることを意味し、そしてそのあとで彼女はイサクと結ばれます。これ［つまり、悪徳から離れたリベカがイサクと結ばれること］は、イサクが美徳から美徳へと進（詩83・8、七十人訳）んでいくのにまさにふさわしいことです。イサクは、美徳という意味の名であるサラの息子です。そのイサクが、リベカの名が意味するところの忍耐と結ばれ、忍耐と結婚します。そしてこのことは、［数々の］美徳［を持っている状態］から［さらに新たな］美徳［である忍耐を身につけて前］へと進むことを意味し、また、信仰から信仰へと（ロマ1・17）進むことを意味しています。さて、福音書に関しても見ていきたいと思います。ご確認ください。旅に疲れを覚えられた（ヨハ4・6）主は、どこに休息の場を求められるのでしょうか？　すなわち、主は井戸にやって来られ、その上に座られました。お分かりになりますか？　［聖書における］それぞれの秘義は互いに一致し、新約聖書と旧約聖書はハーモニーを奏でています。旧新約聖書において、私たちは井戸とその水のところにやって来ますが、それは花婿と出会うためです。教会は、水を浴びる場[16]でキリストと結婚します。

ご理解ください。私たちの目の前には、いかに高く積み重なった秘義が迫っていることでしょう！　私たちが出会う秘義はあまりに壮大であるため、それを解き明かすことなど私たちにはできません。ですがこの壮大なる秘義は、少なくともあなたに対して促しているはずです。［御言葉に］耳を傾け、［教会に］集うようにと。それは——確かに、時間が足りないために、重要な事柄を駆け足で見ていくのにとどまるかもしれませんが——、あなたが教会に集い、［聖書を］読み返して疑問を抱くことによって——あるいはもちろん、秘義の探求にとどまる［だけで、その答えを見出すことはできない］かもしれませんが——、あなた自身よく考え、答えを発見するためです。そして、神の言葉があなたとも水辺で出会ってくれ、あなたを受け入れて結婚してくれるために、さらに神の言葉と結ばれて、キリストにおいて一つの霊とならせていただくためでもあります。われらの主キリスト・イエスに、栄光と力とが、世々限りなくありますように、アーメン！

説教十一——創世記25章1—11節

堀江知己訳

アブラハムがケトラを妻にし、イサクが幻の井戸のところに住んだことについて

第25章[1]

1 アブラハムは再び妻をめとったが、その名はケトラと言った。2 彼女はアブラハムに、ゼムラン、イェ
クサン、マダン、ミデヤン、イェシュバク、ゾヴェを産んだ。——（略）——11 かくして、アブラハムが
死んだあと、神はその子イサクを祝福された。そしてイサクは幻の井戸のところに住んだ。

（七十人訳創25・1—11、堀江知己訳）

1　いつも聖なる使徒は、私たちが霊的理解へと進むためのきっかけを作ってくれます。[2] 使徒は熱心な学習者に対して、その頻度は高くはありませんが、必要不可欠な指摘をしてくれています。そのお陰で、私たちは律

法が霊的なものである（ロマ7・14）ことを、すべての箇所を読む上で意識できているわけですが、アブラハムとサラについては、ある箇所で使徒自身が説明しています。つまりこう言われています。「およそ百歳となって、自分の体がすでに死んでおり、サラの胎も死んでいることを認識しながらも、その信仰は弱まりませんでした」（ロマ4・19）。以上のように、使徒はアブラハムについて言っています。すでに百歳［近く］を数えていて体は死んでいた、しかし、アブラハムは肉体的な子を生む力によってではなく、信仰の力によってイサクを生んだのだ、と。一方で、聖書は今、このときおよそ百三十七歳であったアブラハムが、ケトラと呼ばれる女性をめとり、彼女からたくさんの子どもたちが生まれたと記しています（創25・1以下）。といいますと、聖書によれば、アブラハムの妻サラは彼より十歳年下でしたが（創17・17）、彼女は百二十七歳の生涯でした（創23・1）。そうしますと、ケトラを妻として迎えたとき、アブラハムが百三十七歳を越えていたことは明らかです。

一体どういうことなのでしょう？　偉大な族長たる者が、百三十七歳という年になってまで肉欲に刺激されたというのでしょうか？　また、本能的欲求に関しては「すでに死んでおり」と言われていたはずの彼が、今再びその欲望を取り戻したと考えるべきなのでしょうか？　それともどうでしょう、私たちがすでに何度も確認してまいりましたように、族長たちの結婚によって、何らかの奇しき聖なる事柄が示されているのではないか(3)？　知恵について語った人がいますが、この人は、「私は知恵を妻として迎えようと決めた」（知8・9）と言いました。この人と同じなのです、アブラハムも。つまり、アブラハムもまさにこのとき同じことを決めました。アブラハムはもともと知恵ある人でしたが、［身につけるべき］知恵には限界がないということを悟っていました。また彼は、いくら高齢だからといって、学ぶのを終える時期といったものを設けません。知恵を妻に迎えるといった意味での結婚——このことに関して、私たちはすでに解き明かしましたが(4)——を普段からしている人、これを言い換えれば、いつも美徳を結婚相手としている人は、どうしてこの種の結婚をやめてしまうことがあるでしょうか？　なぜなら、そもそもサラと交わることは、美徳を完成していくという意味なのですから。あるいは、たとえ完全かつ完成された美徳の持ち主であったとしても、常に何らかの学びに励むことが欠かせませんが、いわばこの学びのことを、神の御言葉は「妻」と呼んで（知8・9）います。以上の理解にしたがってこそ、独身者や子を生めない人は、律法によって呪いを被っているのではないでしょうか？　というのは、こう言われています。「呪われよ、イスラエルで子を残さない人は」[5]。もし、ここで言われていることが、肉における子孫についてのものだと考えてしまえば、教会におけるおとめは皆、呪いの下に置かれてしまうことになりませんか[6]？　それならば私としても、教会のおとめたちに対して、語る言葉が見つからなくなってしまうではありませんか。ヨハネをお考えください。ヨハネは女から生まれた者のうち、最も偉大で（マタ11・11）したが、そのヨハネも、そしてそのほかの大勢の聖なる人たちも、肉における子孫を残しませんでした。それどころか、彼らが結婚していたとさえ報告されていないではありませんか。しかし確かなこととして、彼らは霊の子孫、霊の子どもたちを残しました。そして彼らは、それぞれ知恵という伴侶を持っていましたが、それはパウロも同様です。パウロも福音を通して子どもたちを生んだ（一コリ4・15）のです。かくして、すでに体は衰えていた老人アブラハムは、ケトラを妻として迎えました。私がここまで説明してきました仕方での結婚であるならば、たとえ体は衰えていても、たとえ五体は死んだ状態にあっても、私たちは妻を迎える方が望ましいと思います。なぜなら、死にゆくキリストを、滅びるべき体にいつも負っている（二コリ4・10）私たちでありますが、私たちの心には、「常に新しく」知恵を迎え入れるための能力が宿っているのですから。

さらに、今や老人となっていたアブラハムが妻に迎えたケトラに関してですが、彼女の名は「薫香」、あるいは「良き香り」といった意味です。つまり、ケトラを妻として迎えたということは、アブラハムとしても、まさしくパウロが言ったように、「私たちはキリストのかぐわしい香りです」（二コリ2・15）と宣言したことになります。では、私たちはどうすればキリストのかぐわしい香りとなれるのか、よく考えていきましょう。罪とは「悪臭のするもの」のことです[7]。だからこそ罪人は豚にたとえられます（マタ8・30—33）。つまり、罪人は、あたかも悪臭のする糞の中で転び回るかのように、己の罪の中で転び回ります。またダビデも、罪を悔いた人の立場に立って次のように言っています。「私の傷あとは、悪臭を放ってぼろぼろに腐ってしまいました」（詩37・6、七十人訳）。

2 皆様の中で、罪の匂いがもはやまったくせず、義の匂い、憐れみという甘き香りのする人がいらっしゃるならば、あるいは、絶えず祈る（一テサ5・17）ことをもってして、いつも主に香りを届けている人がいらっしゃるならば、さらに、「私の祈りがあなたの御前に、香として立ち上りますように。高く上げた両手が夕べの供え物となりますように」（詩140・2、七十人訳）と言うことができる人がいらっしゃるならば、その人はケトラを妻として迎えたのです。老人の結婚について、以上のように理解するのが最も的確であると私は思います。以上の理解に基づけば、すでに終わりを迎えようとしている衰えた年齢にあって、族長たちが結婚したのはすばらしいことですし、さらに、以上の理解に基づけば、子どもを生むのはぜひとも必要であると判断されるものと私は考えます。確かに、こういった意味での結婚や子孫を残すことならば、若者よりも、むしろ老人こそがそうするにふさわしい。なぜなら、人は肉において弱っていけばいくほど、精神の力はより強くなり、知恵を抱くのによりふさわしくなるのですから。

正しき人エルカナも、同時に二人の妻を持っていたと聖書に記されています。その一人はペニナ——「悔い改め」という意味——であり、もう一人はハンナ——「恵み」という意味——です（サム上1・2）[8]。また聖書に記されていることとして、エルカナは最初ペニナを通して、すなわち悔い改めを通して子どもたちを得、そのあと恵みであるところのハンナを通して子どもを得ます。実に、聖書は結婚話を通して、聖なる人たちの成長を比喩的に描いています。よってあなたも、もしあなたがそれを望めばですが、これまで確認してきた意味での結婚における花婿となることができます。例を挙げるならば、あなたが率先して親切にすることを心掛けているならば、いわば親切という名の妻を迎えることになるでしょう。親切に加え、あなたが貧しき人たちの世話をしているならば、いわば二番目の妻をもらうことができるでしょう。もし、あなたが忍耐をものにし、寛容そのほかの美徳をも身につけているならば、あなた自身喜びを見出しているところのこれらの美徳の分だけ、たくさんの妻を得たこととなります。まさにこういった事情なのです。多くの族長たちが、同時に複数の妻を持っていたのは（創16・3）。また、ある人たちに関しては、最初の妻が亡くなったあと、別の妻をめとったと聖書は記しています（創25・1）。それは、こういった比喩を通して、私たちの中には、同時にいくつもの美徳を示せる人がいるということを、一方で、最初の美徳を完成させたあとに、それに続く美徳を持ち始める人もいるということを知らしめるためです。そして聖書は以上のような理解に立って、ソロモンが大勢の妻を同時に持っていたと記しています（雅6・8）。このソロモンに対して、主は言われました。「あなたを前にして、これほどの賢い者は後にも先にもいないであろう」（代下1・12）。こうして、主はソロモンに対し、知恵によって己の民を裁かせるためにも、まるで海の砂のように（創22・17）数知れない知識を与えてくださいました。だからこそ、彼は同時にたくさんの美徳を人々に対して示していくことができました。

神の掟によって推奨されているところの美徳のほかに、外の世界に属するものだと考えられているところの学問のうち、その幾つかを話題にすることもできるはずです。たとえば文学の研究や文法学、あるいは幾何学、数学、そして弁論術などです。外の世界で身につけることのできるこれらの学問を、私たちのための教育に役立て、さらには、私たちの律法［の正しさ］を主張するために持ってくることができるとしたら、はたしてどうでしょう、これは外国の女性と結婚し（王上11・1―3）、あるいは側女（そばめ）を持つ（雅6・8）ことでもあるのではないでしょうか？　そして、わたしたちがこの種の結婚をすることによって、私たちに反抗する人たちと議論を交わし、主張を展開し、論駁することによって、彼らの幾人かを信仰に立ち帰らせることができるとしたら、あるいは、私たちが彼らの理論や考え方に沿いながら彼ら自身を打ち負かし、まことの知恵であられるキリストと、神に対するまことの信仰を受け入れるようにと説得するならば、そのときの私たちは、まるで或る外国の女性か側女を相手にするかのようにして、弁論術や修辞学との間に子どもたちをもうけたことにはならないでしょうか？　当然ですが、このような意味での結婚や、このような意味で子どもを生む可能性ならば、老人になってからでも排除されません。むしろその逆です。つまり、こういった清い意味での子を生むことならば、年がある程度いった人にこそ、よりふさわしいものです。そしてこのような意味において、このときすでに高齢となり、「多くの日を重ねて年を取った」（創24・1）と聖書が記しているところのアブラハムも、ケトラという妻をめとりました。

しかし、歴史として記されていること、すなわち、ケトラを通して広がったところの種族は具体的にどんな種族であり、またそれはどのような種族であったのか、私たちは必ず覚えていなくてはなりません。といいますのは、こういった事柄をよく覚えていれば、さまざまな名の民に関して聖書が告げている箇所も、たやすく理解できるようになります。たとえばですが、モーセはミデヤンの祭司エトロの娘を妻にし（出2・21、出3・1）ましたが、このミデヤン人は、ケトラとアブラハムの間の子孫であることが分かります（創25・2）。したがって、モーセの妻はアブラハムの子孫であり、異邦人の女性ではなかったことを私たちは理解いたします。一方で、「ケダルの王妃」と記されている箇所もありますが（エレ30・23、七十人訳）、ケダルもやはりケトラとアブラハムの家系の出であることを覚えておくべきです（創25・13）。[9] さらに、イシュマエルの系図においてもやはり同じことが[10]言えます。あなたが熱心にこれらの系図を調べてみるならば——ほかの人は見過ごして気づかないままでいるでしょうが——、歴史に関する重要な点を多く見出すはずです。ですが、こういった学びは差し当たって別の機会に譲ることとし、続いての朗読箇所に進ませていただきます。

3　こう記されています。「こうして、アブラハムが死んだあと、神はその子イサクを祝福された。イサクは幻の井戸のところに住んだ」(創25・11)。アブラハムの死に関する主の御言葉が福音書に含まれておりますので、これ以上私たちとしてはつけ足す必要がありません。つまりこう言われています。「死者が復活することについて、『柴』の箇所で神は何と言われているのか、あなたがたは読んだことがないのか？　『アブラハムの神、イサクの神、ヤコブの神である』と言われているではないか？　神は死んだ者の神ではなく、生きている者の神なのだ。彼らは皆、神の御前で生きているのだ」(マル12・26―27、ルカ20・37―38)。使徒も言っています。「私たちは罪に対して死んでいますが、神に対しては生きています」(ロマ6・11)と。私たちも、この意味での死を選ぶ[こと、すなわち、罪に対して死ぬ]ことにいたしましょう。[創25・11で言及されているところの]アブラハムの死は、まさしく以上のような意味での死のこと[であって、したがって彼は、神に対しては生きているの]だと理解されます。アブラハムの死は[単なる肉体の死ではなく、むしろ罪に対しての死であったからこそ]、アブラハムの懐を大いに広げ、聖なる人たちすべてを収容するほどまでになりました。世界の隅々から集ってくる聖なる人たちは皆、天使たちによってアブラハムの懐へと運ばれます(ルカ16・22)。

　さてそれでは、アブラハムが死んだあと、主がその子イサクをどのように祝福してくださったのか、考えていきましょう。この祝福はどういったものだったのでしょうか？　「主はイサクを祝福され、イサクは幻の井戸のところに住んだ」(創25・11)と記されています。主がイサクに与えてくださった祝福。この祝福は、イサクが幻の井戸のところに住んだこと自体がそのすべてです。知恵ある人たちにとってみれば、この祝福は本当に大きい。願わくは、主が私にもこの祝福を授けてくださいますように！　そうすれば私も幻の井戸のところに住めるようになるのですから！　アモツの子イザヤが見た幻(イザ1・1)がどういったものであったのか、理解し、悟ることができる人はおられますか？　ナホムの幻（ナホ1・1）とはどのようなものであったのか、理解できる人はおられますか？　ヤコブがベテルにおいて見た幻、つまり、彼がメソポタミアへと去り、「これは神の家、天の門だ」（創28・17）と言ったときのことですが、その際の幻にはどんな意味が込められているのか、理解できる人はいらっしゃいますか？　さあ、律法であれ預言書であれ、もしそこに記されているところの幻をそれぞれ理解し、解き明かすことができるとしたら、その人は幻の井戸のところに住んでいます。

それにしても、幻の井戸のところに住むといった大いなる祝福を、イサクは主から受け取るに値したということに関して、もう少し深く考えてみてください。私たちはどうでしょうか？　私たちはいつになったら、幻の井戸のところに住むのに十分ふさわしい者となれるでしょう、もしかしたら、幻の井戸のそばを通り過ぎることはできるとしてもです。イサクの場合は、幻［の井戸のところ］にずっととどまることができ、そこに住むにふさわしかった。かたや私たちは、確かに神の御憐れみによって少しばかり照らされてはいますが、聖書に出てくるそれぞれの幻についてほとんど認識できないし、ほとんど推測できません。ですが、もしこの私に、神の幻について、何らかの一つの解釈[11]を得ることができるとしたら、次のように言っていいでしょう、私は一日だけ幻の井戸のところで過ごしたことになるのです。さらに、この私に、単に文字どおりの解釈にとどまらず、霊によって何かを理解することが可能だとしたら、二日間幻の井戸のところで過ごしたことになるでしょう。さらに、倫理的見地に到達することができるとしたら、私は三日間そこで過ごしたことになるでしょう。そして、もちろん私はすべてを理解できるわけではございませんが、しかしそれでも神の聖書のそばに座り、神の律法について昼も夜も深く考え（詩1・2）、探求することを決してやめず、議論と研究を決して怠らず、またこれは最も大切なことに違いないのですが、神に祈り、さらには人に知識をお教えくださるお方（詩93・10、七十人訳）に対し、理解できるようにと願い求めるといった、以上のことをすべて行っていれば、私もまた、幻の井戸のところに住めるものと存じます。

反対に、もし私が神の言葉を疎かにしたり、あるいはもし、私が自分の家において、神の言葉を通して訓練されていないとしたら、さらには、御言葉を聞くために教会に足しげく通うことがないとしたら――そう、あなたがたの中にそういった人がいることを私は知っています。彼らは祝日だけ教会にやって来るのですから。そのような人たちは、幻の井戸付近に暮らしている人ではありません。私はとても心配しています。そのように不熱心な人たちは、たとえ教会にやって来たとしても、生ける井戸から水を飲んで活力を回復してはいないのではありませんか？　彼らは自分の心にあることや、己の考えだけに捕らわれ、それらがいつも頭から離れず、さらに、聖書という井戸から水を飲まねばならないのにもかかわらず、そこから離れているため渇いたままでいます。ですから急ぎなさい！　そして、主の祝福があなたがたにも訪れるように、大いに励みなさい！　主の祝福をいただき、あなたがたも幻の井戸のところに住めるようになりなさい。主があなたがたの目を開いてくださり、あなたがたが幻の井戸を発見し、そこから生ける水（ヨハ7・38）を受け取ってください。その水はあなたがたの内で泉となり、永遠の命に至る水が湧き出ることでしょう（ヨハ4・14）。もし、めったに教会に現れず、ほとんど聖書という泉から水を汲むことなく、御言葉が語られても無視し、すぐに逃げ出して別の用件に専念するような人であれば、その人は幻の井戸のところに住んではおりません。幻の井戸から一時も離れなかった人は誰でしょうか？　どうかその人のことを皆様にご紹介させてください。使徒パウロであります。この使徒は言っています。「私たちは皆、顔の覆いを除かれて、主のご栄光を見つめています」（二コリ3・18）。ですからあなたも、預言の幻を常に研究し、常にそれ［の意味］を探し求め、常に学ぶ意欲を見せ、預言の幻について深く考えてそれから離れなければ、あなたも主から祝福をいただき、幻の井戸のところで暮らせるようになります。そして、主イエスはあなたに対しても道でお姿を現され、聖書を解き明かして（ルカ24・32）くださるでしょう。その際にはあなたも言ってください。「聖書を解き明かしてくださっていたとき、私たちの心は燃えていたではないか？」と。本当に、このお方について考え、このお方に思いを馳せ、昼も夜もこのお方の掟にとどまる人たちに対し、お姿を現してくださるこのお方に、栄光と力とが世々限りなくありますように、アーメン！

説教十二――創世記25章19―26節、26章12―13節

堀江知己訳

リベカの妊娠と出産について

第25章(1)

21 リベカは不妊であったので、イサクは妻のために主に祈った。神は彼［の祈り］を聞き入れられ、妻リベ
カは身ごもった。22 ところが、おなかの中で子どもたちが跳ね回った。そこで彼女は、「このようなことが
私に起ころうとしているのは、私にとって何のためなのか？」と言った。そして彼女は主に尋ねるために
出かけ、23 そして主は彼女に言われた。「二つの国民があなたの腹に宿っており、そして二つの民があなた
の胎内から分かれ出るだろう。そして一方の民は他方の民に勝り、大きい者は小さい者に仕えるようになる
だろう」。24 そして彼女の出産の時が満ちると、彼女の胎内には双子がいた。25 長男が出てきたが、［彼は］
赤くて、全身、獣の皮のように毛がはえていた。それでその子をエサウと名づけた。26 そしてそのあと弟
が出てきて、そしてその手はエサウのかかとをつかんでいた。それでその子をヤコブと名づけた。――（略）

第26章

12 さて、イサクはその土地で種を蒔き、そしてその年には百倍の実りを結ぶ大麦を得た。主は彼を祝福さ
れた。13 そしてこの人は高められ、そしてますます大きくなり、ついにはとても大きくなった。

（七十人訳創25・21―26、26・12―13、堀江知己訳）

1　モーセの書が朗読される（二コリ3・15）たびに、その朗読の間、私たちは御言葉［なるキリスト］の御父に祈らなくてはなりません、詩編に書かれてあることが、私たちの身においても実現されるようにと。「私の目を開いてください、そうすれば、私はあなたの律法による奇しき事柄を直視することができるでしょう」（詩118・18、七十人訳）。神が私たちの目を開いてくださらなければ、族長たちを通して明らかにされる偉大なる秘義を、どうして私たちが理解できましょうか？　井戸を通して、結婚を通して、出産を通して、あるいは不妊を通してでさえも、それぞれ比喩をもって明らかにされている秘義を、どうして私たちが理解できましょうか？　今も次のような［霊的に解き明かされるべき］箇所が朗読されたばかりです。「リベカは不妊であったので、イサクは妻のために主に祈った。すると神は彼［の願い］を聞き入れられ、妻リベカは身ごもった。そして、胎内で子どもたちが跳ね回った」（創25・21―22）。

まずはじめに知っておくべきことは、なぜこんなにもたくさんの聖なる女性が、「不妊であった」と聖書に記されているのか、ということです。サラもそうでした（創11・30）し、ここでのリベカも同様です。さらに、イスラエル［という名をいただいたヤコブ］が愛したラケルも不妊でした（創29・31）。サムエルの母ハンナも不妊であったと記されています（サム上1・2）。一方福音書においても、エリサベトが不妊であったと言及されていま

す（ルカ1・7）。しかし、決まってこれらの女性は、不妊のあと、聖なる出産を遂げるといった栄誉にあずかっています。よってここでのリベカにしても、不妊であったと言及されていますが、「イサクが彼女のために主に祈ると、主は彼［の願い］を聞き入れてくださり、彼女は身ごもった」と記されています。さらに「胎内で子どもたちが跳ね回った」と言われています。さあ、不妊であったリベカは、どれほど多くの子孫[2]を宿すことになったでしょうか？　不妊であった女性の子どもたちが、生まれてくる前に［胎内で］跳ね回ります。子どもを諦めていた彼女が、胎内に多くの民と国民を宿すのです。これは次のように言われているとおりです。「リベカは主に［御心を］尋ねるために出かけた。すると主は彼女に言われた。『二つの国民があなたの胎内に宿っており、二つの民があなたの腹の中から分かれ出る』」（創25・22―23）。まだ胎内にいた子どもたちが跳ね回ったことを詳しく考えていくとなると、大変長く時間がかかります。この事柄に関して、使徒が書き残したところの解釈と神秘に触れるとなると、大変長く時間がかかります。つまり、子どもたちが生まれもせず、まだこの世において善いことも悪いことも何もしていないはずなのに（ロマ9・11）、なにゆえこの二人に関して、「一方の民は他方の民に勝り、大きい者は小さい者に仕えるようになる」（創25・23）と言われているのか、さらには、母の胎から出てくる前に、なにゆえ「私はヤコブを愛し、エサウを憎んだ」（マラ1・2―3、ロマ9・13）と預言者を介して言われているのか、本当に、これらのことにはどんな秘義が込められ、どんな理由が含まれているのでしょうか？　これらのことを、私たちの言葉で解き明かすのは無理ですし、皆様の聞く能力をも上回っています。

2　それではそろそろ、「リベカが主に尋ねるために出かけた」と書かれていることについて考察していきましょう。「出かけた」とあるわけですが、どこに出かけたのでしょうか？　主がいらっしゃらなかった場所から、主がいらっしゃる場所へと出かけた、ということなのでしょうか？　「主に尋ねるために出かけた」と言われているのですから、やはりそういったことなのだろうか？　ですが、主はどこにでもいらっしゃるのではありませんか？　主ご自身、言われているではありませんか、「天をも地をも、私は満たしているではないか、と主は言われる」（エレ23・24）と。[3] ですから、リベカはどこへ出かけたというのでしょう？　私が思いますに、リベカは、あるところからあるところへと移動したわけではありません。むしろ、ある命から別の命へと、ある行いから別の行いへと移動しました。また、彼女がもともと置かれていたところの良い状態から、さらに良い状態へと、あるいは、実りをもたらす状態からさらに実り豊かな状態へと前進し、聖なる状態からさらに聖なる状態へと駆けていきました。そうでなければおかしなことになります。リベカは、知恵の人アブラハムの家族であり、極めて聡明な夫イサクのもとで教えを受けていたはずです。その彼女が、主はどこか特定の場所に押し込められていると考えていたならば、そしてその場所へ、胎内の子どもたちが跳び回ったのはどうしてかとわざわざ尋ねにいったのだとしたら、彼女はとても無知で、教えなどまったく受けていなかったことになってしまいます。

どうぞお考えになってください、リベカのこのたびの行為は、聖なる人たちにとっては普通のことではないでしょうか？　なぜなら、聖なる人たちにとって、神が自分に対し、何かをお示しになられたのを悟るということは、すなわち、「私は出かけた」「私は渡った」と告白するということなのですから。モーセは、燃えているのにもかかわらず燃え尽きない柴（しば）を目撃したとき、その光景に驚き入って叫びました。「私は出かけていって、この光景を見てみよう」（出3・3）と。モーセとしても、地上における一定の距離を移動しようなどと思っていたわけではもちろんありません。「山に上ろう」とか、「急な斜面の谷を下っていこう」とかといったことを言おうとしたわけでもありません。この光景自体、モーセから遠いところに見えたのではなく、彼の目と鼻の先にあったからです。それなのに、モーセは言いました。「私は行ってみよう」と。それは、自分が天からの幻に促されて、より優れた命へと上っていかねばならないことを告白するためです。さらに、自分が今置かれていた状態から、より良い状態へと移っていかねばならないことをも告白するためです。まさしく今のリベカも同様です。彼女は主に尋ねるために出かけたと言われています。しかしこれは、私が説明しましたように、足で歩いて出かけていったということではなく、むしろ、精神の成長についてのものと判断されてしかるべきです。

よってあなたも、見えるものではなく、見えないものに目を注ぐ（二コリ4・18）ことを開始したいのであれば、つまり、肉によるものではなく霊によるものを、目の前にあるものではなく来る（きた）べきものを見つめようと思っていらっしゃるならば、「私は主に［御心を］尋ねるために出かけた」といった発言があなたからも聞かれるはずです。もし、あなたが古き生き方から抜け出ていれば、そして、悪名高く恥ずべき生き方をしている人たちとの絆（きずな）を断ち切り、彼らと一緒になって生きることをしなくなれば、さらに、たとえ恥ずべきことをする仲間に加わるように求められても、むしろ誠実で敬虔な行いの方を友とし、悪人の群れの一人と数えられないとしたら、「主に［御心を］尋ねるために出かけた」と［聖書に］記されるのはあなた自身のことについてでもある、ということになるでしょう。以上、聖なる人たちは、ある場所からある場所へと歩むのではありません。ある命から別の命へと歩みます。最初に置かれていた状態から、それよりもさらに良い状態へと出かけます。

3　さて、主はリベカに言われました。「二つの国民があなたの胎内に宿っており、二つの民があなたの腹から分かれ出るだろう。一方の民は他方の民に勝り、大きい者は小さい者に仕えるようになる」（創25・23）。一つの民がもう一つの民に勝ったとは、一体どういうことなのでしょうか？　すなわち、教会がシナゴーグに勝ったということです。また、どのようにして大きい者が小さい者に仕えるというのでしょうか？　ユダヤ人はそれを受け入れようとはしないでしょうが、しかしその答えは、彼らユダヤ人も知っているところです。その答えは周知のところとなっており、誰もがよく知っているのですから、私があえてそれについて言うのは余計でしょう。そこでもし皆様がよろしければ、この箇所について聞いていらっしゃる皆様それぞれを造り上げ、教化させることのできる事柄について、もう少し考えてみましょう。

私の考えによれば、ここで言われていますことは、私たちそれぞれにも当てはめて考えることができます。なぜなら、私たちの中には二つの国民、あるいは二つの民がいるからです。私たちの中には美徳という民もおりますし、反対に悪徳という民もいます。悪い思い、姦淫（かんいん）、盗み、偽証は、私たちの心から出てくる（マタ15・19）のであり、さらには、詐欺、争い、邪教、嫉妬、馬鹿騒ぎ、その他このたぐい（ガラ5・19—21）のものも、私たちの心から出てきます。あなたは実感されているのではありませんか？　どれほど悪い民が自分の中に宿っているのかを。しかし、聖なる人たちの言葉、すなわち、「主よ、私はあなたへの畏れから胎に宿し、そして産みました。あなたの救いの霊を地上にもたらしました」（イザ26・17—18、七十人訳）と言うにふさわしい者となれば、私たちの中には別のもう一つの民、すなわち、霊において生まれるところの民も見つかるのです。それは、「霊の実は愛、喜び、平和、忍耐、親切、寛容、節制、純潔、その他このたぐいのものです」（ガラ5・22—23）と言われているとおりです。あなたもご存じでしょう。自分の中にもいる、このもう一つの民のことを。しかし、こちらの民の方が「小さい者」であり、前者の方が「大きい者」です。本当に、悪は善よりも多く、悪徳の数は美徳の数よりも多いのは、皆に見られるとおりですが、私たちもリベカのようになり、神の言葉であるイサク(4)を通して子を宿すにふさわしい者となれば、私たちの中でも、一つの民はもう一つの民に勝り、大きい者は小さい者に仕えることになります。すなわち、肉は霊に仕えるものとなり、悪徳は美徳に第一の地位を明け渡すことになります。

「出産の時が満ちると、リベカの腹には双子がいた」（創25・24）と記されています。この「子どもを産む時が満ちた」といった言い回しは、おそらく聖なるご婦人に関してのみ書き記されているところのものです。つまり、ここでのリベカについて言われているところのこの言い回しは、ヨハネの母エリサベト（ルカ1・57）に関して、また、われらが主イエス・キリストの母マリアに関して言われているものと同じです（ルカ2・6）。それだけに、リベカの出産に関しても、それを通して何か特別なことが、あるいは、ほかの普通の人たちがする出産とはまったく別の何かが指し示されているのだと私は考えますし、また「時が満ちる」に関しても、［やがて］完成された一人の子孫が誕生することを[5]［予］示しているものと私は考えます。

4　「初めに出てきた子は赤くて、全身が毛皮のように毛深かった。それでその子をエサウと名づけた。そしてそのあとで弟が出てきたが、その手はエサウのかかとにからまっていた。それでその子の名はヤコブと呼ばれた」（創25・25―26）と記されています。この二人に関して、聖書の別の箇所においては、「ヤコブはおなかの中で兄弟を転ばせた」（ホセ12・4）と記されていますが、つまり、「ヤコブの手が兄弟エサウのかかとにからまっていた」ことは、おなかの中でヤコブが兄弟を転ばせた証拠だということなのでしょう。エサウの方は、全身が毛皮のように毛深い状態で母の胎より出てきました。かたやヤコブの方はなめらかで毛のない状態でしたが、以上の経緯から、ヤコブとしても「格闘する」「転ばせる」といった名が付けられてしまい、一方エサウの名は――ヘブライ語の名を研究する人たちによりますと――「赤色」、ないし「土」から取られました。つまり、エサウは「赤色の人」、あるいは「土色の人」、さらに別の人たちの見解によると、「作品」という意味で呼ばれているのだそうです。それにしても、誕生の際に見られる［ヤコブ側の］有利の状況が意味するところは何なのでしょうか？　なぜヤコブは兄弟を転ばせたのか？　使徒が言っていますように、二人の息子は等しく「一人の人、つまり、私たちの父［祖］イサクを通して」（ロマ9・10）胎に宿ったにもかかわらず、なぜヤコブ［だけ］は、なめらかで毛のない状態で生まれてきたのでしょうか？　そしてなぜ、エサウは全身が毛むくじゃらでごつごつとしていたのでしょうか？　いわばそれは、罪と不品行の汚れにまみれていたかのようでありますが、しかしこういったことに関して、私は［今は］議論しようとは思いません。私としましても、深く土を掘り、生ける水（ヨハ7・38）をもたらす隠れた水脈を発見したいという気持ちはあるのですが、すぐさまペリシテ人たちがやって来て、私に争いを仕掛け、私に対して攻撃したり誹謗したりして、自分たちの土と泥で私の井戸を塞ごうとしてくるのですから。本当に、ペリシテ人たちが私のことを放っておいてさえくれれば、私としても、私の主に近づこうとしているのですが。実にご寛大にも、「私のもとに来る人を、私は決して追い出さない」（ヨハ6・37）と言ってくださる主に、私としては近づこうとしているのですが。弟子たちは主に尋ねたものでした。「主よ、誰が罪を犯したからですか？　この人が生まれつき目が見えないのは、本人のせいですか、それとも両親のせいですか？」（ヨハ9・2）と。だから私も主に対し、次のようにお尋ねしたいものなのですが。「主よ、エサウがこのように全身毛むくじゃらでごつごつして生まれてきたのは、そして、胎の中で兄弟に転ばされてしまったのは、本人のせいですか、それとも両親のせいですか？」と。ですが、私がこれらのことを神の言葉［なるキリスト］に尋ね、答えを探そうとするものなら、直ちにペリシテ人たちが争いを仕掛け、中傷を加えてきます[6]。ですから私たちは、この井戸を後にし、この井戸を「争い」と名づけさせて（創26・21）いただくことにして、別の井戸を掘りにまいりましょう。

5　これらの出来事のあとのことですが、こう言われています。「イサクは大麦の種を蒔き、百倍の収穫を得た。また、主が彼を祝福されたので、この人は高められ[7]、成長して大きくなり、ついにはとても大きくされるに至った」（創26・12―13）。イサクは小麦ではなく大麦を蒔きました。これはどういう意味なのでしょう？　また、大麦を蒔くと高められ、大きくなるに至る、といった祝福が与えられるのは、一体どういう意味なのでしょうか？　逆に言いますと、イサクはまだ大きくなってはいなかった――大きくなるのは大麦を蒔いたあとであり、そして百倍の収穫を得たあと、とても大きくなったのでした――ということです［そしてこのことを霊的に解き明かすと以下のようになります］。大麦はおもに、家畜の餌か、あるいは農作業をする僕たちの食料に用いられます。大麦がそういった用途に充てられてしまうのは、見た目が粗く、それに触れる者に対しては針で刺したような感覚を与えてしまいそうなかたちをしているからです。イサク、すなわち神の言葉は、[8]律法において大麦を蒔かれ、福音において小麦を蒔かれます。このお方は、かの食べ物［すなわち小麦］を、より完成に近づいた霊の人たちのために用意され、こちらの食べ物［すなわち大麦］は、無学で動物のような人のために用意されていますが、[9]それは聖書に記されているとおりです。「主よ、あなたは人間も家畜も救ってくださいます」（詩35・7、七十人訳）。よってイサク［が象徴するキリスト］は、律法における御言葉としては［小麦ではなく］大麦を蒔かれるにとどまりますが、それでもこの大麦を通して、百倍の実り（マタ13・8）を得ます。あなたは、律法［の書］の中にも殉教者たちを見つけるでしょうが、彼らこそが、［キリストが律法の書の中で蒔かれた大麦から］百倍の実りを得る人たちです。しかしまた、われらの主は、福音におけるイサクとして、使徒たちに対してはより深い事柄を教えられましたが、民衆に対しては、彼らが等しく理解できる簡単なことをお語りになられ（マタ13・10）ました。皆様にもご確認いただきたいのですが、［教えを］学び始めたばかりの人たちに対しては、福音におけるイサクも大麦を差し出されたのではありませんか？　福音書には、主が二度目に民衆を養われた際のことが記されています（マタ15・32―39）。しかし、主が最初に養われた人たち、つまり学び始めたばかりの人たちに対しては、大麦のパンで養われました（ヨハ6・9―13、マタ14・19―21）。これに対して、後の日には、[10]御言葉と御教えにおいてすでに成長している人たちに対して、小麦でできたパンを差し出されます。続きましては、「主はイサクを祝福され、彼はとても大きくなった」（創26・12―13）と言われています。イサクは律法においては小さかったのですが、時は流れ、大きくなります。イサクは預言者たちの時代を経て大きくなります。律法のみにとどまっているときは、まだ大きくはありません。なぜなら律法は、覆いが掛かったものでもあるからです（二コリ3・14）。イサクはいよいよ預言者たちにおいて成長します。しかし、とても大きくなるのは、覆いを取り去るに至ってからです。律法の文字が、まるで大麦の［粒を覆った］殻から外れるかのようにして［覆いから］外れ、

「律法は霊的なものである」（ロマ7・14）ことが明らかにされれば、そのときにこそ、イサクは高められ、とても大きくなります。

思い起こしてください。福音書において、主が僅かなパンを細かくちぎられることを、そしてそれをもって、もろもろの民からなる大勢の人たちを元気にさせられることを、さらに、パンの残りは多くの籠で本当に一杯であったことを（マタ14・19—21、マタ15・36—38）。もし、パンが［細かくちぎられず］そのままのかたちをしていれば、誰一人として満腹せず、誰一人として元気にされず、そしておそらくパン自体も増えなかったことでしょう。そこで今、よく考えてみましょう。どのような意味において、私たちは僅かなパンをちぎればよいのかを。すなわち、神の書から僅かばかりの御言葉を取り出してみてください[11]。どれほど多くの人たちが、それによって満腹することでしょうか！　もし、御言葉というパンがちぎられないままであれば、そしてもし、弟子たちによってそれが小さく分けられないとしたら、これを言い換えれば、もし、文字がそれぞれ少しずつ切り取られ、ちぎられないとしたら、その文字に宿る意味はすべての人に届きません。しかし、もし私たちが、それぞれの箇所を詳細に考察し、議論することを始めるやいなや、人々もそれぞれ自分の理解が追いつく程度のものを受け取ることでしょう。人々の理解が追いつかなかった分は、少しも無駄にならないように（ヨハ6・12）、回収して取っておかなくてはなりません。ですから私たちとしても、人々の理解が追いつかないものがあるならば、再び集めて籠やバスケットに入れて取っておきましょう（マタ16・9—10）。そうしますと、先ほど私たちは、ヤコブとエサウに関する［御言葉という］パンをちぎったことになりますが、このパンの残りはどれだけ残っていますかね？　私たちはそれを熱心に回収しなくてはなりません、少しも無駄にならないように。そして、バスケットや籠に入れて取っておきましょう。いずれ主は、その残りのパンに関しても、それから何を解き明かすべきなのか[12]をご指示くださいますから、そのご指示を私たちが受け取るときまで、残りは大切に取っておきましょう。

しかし今は、私たち自身、可能なだけパンを食べ、井戸の水を汲むことにいたしましょう。知恵はこう諭して言っています。「あなたの泉から、あなたの井戸から水を飲め。そうすれば、あなたの泉はあなたのものになるだろう」（箴5・15、箴5・18、七十人訳）と。こう言われているとおりのことを私たちは実践してみましょう。ですから聞き手の皆様も、自分自身の井戸、自分自身の泉を持つように心掛けてください！　それは、聖書という書物を手にする際に、あなた自身の考えからも、何らかの解釈を引き出せるようになるためです。教会で学んだことに忠実でありつつ、あなた自身の知力という泉から飲めるようにも心掛けてください！　あなたの中に、生ける水の源泉となるものがあります。土や瓦礫がその流れを塞いでしまっていないかぎり、あなたの中には決して枯れない水脈が、理性的な思考といった潤いの水が見つかるはずです。しかし、あなた自身、あなたの土を掘って「外に運び出し」、汚れをきれいにするよう励んでください。つまり、あなたの本性[13]に根づいている怠慢を取り除き、心における頑なさを払い落としてください。聖書が告げていることに聞きましょう。「目を突き刺しなさい、そうすれば涙が流れる。心を突き刺しなさい、そうすれば理解が生じる」（シラ22・19）。ですからあなたも、あなたの本性を清くしてください。いつの日にか、あなた自身の泉からも水を飲めるようになるためです。また、あなた自身の井戸から、生ける水（ヨハ7・38）を汲み取るようになるためです。あなた自身の中に、神の言葉を迎えてください。イエスから生ける水をいただき、信仰をもってそれをいただいてください。そうすれば、われらの主イエス・キリストを通して、あなたの中に泉ができて、永遠の命に至る水が湧き出る（ヨハ4・14）ことでしょう。このお方、われらの主イエス・キリストに、栄光と力とが世々限りなくありますように、アーメン！

説教十三——創世記26章14—22節

小高　毅訳

（第十三講話「イサクの井戸」『中世思想原典集成1　初期ギリシア教父』五二五—五五五頁、註部分は六二一七頁）

イサクが掘り起こし、ペリシテ人によって塞がれた井戸について。

第26章(1)

14（略）——ペリシテ人はイサクを妬み、15そして、彼の父アブラハムの時代に父の僕たちが掘ったすべて
の井戸を妬み、ペリシテ人はそれらすべてを塞ぎ、土で満たした。——（略）——18そしてイサクは再び、
父アブラハムの僕たちが掘ったところの、そして彼の父アブラハムの死後、ペリシテ人が塞いでしまったと
ころの水の［湧く］井戸を掘り起こし、そして彼は、父がつけた名前のとおりにそれらに名前をつけた。19
そしてイサクの僕たちはゲラルの谷間で［井戸を］掘り、そしてそこに一つの生ける水の［湧く］井戸を見
つけた。20しかし、ゲラルの羊飼いたちは、「この水は自分たちのものだ」と言って、イサクの羊飼いたち
と戦った。そこでイサクは、その井戸の名前を「不正」と呼んだ。彼らが彼に対して不正を働いたからであ

る。21イサクはそこを去ったあと、もう一つの別の井戸を掘ったが、彼らはそれについても争った。そこ
で彼はその名を「敵意」と名づけた。22イサクはそこを去り、もう一つの別の井戸を掘ったが、彼らはそ
れについては戦わなかった。それでその名を「広い場所」と名づけて言った、「今、主は私たちのために場
所を広げてくださり、地の面にわれわれを大きくされたからだ」。

（七十人訳創26・14―22、堀江知己訳）

1　井戸(2)に関して族長たちが常になしてきたことに、われわれはたえず遭遇する。

聖書は、イサクが「主が彼を祝福されたので、ますます富み栄えた」（創26・12―13）後、偉大な業に着手したことを語っている。［聖書が］言うには、「彼の父アブラハムの時に、［父］の僕たちが掘ったが、ペリシテ人が塞ぎ、土で埋めたもろもろの井戸」（創26・15）を掘り起こし始めたのである。したがって、まず初めに、「幻の井戸のほとりに住み」（創25・11）、幻の井戸によって照らされて後、他の多くの井戸を掘り起こし始めた。しかし、初めは、新しい井戸を掘り起こしたのではなく、彼の父アブラハムが掘った井戸を掘り起こしたのである。

第一の井戸を掘り起こしたとき、「ペリシテ人が彼を妬んだ」（創26・14）と言われている。しかし、彼は彼らの妬みに臆することなく、羨望にひるむことなく、「再び、彼の父アブラハムの時に、僕たちが掘ったが、彼の父アブラハムの死後、ペリシテ人が塞いでしまった井戸を掘り起こした。そして、彼の父がつけた名前の通りに、それらに名前をつけた」（創26・18）と言われている。したがって、［イサクは］彼の父が掘ったが、ペリシテ人の悪意によって土で埋められてしまった井戸を掘り起こしたのである。また、彼は「ゲラルの谷に」新しい井戸を掘っているが、それは彼自身ではなく、彼の僕たちであり、彼は「そこに生ける水の井戸を見出した。しかし、

ゲラルの羊飼いたちは〈この水は自分たちのものだ〉と言って、イサクの羊飼いたちと争った。そこで［イサクは］その井戸の名前を〈不正〉と名づけた。彼らが彼に対して不正を働いたからである」（創26・19―20）と言われている。しかし、イサクは彼らの悪意から遠ざかり、「再びもう一つの井戸を掘ったが、それでもまた彼らはこれをめぐって口論したので、その名前を〈敵意〉と名づけた。また［イサクは］そこを去り、再び別の井戸を掘ったが、彼らはそれをめぐって争わなかった。それで、その名前を〈広闊〉と名づけて言った、〈今、神はわれわれを広い所に置かれ、地の面にわれわれを大きくされた〉と」（創26・21―22）と言われている。

まさしく、ある箇所で、聖なる使徒［パウロ］は諸秘義の偉大さを考察して言っている、「このためにいったい誰がふさわしかろう」（二コリ2・16）と。同様に、――われわれが彼よりもはるかに劣っていることに鑑みれば、まったく似て非なるものであるが――、われわれもまた、井戸に関する諸秘義の奥深さを見て言おう、「このためにいったい誰がふさわしかろう」と。われわれが生けるロゴスの父に呼び求め、渇くあなたたちのために、これほど豊かで多数の井戸からわずかなりとも「生ける水」（創26・19、ヨハ4・10）をわれわれが汲みうるように、われわれの口に言葉を与えるのを父が良しとされなければ、いったい誰がこれほど偉大な井戸と、井戸に対する振舞いに関する秘義を、ふさわしく説明しえようか。

2 したがって、アブラハムの僕たちが掘ったが、ペリシテ人が土で埋めてしまった井戸がある。このため、まず初めに、イサクはこれらの［井戸］を掘り起こすことに着手する。ペリシテ人は水を憎み、土を愛するが、イサクは水を愛し、たえず井戸を求め、古い［井戸］を浄め、新しい［井戸］を開くのである。

われらのイサクに注目しよう。(3) 彼は、〈壁〉もしくは〈垣〉と解釈される〈ゲラル〉の谷に来て、「われわれのために供え物として捧げられる」（エフェ5・2）。「来て」と言うのは、「自分の肉体において敵意という隔ての壁を取り壊す」（エフェ2・14）ためであり、われわれと神とのあいだを分かつ罪という壁、われわれと天の権勢とのあいだの壁を取り去り、「両者を一つにし」（エフェ2・14）、迷い出た羊を「自分の肩に担い」、山々にともない、他の「迷い出なかった九九頭の羊」の許に連れ戻す（マタ18・12、ルカ15・6）ために来るのである。

したがって、イサクすなわちわれらの救い主は、ゲラルのこの谷に来たとき、まず第一に、自分の父の僕たちが掘った井戸を掘り起こすことを望む。すなわち、ペリシテ人が土で埋めてしまった、律法と預言者たちの井戸を更新することを望むのである。

井戸を土で埋めてしまったのは誰か。疑うまでもなく、自分たちも飲まず、他の人々が飲むのを妨げるため、律法に土的で肉的な解釈を施し、霊的で神秘的な意味を閉じ込めてしまった者たちがそれである。イサクすなわちわれらの主イエスが福音で言っていることに耳を傾けよ。「律法の専門家たち、ファリサイ派の人々、あなたがたは不幸だ。あなたがたは知識の鍵を取り上げ、自分たちが入らないばかりか、入ろうとする人々をも妨げてきたからである」（ルカ11・52、マタ23・13）。したがって「アブラハムの僕たちが掘った」井戸を土で埋めてしまった者たちとは、律法を肉的な［意味］で教え、聖霊の水を汚す者たちであり、それゆえ、水を汲み出すためではなく、土を投じるために井戸を所持している者たちのことである。したがって、イサクはこのような井戸を掘り起こすことに着手するのである。

では、どのようにして井戸を掘り起こすのか考察しよう。

イサクの僕たち、すなわちわれらの主の使徒たちは、安息日に麦畑の中を通り抜けていたとき、「穂を摘み、手で揉んで食べていた」（ルカ6・1）と［福音に］記されている。このとき、その父の井戸を土で埋めてしまった者たちが、［イサクすなわち主］に言った、「見るがよい。あなたの弟子たちは安息日に許されていないことをしている」（マタ12・2）と。彼は彼らの土的な理解を掘り起こそうとして、彼らに言われる、「あなたがたは、ダビデが自分とその供の者たちが空腹のとき何をしたか、どのようにして祭司アビアタルの［いる神の家］に入り、自分も僕たちも、祭司たちのほかは食べることを許されていない供えのパンを食べたか、読んだことがないのか」（マタ12・3—4、マコ2・25—26）。さらに、こう言い添えている、「もしあなたがたが、〈私が望むのは憐れみであって犠牲ではない〉という言葉の意味を知っていれば、罪のない人々を咎めなかったであろう」（マタ12・7、ホセ6・6）。ところが、彼らはこれに何と答えたであろう。彼の僕たちと争って、彼らは言っている、「この人は安息日を守らないから、神からの者ではない」（ヨハ9・16）。したがって、イサクはこのようにして自分の父の僕たちが掘った井戸を掘り起こしたのである。

彼の父の僕の一人はモーセであった。彼は律法の井戸を掘った。ダビデとソロモンと預言者たち、さらにユダヤ人が土的で卑俗な解釈で埋め尽くした旧約聖書の諸書を記した人々であれば、彼らも彼の父の僕たちであった。イサクが［それを］浄め、「律法と預言者」が語ったことをことごとく明らかにし、自分について語ったことを［明らかにしよう］と望んだとき、ペリシテ人は彼と争ったのである。しかし、彼は彼らから離れる。井戸の内に水を所持することを欲さず、土を所持することを欲する者たちと共にありえないからである。そこで彼らに言う、「あなたがたの家は荒れ果てたまま、あなたがたに残されるであろう」（マタ23・38）。

こうして、イサクは新しい井戸を掘る。むしろ、イサクの僕たちが掘るのである。イサクの僕たちとは、マタイ、マルコ、ルカ、ヨハネであり、ペトロ、ヤコブ、ユダも彼の僕たちであり、使徒パウロも彼の僕である。彼らは皆、新約聖書の井戸を掘ったのである。しかし、「土的なことを考え」（フィリ3・19）、新しいことが設立されることにも、古いことが浄化されることにも耐ええない者たちは、彼らと口論する。彼らは福音という井戸に反駁し、使徒的［文書］という井戸に逆らうのである。すべてにおいて反駁し、すべてにおいて争うので、彼らに対して言われる、「あなたがたは自分を神の恩恵に値しない者としてしまったので、今後私たちは異邦人の方に行く」（使13・46、使18・6）。

3　したがって、その後、イサクは第三の井戸を掘り、「その名前を〈広闊〉と名づけて言った、〈今、神はわれわれを広い所に置かれ、地の面にわれわれを大きくされた〉と」。

実際、われわれのために三位［の神］の知識を完全なものとした今こそ、イサクは広い所に置かれ、その名前は全地の面に大いなるものとされたのである。かつて「神はユダヤに知られ」、その名はイスラエルで唱えられていた（詩76・2）だけであったが、いまや「彼らの響きは全地にあまねく、彼らの言葉は世界の果てにまで及んでいる」（詩19・5）。実に、イサクの僕たちは全世界のあらゆる地に出て行き、多くの井戸を掘り、「父と子と聖霊の名においてすべての民に洗礼を授けて」（マタ28・19）、すべての人に「生ける水」（創26・19）を提供したのである。

しかしながら、神の御言葉に奉仕するわれわれも各自、井戸を掘り、「生ける水」を求め、それによって聴衆を蘇生させているのである。したがって私が旧約の言葉を検討して、そこに霊的な意味を求め始めるとすれば、また、律法［にかけられた］覆いを取り去り、［聖書に］記されたことは比喩である（ガラ4・24）ことを明らかにするように努めるなら、まさしく、私は多くの井戸を掘っているのである。しかし、ただちに文字を愛する者たちが私に対して讒言を言い立て、私に対して陰謀を企み、間断なく敵意と迫害を準備するであろう。彼らは真理が地上のほかに存立しうることを否定するからである。

しかし、われわれがイサクの僕であるなら、「生ける水の井戸」と泉を愛そう。口論を好み、讒言する者たちから遠ざかり、彼らの愛する土の内に彼らを捨て置こう。だが、われわれは「生ける水の井戸」を掘り起こすのをけっしてやめまい。そして、あるときは古いものを、あるときは新しいものを検討しつつ、「新しいものと古いものとを自分の倉から取り出す」（マタ13・52）と主が言っている、福音の言う学者に似た者となろう。

しかしながら、世俗の学問に通暁しており、今の私の談話を耳にした人は、おそらく次のように言うかもしれない、「あなたの言っていることはわれわれのものであり、われわれの学問から得た学識である。あなたが検討し、教える方法そのものもわれわれの論術である」。そして、ペリシテ人のように、私に論争をしかけて言うであろう、「あなたは私の土地に井戸を掘った」と。そして、自分の地にあるものらの所有権を主張する権利が自分にあると考えるであろう。

これに対して、私は次のように答えよう。あらゆる地が水を有している。しかし、ペリシテ人であり、「土的なことを考えている」者は、あらゆる地に水が見出されることを知らず、あらゆる魂の内に理性的な［ロゴスに即した］理解と神の像が見出されることを知らず、あらゆるものの内に信仰と敬神と畏怖が見出されうることを知らないのである。学識を有していてもそれを使う術を知らず、言葉を有していても話す術を知らずにいて、あなたにとって何の益になろう。

あらゆる魂に「神の御言葉（ロゴス）」を語り、実りを見出すこと、これこそ、あらゆる地に井戸を掘るイサクの僕（しもべ）たちに固有の業である。ともあれ、イサクの一人の僕（しもべ）がどれほど多くの井戸を異邦の地に掘ったか知りたいのではなかろうか。パウロを見るがよい。彼は「エルサレムからイリュリコン州まで巡って、神の福音をあまねく宣べ伝えた」（ロマ15・19）。それらの井戸のそれぞれのために、彼はペリシテ人による多くの迫害に苦しんでいる。彼自身が言うのを聞くがよい。「どれほどのことがイコニオンとリュストラで私にふりかかったことか」［と言っている］（二テモ3・11）。エフェソスではどれほどのことが［彼にふりかかったことであろう］（一コリ15・32）。幾度鞭打たれ、幾度石を投げられ（二コリ11・25）、幾度獣と戦わされたことか。それにもかかわらず、彼は「広い所に至る」（サム下22・20）まで、すなわち全世界という「広い所」に諸教会を設立するまで、耐え忍んだのである。したがって、このようにアブラハムの掘った井戸、すなわち旧約聖書の諸書は、ペリシテ人、あるいは邪悪な教師たち、律法の専門家たち、ファリサイ派の人々、あるいは敵対する勢力によって土で埋められてしまった。そして、アブラハムに由来する者たちに飲料を供するのを妨げるために、それらの水脈は塞がれてしまった。こうして、イサクが自分の僕（しもべ）たちに飲ませるために、それらを開くまで、この民は聖書から飲むことができず、「神の御言葉への渇き」（アモ8・11）に苦しむのである。したがって、アブラハムの子キリストに感謝しよう――［キリスト］に関して「アブラハムの子、ダビデの子、イエス・キリストの系図」（マタ1・1）と記されている――。この方が来て、われわれのために井戸を開いて下さったのである。実に、「われわれに聖書を説き明かされたとき、われわれの心はわれわれの内で燃えていたではないか」（ルカ24・32）と語った者たちに、それらの［井戸］を開いたのである。したがって、彼はこれらの井戸を開き、「彼の父アブラハムが呼んだように、それらを呼んだ」と言われる。事実、彼は井戸の名前を変更してはいないのである。

実に、われわれのあいだでもモーセはモーセと呼ばれ、預言者たちもそれぞれの名前で呼ばれていることは驚くべきことである、キリストは彼らの名前ではなく、理解［意味］を変化させたのである。もはやわれわれが「ユダヤ人の作り話」（テト1・14）や「きりのない系図」（一テモ1・4）に心を向けることのないよう、それを変化させたのである。それらは「真理から耳を背け、作り話の方に逸（そ）れていかせる」（二テモ4・4）からである。

したがって、多くの井戸を開き、われわれがある一つの個所で神を求めず、「あらゆる地で［神］の御名のために犠牲が捧げられる」（マラ1・11）ことを知るように、われわれを教えたのである。事実、今こそ、「真の礼拝者が」エルサレムででもゲリジム山ででもなく、「霊と真理とにおいて父を礼拝する」（ヨハ4・20―23）ときである。したがって、神は一つの場、一つの地に住んでいるのではなく、心の内に住んでいるのである。もし、神の場を探し求めるとすれば、清い心が［神］の場である。預言者を通して、「私は彼らの内に住み、また歩むであろう。彼らは私の民となり、私は彼らの神となるであろう。主はこう仰せになる」（二コリ6・16、レビ26・12）と言われたとき、このような場に自分が住まうであろうことを言っているのである。

それゆえ、考えてみよ。おそらく、われわれ一人ひとりの魂の内に「生ける水の井戸」があり、天的知覚と神の像が隠れており、これをペリシテ人すなわち敵対する勢力が土で埋めてしまったのではあるまいか。いかなる土でであろう。肉の思いと土的な考えでであり、このために「われわれは〈土の像〉を帯びていた」（一コリ15・49）のである。したがって、かつてわれわれが〈土の像〉を帯びていたときに、ペリシテ人がわれわれの井戸を埋めてしまったのである。しかし、今はわれらのイサクが来たので、われわれは彼の到来を迎え入れ、われわれの井戸を掘り起こし、井戸から土を投げ捨て、あらゆる汚れとあらゆる泥にまみれた土的な考えから井戸を浄めよう。そして、その井戸の内に、「私を信じる者は、その内部から生ける水が流れ出るであろう」（ヨハ7・38）と主が言った「生ける水[4]」を見出そう。主の寛大さがいかに広いものか、考えてみるがよい。ペリシテ人は井戸を埋めてしまい、涸れ細った水脈をもわれわれに［使わせるのを］惜しんだのであるが、それらに代えて、多くの泉と多くの川がわれわれに返し与えられたのである。

4　したがって、今日、これらの言葉を聞いているあなたがたが、誠実に、語られている事柄を把握するなら、あなたがたの中でイサクが働き、もろもろの土的な思いからあなたがたの心を浄めて下さり、これほど偉大な諸秘義が聖書に隠されているのを目にして、あなたがたは理解の点で進歩し、また霊的知覚の点でも進歩するであろう。実に、あなたがた自身が教師になり始めるであろうし、あなたがたの内から「生ける水の流れ」が涌き出すであろう。われわれ一人ひとりの魂から土をかき出し、あなたの泉を開くために、神の御言葉（ロゴス）が［あなたがたの内に］おり、いまや、その業をなしているからである。まさに、「神の国はあなたの内にある」（ルカ17・21）ように、［神の御言葉（ロゴス）は］あなたの内におり、外から来るのではないのである。

また、ドラクメ銀貨をなくした婦人は、外ではなく、自分の家の中にそれを見出す、それも「燈火（ともしび）を点け」、長いあいだの無精と怠惰によって積もりに積もった塵と芥から「家を清浄にした」後に、そこにドラクメ銀貨を見出している（ルカ15・8）。したがって、あなたも燈火を点け、聖霊の照明をあなたに当て、「その光の内に光を見る」（詩36・10）なら、あなたの中にドラクメ銀貨を見出すであろう。実に、あなたの内に天の国の像が付置されているのである。

実に、初めに神が人間を造ったとき、「〔神は〕ご自分の像と似姿にかたどって〔人間〕を造られた」（創1・26）のであり、この像を外にではなく、〔人間〕の中に付置したのである。この〔像〕は、あなたの家が汚物で汚れ、塵芥で埋もれているあいだは、あなたの内に見出されえない。知識のこの泉はあなたの内にあるが、流れ出しえない。ペリシテ人がそれを土で埋めてしまい、あなたの内に「土の像」を作ったからである。しかし、実際に、かつてあなたは「土の像」を帯びていたが、今は、これらの言葉を聞き、神の御言葉（ロゴス）によって、この土のあらゆる塊と重圧から浄められているので、あなたの内に「天の像」を輝かせている。

したがって、父が子に対して、「われわれは人々をわれわれの像と似姿にかたどって造ろう」と言ったのは、この像のことである。神の子は、この像を描く画家である。画家がこのような方、このように偉大な方であるので、怠惰によってその像が曇らされることはありうるものの、悪によって抹消されることはありえない。実に、たとえあなたが自分で自分に「土の像」を被せようとも、神の像は常にあなたの内にとどまり続けるのである。

この画像を、あなた自身、あなたに描くのである。実に、欲望があなたを暗く染めるとき、あなたは土の一色を塗りつけたのである。貪欲に身を焦がすなら、もう一色混ぜることになる。また、怒りで真赤になるとき、またもや第三の色を加えることになる。さらに、傲慢という別の塗料、そして不敬という別の塗料も加えられる。このようにして、あたかも種々の色を重ねたように、さまざまなたぐいの悪によって、神があなたの内に造られたものではない「土の像」を、あなたは自分で自分に描くのである。したがって、このゆえに、われわれは、預言者を通して「私はあなたの罪科を雲のように拭い去り、あなたの罪を霧のように〔拭い去る〕」（イザ44・22）

と言われる方に懇願しなければならない。悪のもろもろの塗料から取られたこれらの色があなたの内から拭い去られたときこそ、神によって造られた、あの像があなたの内に輝きわたるのである。こうして、それらによって魂が自己の認識と浄化に教え導かれるもろもろの姿形と形象を、聖書がいかに援用しているかがわかるであろう。

これでもなお、この像とは別の姿形を見たいとあなたは欲するのか。ある証文は神が書かれるものであるが、ある証文はわれわれ自身が書くものである。われわれは罪の証文を書く。使徒［パウロ］が語るのを聞くがよい。彼は言う、「われわれを責めて不利に陥れる証書を破棄し、これをご自分の十字架に釘付けにして取り除いて下さった」（コロ2・14）。彼が言う証書はわれわれの罪を訴えるものであった。なぜなら、われわれの一人ひとりが、犯した罪科によって負債者となり、自分の罪の記録を記すからである。ダニエルが［そこに審判を行う者が］その座に着くと述べている神の裁きの場には「数々の書が開かれている」（ダニ7・10）と記されているが、疑うまでもなく、それらの書には人々のもろもろの罪が書き留められている。それらを、われわれが犯した［罪科］を通して、われわれがわれわれ自身のために書き記すのである。「不正な管理人」に関して福音に語られていることは、このことのかたどりである。彼は負債者の一人ひとりに言っている、「あなたの証文を取り、坐って、八〇と書け」云々（ルカ16・7―8）と。したがって、各人に「あなたの証文を取れ」と言われるのを、あなたは目にするのである。ここから、われわれの証文は罪の証文であることは明らかであるが、神は義の証文を書くのである。実に、使徒［パウロ］が言っている、「あなたがたこそ、墨ではなく生ける神の霊によって、石の板ではなく心という肉の板に書きつけられた手紙である」（二コリ3・2―3）と。したがって、あなたはあなたの内に神の証文と聖霊の証文を有している。しかし、罪を犯すなら、あなたは自分で自分に罪の証書を書きつけるであろう。しかしながら、一度、キリストの十字架と洗礼の恩恵に近づいたなら、あなたの［罪の］証書は十字架によって抹消され、洗礼の泉の内に洗い流されたのである。洗い流されたことを再び書きつけることなく、破棄されたことを繰り返すことなく、あなたの内に神の証文のみを保ち、あなたの内に聖霊の書のみをとどめよ。

では、イサクの許に戻り、［イサク］とともに「生ける水の井戸」を掘り起こそう。たとえペリシテ人が妨害しようとも、たとえ彼らが争いを惹き起こそうとも、われわれは［イサク］とともに井戸を掘り起こしつつ、われわれに「あなたの器から、あなたの井戸から水を飲め」（箴5・15）とわれわれに語りかけられるよう、踏みとどまろう。そして、井戸の水が巷に溢れんばかりに流れ出るよう（箴5・16）、聖書の知識がわれわれにとって十分であるだけでなく、人々が飲み、羊の群が飲むように、[5] われわれが他の人々を教え、他の人々を育むよう、ひたすら掘り起こそう。賢明に耳を傾け、素朴な心で聞こう。教会の教師は「知恵のある人々にも知恵のない人々にも［果たすべき責任があり］」（ロマ1・14）、人々にも羊の群にも水を飲ませなければならないのである。「主よ、御身は人々と獣らとを救われる」（詩36・7）と、預言者も言っているからである。われらの主、われらの救い主、イエス・キリストご自身が、われわれを照らし、われらの心を浄めて下さるように。［主イエス・キリスト］に「栄光と支配が代々にありますように。アーメン」（一ペト4・11、黙1・6）。

説教十四——創世記26章23—31節

堀江知己訳

主が誓いの井戸のところでイサクに現れたことについて、そして、イサクがアビメレクと結んだ契約について

第26章

23 イサクはそこから誓いの井戸へ上っていった。24 そしてその夜、主が彼に現れて言われた。「私はあな
たの父アブラハムの神である。恐れることはない。なぜなら私はあなたと共におり、あなたを祝福しており、
そしてあなたの父アブラハムのゆえに、私はあなたの子孫を増やすからである」。25 そして彼はそこに祭壇
を築いて、主の御名を呼び、そこに天幕を張った。イサクの僕たちはそこで一つの井戸を掘った。26 そし
て、アビメレクがゲラルからイサクのところにやって来たが、その親友アフザトと、その軍隊の長官ピコル
も［一緒に来た］。27 そこでイサクは彼らに尋ねた。「あなたがたは、どうして私のところに来たのですか？
あなたがたは私を嫌って追い出したというのに」。28 すると彼らは言った。「主があなたと共におられたこ
とがよく分かり、そこで私たちの間とあなたの間に誓いを立てて、あなたと契約を結んではと考えたのです

が、29それは、私たちがあなたに嫌悪を抱くことなく、また、あなたに対して正しく行動し、平和のうち
にあなたがたを送り出したように、あなたも私たちに対して悪いことをしないでもらうためです。またあな
たは今や、主に祝福されている方なのです」。30そこでイサクは彼らのために宴席を設け、そして彼らは食
べて飲んだ。31そして彼らは朝起きて、互いに誓約を交わし、そしてイサクは彼らを送り出し、そして彼
らはイサクのもとから安寧のうちに去って行った。

（七十人訳創26・23―31、堀江知己訳）

1　ある預言者によって次のように記されています。「そして私は、預言者たちを介してたとえられた」（ホセ12・11）。以上のように、預言者は主のお立場を借りて語っています。(1) この言葉が指し示していることとして、われらの主イエス・キリストは、そのご本質においてお一人であられ、神の御子以外の何ものでもあられませんが、しかし、聖書における比喩ないし予型として、キリストは多様でさまざまなお姿をもって現れます。たとえばですが、またこれは最近私が説明したばかりだと記憶しておりますが、主は、焼き尽くす献げ物として献げられたところのイサクという象徴を介して(2)現れましたし、また、「アブラハムがイサクの代わりに献げた」雄羊もキリストの予型でした。さらに言いますと、天使――アブラハムに対して語りかけ、次のように言ったところの天使のことです。「その子に手を下してはならない」（創22・12）――を通してもキリストは現れたのだと私は考えますが、それは、この天使が、二度目としてアブラハムに対し、「あなたは命令どおりにしたので、私は大いにあなたを祝福する」（創22・16―17）と告げているからです。(3) 過越の祭りで献げられるところの羊、ないし小羊こそキリストのことであると言われています（一コリ5・7）し、一方で、キリストは羊を養う牧者であられる

とも記されています（ヨハ10・11、ヘブ13・20）し、さらには、［羊という］いけにえを献げる大祭司であられるとも記されていますが（ヘブ5・1―10）。神の言葉であられるキリストは、いわば花婿とも名づけられています（マタ9・15）、逆に、知恵であられることからしてはいわば花嫁とも呼ばれていますが、これは、預言者もキリストのお立場をお借りして言っているとおりです。「花婿に対するかのように私に頭飾りをかぶらせ、花嫁に対するかのように私を装飾品で飾ってくださった」（イザ61・10）。これらのほかにもまだまだたくさん例を挙げられますが、今はそのための時間はないでしょう。(4)

以上のように、主ご自身が、時と場合に応じて、そしてそれぞれの状況に適した象徴をお用いになってくださいますが、その象徴を担っていた聖なる人たちも、時と場合に応じ、またそれぞれの状況に適した秘義を伝える役を演じたことになると、私たちは考えるべきです。そしてまさに、今日私たちの前で朗読された［箇所に出てくる］イサクにおいても、そういった役割が演じられているのを私たちは確認してまいりましょう。こう記されています。「イサクはそこから誓いの井戸へ上っていくと、その夜、主が彼にお姿を現されて言われた。『私はあなたの父アブラハムの神である。恐れることはない。なぜなら、私はあなたと共にいて、そしてあなたの父アブラハムのゆえにあなたを祝福し、あなたの子孫を増やそうとしているからである』」（創26・23―24）。このイサクが担った比喩について、使徒パウロは二つのことを解き明かしてくれました。その一つ目として――ハガルの息子イシュマエルは肉における民の象徴であるのに対して――、イサクは信仰の民を象徴している（ガラ4・22―26）とパウロは教えました。もう一つとしては、「いわば大勢の人たちとして『子孫たちとに』とは言われず、いわば一人の人として『あなたの子孫とに』と言われています。この子孫とは、キリストのことです」（ガラ3・16）とパウロは言っています。つまり、イサクは［信仰の民といった］一つの民の象徴を担うとともに、キリストの象徴でもあります。このキリストというお方は、神の言葉として、福音において語られているだけでなく、律法においても、そして預言者たちを通しても語られているということを、必ず踏まえておかなくてはなりません。しかしキリストは、律法を通しては初心者たちを、福音を通しては完成された人たちを教えておられます。そして、今回〔朗読された箇所に出てくるところ〕のイサクが担っていますのは、律法と預言書において〔語っておられるところ〕の御言葉（ロゴス）〔なるキリスト〕の象徴です。

2　「イサクは誓いの井戸に上っていったが、すると主は彼にお姿を現された」（創26・23―24）。私が以前説明しましたように、神殿に〔律法が納められることに〕よって〔律法が〕飾られること、また、神殿においてなされる神への奉仕の業を通して〔律法が〕飾られることは、律法が「上っていくこと」を意味しています。さらに、預言者たち〔の言葉〕が次々に増し加えられたことも[5]、律法が「上っていく」ことであったと理解されます。そしてこの理解をもとに、イサクは誓いの井戸に「上っていった」と記されているのであり、また、「『誓い』の井戸のところ」で主が彼の前にお姿を現されたとも記されているのでしょう。つまり、預言者たちを通して[6]、「主は『私はメルキゼデクの位に連なるとこしえの祭司である』と誓われるとともに、それを悔いられることはありません」（詩109・4、七十人訳）〔と記されています〕。よって〔神は預言者たちを通して誓われるがために〕、神はイサクに対し、「誓い」の井戸においてお姿を現され、彼のために、将来におけるお約束を堅くしてくださいました。

「そして、イサクはそこに祭壇を築いて、主の御名を呼び、その場所に天幕を張った。一方、イサクの僕（しもべ）たちはそこで井戸を掘った」（創26・25）。イサク〔が象徴するキリスト〕は律法の中にも祭壇を築かれ、ご自身の天幕を張られました。一方で、福音においては、もはや天幕は張られず、むしろ家を造り上げ、土台を据えられます。知恵が教会について呼ばわっていることに聞きましょう。「知恵は[7]自らの家を建て、七本の柱を下に据えた」（箴9・1）。パウロが言っていることにも聞いてください。「イエス・キリストというすでに据えられている土台のほかに、誰も他（た）の土台を据えることはできないからです」（一コリ3・11）。幕屋が建てられるところならば

［つまり律法においては］、たとえそれが［固く］据えられたとしても、必ずそれは滅びます。しかし、土台が据えられ、岩の上に家が建てられるならば、その家は決して倒れません。なぜなら岩を土台としているからです（マタ 7・24―25）。それはそれとして、イサクはその場所でも井戸を掘り、いえそれどころか井戸を掘り続けます。井戸掘りは、生ける水の泉が湧き、その流れが勢いよく神の都に喜びを与える日まで続きます（詩 45・5、七十人訳）。

3　しかし、アビメレク（彼は以前、アブラハムを敬っていた人物でした）が、今度は友たちと一緒に、ゲラルからイサクのところにやって来ました。そこでイサクが彼らに対し、「どうして私のところにやって来たのですか？　あなたがたは私を憎んで追い出したというのに」と尋ねると、彼らの返答は以下のとおりでした。「主があなたと共におられることがよく分かったからです。そこで私たちは、私たちとあなたとの間で誓約を交わし、あなたと契約を結んではどうかと考えました。あなたが私たちに悪いことをしないためです――」（創 26・26―29）。このアビメレクという人物に関してですが、私の見立てによりますと、彼は常にイサクと平和の間柄にあるのではなく、あるときは不和の状態にあり、あるときは友好関係を欲する人物です。皆様、覚えていらっしゃいますか？　私たちが以前、アビメレクに関して扱った際に(8)、彼はこの世の熱心な学習者、ないしこの世の知恵者を象徴すると私が述べたことを。つまりそれは、哲学の教育を受けているために、真理についても多く学んでいる人たちのことです。このことを覚えていらっしゃるならば、皆様は理解できるでしょう、なぜこの人物は、イサク――すなわち、律法における神の言葉を象徴しているところのイサク――と常に平和の間柄にあるのではなく、さりとて常に仲違いしているのでもないのを。すなわちそれは、哲学というものが、神の律法におけるすべての点に反しているのでもなければ、すべての点において一致しているのでもないからです。神はお一人であって、その神がすべてを創造なさった、と大勢の哲学者たちが書き記しています。この点に関して、哲学者たちは神の律法に同意しています。さらに、幾人かの哲学者たちは、これに加え、神はご自身の言葉によってすべてを創造され、ご支配されていることを認めており、また、すべてを統御されているものこそ神の言葉であると認めています(9)。そうしますと、律法だけでなく、福音にさえ一致する教えを彼らは書いていることになります。倫理学であれ自然学――［一言で言えば］哲学のことですが――であれ、本当に多くの点で、私たちの理解と共通するところを持っています。しかし、物質(10)もまた神と同じく永遠であると主張している点では、彼らは私たちと違います(11)。神は死すべき人間のことをご配慮の内に置かれてはおらず、むしろ神の摂理が及ぶのは、(12)月の向こう側の空間までに限られる、と主張している点で彼らは私たちとは違います。生まれてくる者の生涯は、星の軌道によって影響されると主張している点でも、彼らは私たちとは違います。この世界は永遠であり、決して終わりを迎えることはないと主張している点で、彼らは私たちとは違います。これらのほか、私たちの見解と相違し、あるいは反対に一致している彼らの見解は数多くあります。いずれにせよ、哲学者の象徴を担っているアビメレクは、以上の理由から、あるときはイサクと平和の間柄にあり、あるときは仲違いしていたと記されています。

　ところで、アビメレクと一緒に、もう二人の人物がやって来たこと、すなわち、アビメレクの婿アフザトと、軍隊の長ピコルがやって来た（創26・26）とありますが、この二人の名を紹介するのは、御言葉を書き記された聖霊にとって、ついでの関心事くらいにすぎなかったのでしょうか？　私はそうは思いません。アフザトとは、「包括する者」という意味であり、一方ピコルは「すべての人の口」という意味であり、そしてアビメレクは「私の父にして王」という意味です。私の理解によりますと、この三人は哲学全般の象徴を担っています。つまりこの三人をもって、論理学、自然学、倫理学といった［哲学における］三つの分野――これらはそれぞれ理性に関する哲学、自然に関する哲学、道徳に関する哲学のことです――が表されています(13)。理性に関する哲学は、神がすべてのものの生みの親であることを知らしめていますので、これはアビメレクに該当します。自然哲学は普遍的法則を扱い、万物［に関するテーマ］を包括するものであるため、いわば自然に宿る力に基づいて成り立っているものです。この自然哲学を教えているのは、「包括する者」という意味の名であるアフザトです。道徳哲学に関してですが、これはすべての人に関係しており、［よってこれをたとえると］すべての人が口にすべきものですし、またこれは人々に共通する教えみたいなものですから、すべての人の口に上るものです。そしてこれを具現しているのはピコルです。なにしろ彼は「すべての人の口」という意味なのですから。

以上、これらの学問によって教養を積んだ人すべてを代表して、彼らは神の律法のもとにやって来て言っています。「主があなたと共におられることがよく分かりました。そこで私たちは、『われわれとあの人との間で誓約を交わし、あの人と契約を結ぼう』と考えました。それは、あなたが私たちに対し、悪いことをしないためです。私たちはあなたを呪いませんでしたから、あなたも同様そうしないでください、主に祝福された人よ」(創26・28—29)。この三人は、神の言葉との間の平和を望んでいます。彼らの方から、契約を通して神の言葉との交わりを欲しています。この三人は、東方からやって来た、かの博士たちを象徴しているのではないでしょうか。かの博士たちは、彼らの祖国の書物によって教養を身につけ、その先祖たちの教えを通して学んでいましたが、彼らは言っています。「王としてお生まれになったお方を、私たちは確かに見ました。そのお方には、神がいつも共におられることを知りました。私たちはこのお方を拝みに来たのです」(マタ2・2)。それにしても、もしこれらの学問によって教養を身につけた人が今ここにいるとして、そしてその人が、神はキリストを通して世をご自分と和解させ(二コリ5・19)られたことを知り、その偉大なる御業に恐れ畏むならば、その人もきっと言うことでしょう、「主があなた［つまり神の律法］と共におられることがよく分かりました。だから、自分との間に誓約を交わしてほしいと考えた次第であります」と。いえ、神の律法に近づこうとする人であれば、言わざるをえないのです、「私は誓いを立て、心に決めました。あなたの掟を守ろうと」(詩119・106、七十人訳)と。

4 では、彼らは何と請うているのでしょうか？「私たちに対して悪いことはしないでください。私たちがあなたを呪わなかったように、主に祝福されているあなたも私たちを呪わないでください」と彼らは言っています。私としては、彼らはこの言葉を通して、罪の赦しを請うているのだと思います。それは、自分たちに悪いことが起こらないためです。彼らは祝福を欲しがっており、罪を犯したことの仕返しを受けるのは望んでおりません。さらに続く言葉に着目いたしましょう。「そしてイサクは彼らのために盛大な祝宴を設けた。そして彼らは食べて飲んだ」（創26・30）。しかり、御言葉に仕える人[14]は、知恵のある人にもない人にも、果たすべき責任があります（ロマ1・14）。ここでの場合の祝宴は、知恵のある人たちに対して開かれています。だからこそ、小さな祝宴ではなく、「盛大な祝宴を開いた」と言われています。あなたも、もはや子どもではなく、乳を必要としている状態でもなく、鍛え上げられた感覚（ヘブ5・12―14）を身につけており、高い教養をすでに獲得しており、神の言葉を認識するにふさわしい状態でやって来るならば、あなたのためにも盛大な祝宴が開かれます。その際のあなたには、弱った人たち用の食べ物である野菜は支給されません（ロマ14・2）し、もちろん、幼い人たちがそれによって養われているところの乳で養われることもありません。むしろ、御言葉に仕える人が、あなたのために盛大な祝宴を催してくれます。その人は、あなたに対して知恵を提供してくれるのです。その知恵は、完成された人たちの間で語られているところのものであり、この世の支配者たちは誰一人知らないところのものでありますが、まさにその隠された秘義としての神の知恵（一コリ2・6―8）が、あなたのところに運ばれてくるのです。御言葉に仕える人は、あなたに対してキリストを明らかにしてくれるでしょうが、それは、そのキリストの中に、知恵と知識の宝がすべて隠されている（コロ2・3）からにほかなりません。よって、もしあなたが、この人から「私はあなたがたには、霊の人に対するように語ることができず、肉の人、つまりキリストにあって幼子に対するように語りました」（一コリ3・1）と言われてしまうような人でないとしたら、この人はあなたのために盛大な祝宴を開き、あなたと一緒にごちそうを食べてくれます。以上の言葉をこの人はコリントの信徒たちに言っているわけですが、彼はこうも続けて言っています。「互いの間に争いや相違があるかぎり、あなたがたは肉の人であり、［ただの］人のように歩んでいる、ということになりはしませんか」（一コリ3・3）。こう言われてしまう人たちに対しては、盛大な祝宴をパウロは開いてあげませんでした。彼らコリント人たちに対しては、実際にパウロが彼らコリント人たちのところにいたときと同じ接し方をしただけでした[15]。パウロはコリントに滞在していた際に、窮乏に喘いでいましたが、誰にも負担をかけませんでした（一テサ2・9）。彼はただで人のパンを食べることなく、自分と、そして自分と一緒にいる弟子たちのために、昼夜を問わず、苦労して自分の手で働きました（一コリ4・12）。本当に、彼らコリント人たちは、盛大な祝宴を催してもらうには程遠い存在でした。彼らは小さく控え目な祝宴ですら、神の言葉の宣教者に開いてもらうことはできませんでした。しかし、より正しく御言葉に聞くことを学んでいる人たち、また、教養を身につけ、神の言葉を聞くための鍛え上げられた感覚を備えている人たち（ヘブ5・14）に対しては、盛大な祝宴が開かれます。そして、まさにこういった［幸いな］人たちと一緒に、イサクは食事をします。いえ、食事をするだけではありません。立ち上がり、誓いをもって今後の平和を約束します（創26・31）。

よって、祈ろうではありませんか、私たちも彼ら［幸いな人たち］と同じような思いで、そして彼らのような信仰を持って、神の言葉を聞きに上ろうではありませんか！　そうすれば、神の言葉［なるキリスト］は、私たちに対しても、実にありがたくも盛大な祝宴を開いてくださいます。なぜなら、知恵はご自身のいけにえを屠り、ご自身のぶどう酒を瓶で調合し、ご自身の僕たちを遣わしてくださるのですから（箴9・2―3）。知恵が遣わされる僕たちは、［出会う人が］たとえどんなに大勢であっても、出会う人すべてを祝宴へと招いてくれます。一つ注意しなくてはなりませんが、知恵が催してくださる祝宴の場に招かれる際に、知恵を欠いた愚かさという名の衣服を再び身につけてやって来てはなりません。不信仰という名の衣服を身にまとっていてもなりませんし、罪の汚点で黒ずん［だ服を着ている状態］でもいけません。そうではなく、清くて純真な心でもって御言葉を抱きしめ、神の知恵のために僕として仕えようではありませんか！　御言葉にして神の知恵、それはわれらが主イエス・キリストのことです！　このお方に、栄光と力とが世々限りなくありますように、アーメン！

説教十五——創世記37—47章

堀江知己訳

「そして彼らはエジプトから上っていき、カナンの地、父ヤコブのもとに着いて、そして彼に報告して言った。『あなたの息子ヨセフが生きていて、エジプト全土を治めています』」と書かれてあることについて

第45章[1]
25 そして兄弟たちはエジプトから上っていき、カナンの地、父ヤコブのもとに着いて、26 そして彼に報告
して言った。「あなたの息子ヨセフが生きています、そして彼自身がエジプト全土を治めています」。そこ
でヤコブの気はすっかり遠くなった。——（略）27 ——彼らの父ヤコブの霊は再び燃え立った。28 そこで
イスラエルは言った。「私にとって大きなことだ、もし息子のヨセフがまだ生きているならば。私は出かけ、
死ぬ前に彼を見よう」。

第46章
3 神は言われた。「私はあなたの先祖たちの神である。エジプトへ下ることを恐れてはならない。なぜなら、

私はそこであなたを一つの大いなる国民とし、4 そして私はあなたと共にエジプトへ下り、そして最後にはあなたを導き上り、そしてヨセフがその手をあなたの目に置くであろうから」。

（七十人訳創45・25―28、46・3―4、堀江知己訳）

1　聖書を読む私たちは、「上る」「下る」という語が、それぞれどういった箇所で用いられているのかを理解していなくてはなりませんが、詳しく調べてみればよく分かるはずです。「ある人がどこどこの聖なる場所へと下った」とはおそらくどこにも記されてはおらず、また、「ある人がどこどこの非難すべき場所へと上った」とも記録されていないということを。そして以上のことを一つ一つ確かめていくことによって、次のことが証されます。すなわち、聖書は――大勢の者がそう考えてしまっていますが――決して粗野で洗練さを欠いた言葉遣いから成り立っているのではありません。(2) むしろ、神の教育を施すのにまさにふさわしく書かれております。聖書は単に歴史を語り聞かせるためではなく、秘義が込められた事柄とその意味［を伝えるの］に役立つものなのです。

皆様もご存じのとおり、アブラハムの子孫に生まれた人たちがエジプトに下り、そして再びイスラエルの子らはエジプトから上っていったと書かれています。さらにアブラハム自身についても、次のように記されています。「アブラハムは、エジプトから荒れ野へと上っていった。その妻、そのすべての持ち物、ロトも一緒であった」（創13・1）。続いてイサクに関してもこう言われています。「主が彼に現れて言われた。『エジプトに下っていってはならない』」（創26・2）。一方で、香と樹脂と没薬（もつやく）を運んでいたところのイシュマエル人――この人もアブラハムの子孫だったわけですが――も、エジプトに下っていったと記されていますし、そしてこの人とその荷物と一緒に、ヨセフもエジプトに下っていったと記されています（創37・25―28）。これらのあと、こうも記されています。「ヤコブは、エジプトで穀物が取り引きされているということを知り、息子たちに言った。『どうしてお前たちは何もせずにいるのだ？　聞くところによると、エジプトには穀物があるということではないか。そこへ下っていって食べ物を私たちのために買ってきなさい。そうすれば、私たちは生き、死ぬことはないだろう』」（創42・1―2）。さらにこの少しあと、「ヨセフの兄弟たちは、エジプトで穀物を買うために下っていった」（創42・3）。なるほど、シメオンがエジプトにて捕らえられた際に、九人の兄弟たちは解放されて父のところに戻っていきましたが、その箇所では、「エジプトから上っていった」とは書かれておらず、「彼らは穀物をろばに積んで立ち去った」（創42・26）と書かれてあります。しかしそれは、彼らの兄弟［シメオン］がエジプトにて捕らわれの身のままでしたので、［ほかの］兄弟たちとしては、「上っていく」と言われるにふさわしくはなかったからです。兄弟たちとしても、その一人の兄弟のことを思うと、心も思いも不安でならず、いわばその兄弟に対する愛の軛（くびき）につながれているかのように苦しんでいました。しかし、その兄弟を返してもらい、［相手が］ヨセフだと認識し、そしてベニヤミンがヨセフの前に連れ出されたわけですが、彼らは喜びと共に［父のもとへと］戻っていきます。その際のことは、「兄弟たちはエジプトから上っていき、カナンの地、父ヤコブのもとに着いた」（創45・25）と記されています。そして、彼らは父のところに着くやいなや、父に向かって言いました。「あなたの息子ヨセフが生きています。そして、エジプト全土を彼が治めています」（創45・26）。ヨセフが生きていて、エジプト全土の支配を司（つかさど）っていると伝える彼らは、低くて弱々しい状態から、高き崇高なところへと上っていると言っても過言ではありません。以上が、「上る」「下る」に関して、差し当たって私の頭に浮かんでいることです。ここまで扱ってきたことに関心をお持ちの方は、この種の問題をはっきりさせるために、多くの箇所を拾い出す手段[3]をお持ち［のはず］です[4]。

2　次のように記された箇所をどのように理解すべきか、心を落ち着かせて一緒に考えていきましょう。「あなたの息子ヨセフが生きています」（創45・26）。私は、この言葉は普通の意味で言われたのではないと思います。たとえばですが、かりに、ヨセフが欲望に負けてしまうようなことがあり、彼が主人の妻と罪を犯してしまったと仮定いたしましょう（創39・7―12）。その際には、族長たちは父ヤコブに対して、「あなたの息子ヨセフは生きています」などとは報告しなかったと私は考えます。もし、ヨセフがそのようなことをしでかしたとすれば、彼は生きてはいなかったに違いありません。なぜなら、罪を犯す魂は死んでしまうのですから（エゼ18・4）。スザンナもこれと同じことを教えています。スザンナは、「私にはどこも塞がれています。もし私がこのことをしてしまえば――つまり、罪を犯せばという意味ですが――私は死んでしまいます。そしてもしそうしなければ、あなたたちの手から逃れることはできません」（スザ22）と言っていますが、彼女は罪を犯すことを、自分の死ととらえていたことが皆様にもお分かりになるでしょう。さらにこれと同じことについて、最初の人に与えられたところの神の掟も触れています。つまり、神はおっしゃっています。「それを食べた日には必ず死ぬことになる」（創2・17）と。最初の人がこの掟を破るやいなや、まさに彼は死んでしまいました。そう、罪を犯した魂は死んでいます。ここから、「決して死ぬことはない」（創3・4）と言った蛇は誤っていたことが証明されます。以上ここまでは、イスラエルの子どもたちがヤコブに対して、「あなたの息子ヨセフは生きています」と告げたことに関してでした。

続いて記されていますことも、同様の［霊的な］意味において言われています。つまりこう記されています。「そして、彼らの父ヤコブの霊はよみがえり、イスラエルは言った。『息子のヨセフがまだ生きているとしたら、それは私にとって大きなことだ』」（創45・27―28）――ラテン語で「よみがえった」と記されているところは、ギリシア語では「再び燃え立った」となっています。［つまりギリシア語では］「よみがえった」よりも、「再び燃え上がる」とか、「再び火がつく」とかといった意味です[5]——。何らかの木材についている火が消えかかっている際には、火はもう消えてしまったものと見なされてしまうのが普通です。そしてもし、薪が継ぎ足されて［炎が］元に戻れば、「再び燃え上がった」と言われます。あるいは、ともし火の明かりが終わりに近づけば、もうともし火は消えてしまったものと見なされてしまうでしょうが、もしそこに油が注ぎ込まれれば、ともし火はよみがえりますし、これをもう少し普段の言い方に直しますと、「ともし火は再び燃え上がった」と言われたりします。たいまつやそのほかの明かりについても同様の言い方がなされます。よってこのような理解が、ヤコブに関するここでの言い方には込められているものと思われます。つまり、ヨセフが遠くに離れていたとき、そして、彼の存命の知らせがまだ届いていないときは、ヤコブの霊はいわばくすんでおり、また彼の中にあったはずの光は、［まるで］薪が足りないためすでに暗くなっていました。ところが、彼ら［子どもたち］が［帰って］きて、ヨセフの存命の知らせ——いわば彼らは、「命は人々の光であった」（ヨハ1・4）と告げたのも同じです[6]——を届けると、ヤコブの中にある霊は再び燃え立ち、まことの光が放つ輝きが彼の中で回復しました。

3 それにしても、神の炎は、聖なる信仰者たちにおいてでさえも、ときに消えてしまうことはありえます。使徒パウロに聞きましょう。パウロは、霊の賜物ないし恵みを受けるに値する人たちに対し、次のように言って忠告しています。「霊を消してはいけません」（一テサ5・19）。そうしますと、パウロがそうなってはいけないと命じているところの状態に、ある意味ヤコブは陥りそうになっていたということです。しかし、ヨセフは生きているとの知らせを受けて、彼はよみがえりました。そのときの彼についてはこう言われています。「ヤコブは再び霊を燃やし、そしてイスラエルは言った。『私にとって大きなことだ。もし私の息子ヨセフがまだ生きているとしたら』」（創45・27—28）。ですが、次の点も注意しましょう。すなわち、己の霊を再び燃やした彼、逆に言えば、それまでほとんど消えかかっていたかに見えた［ときの］彼は、「［イスラエル」ではなく］「ヤコブ」と呼ばれているのです。一方で、「私にとって大きなことだ。もし私の息子ヨセフが生きているとすれば」と叫んでいる［ときの］彼――まるでこのときの彼は、霊［的な意味で］のヨセフ［つまりキリスト］の内に宿っているところの大いなる命を見、悟っているかのようです――は、すでに「ヤコブ」ではありませんでした。「イスラエル」と記されているのです。なぜなら、このときの彼は、あたかも心でまことの命を見つめているかのようであるからです。このまことの命とは、まことの神であられるキリストのことです。

さて、ヤコブがこのような思いにさせられたのは、息子ヨセフが生きていると聞かされたからだけではありません。とりわけ、そのヨセフがエジプト全土の支配を握っていると聞かされたからでもあります。実に、エジプトを支配の領域に収めるとは、イスラエルにとって大きなことです。欲望を押し殺し、贅沢（ぜいたく）を避け、肉におけるすべての欲を抑えつけ制すること。こういったことこそ、エジプト全土を支配することです。そしてこういった意味でのエジプトの支配をこそ、イスラエルは「大きなこと」と見なしているのであり、また驚き入っているのです。もし、ここに肉における何らかの悪徳を制していながらも、別の悪徳には心を開いて従ってしまっている人がいるとしたら、その人については決して言えません、「エジプト全土を支配している」などとは。むしろその人は、せいぜい一つか二つか三つの町の支配権を握っているにすぎないでしょう。一方で、ヨセフはいかなる肉の欲にも支配されることはありませんでした。だからこそ、彼はエジプト全土の王であり君主でした。

かくして、今やヤコブではなく、イスラエルとなっていた人が、新たに燃えた霊によって言っています。「私にとって大きなことだ。私の息子ヨセフが生きているとしたら。行って彼に会おう、私が死ぬ前に」（創46・28）と。ですが本当に、霊――魂ではありません、いわばそこは、魂における[7]優れた部分に当たります――が「よみがえった」[8]、あるいは「再び燃え立った」と言われていますことを、私たちは安易に通り過ごしてはなりません。というのも、ヤコブの中にともっていた光は、確かに息子たちが子山羊の血で汚したヨセフの衣服を持ってきたときであっても、そして、彼らの嘘にだまされてしまったときであっても、完全に消えてしまったわけではありませんし、また、自分の服を引き裂き、粗布を腰にまとい、息子を悼み、慰められることを頑として拒み（創37・31—35）、それどころか「嘆き悲しみつつ、わが子のもとに、陰府へと下っていこう」（創37・35）とまで言ったヤコブでしたが、しかし私は繰り返して言います、そのときでさえも、彼の中で光は完全に消えてしまっていたわけではありませんが、とはいえ、彼はだまされてしまったゆえに、また自分の衣服を引き裂いたゆえに、真実を知らないまま嘆いてしまったゆえに、息子の死を悼み、嘆きつつ陰府に下ることを願っていたゆえに、その光はほとんど暗くなっていたからです。そしてほとんど暗くなっていたがゆえに、今、「彼の霊はよみがえり、再び燃え立った」（創45・27）［といったように言われている］わけですが、それは、たとえ偽られだまされてしまうことによって暗くなってしまっていた光であっても、真実を聞かされることによって再び燃え立ち、再び温かくなるのは当然だからです。

4　さて、「己の霊に再び火をともしたのはヤコブであり、『私にとって大きいことだ。息子ヨセフがまだ生きているとしたら』と言ったのはイスラエルである」と私は説明いたしました。［今私の話を］聞いておられる皆様も、「その人は言った。『あなたの名はもはやヤコブではなく、これからはイスラエルと呼ばれる。あなたは神の御前で[9]強くなり、人々の間で力ある者となったからだ』」（創32・29）と記されている箇所を始めとし、聖書全体をお調べになれば、この「イスラエル」という呼び名が特別な意味を持っていることを理解するでしょう。たとえば、「あなたの名を教えてくれ」（創32・28）という箇所ですが、この名を知らない［ときの］彼は、イスラエルとは呼ばれていません。むしろ「ヤコブ」と呼ばれます。一方で、「筋——族長の太腿において麻痺していたところの部分——は食べない」（創32・33）と記されている箇所では、「ヤコブの子らは」ではなく、「イスラエルの子らは」と記されています。反対に、見回すとエサウが四百人の男を引き連れてやって来るのが見えたとき、そしてその放蕩で汚れた人エサウに、さらに些細な食べ物の代わりに長子の権利を売り飛ばしてしまったエサウ（創25・33）に七度ひれ伏した（創33・1―3）ときには、彼はイスラエルではなく、ヤコブと呼ばれています。エサウに贈り物を差し出し、「もしご好意をいただけますならば、私の手から贈り物を受け取ってください。私は神の御顔を見ている人のようにあなたの顔を見ているからです」（創33・10）と言っている際の彼は、イスラエルではなく、むしろヤコブでした。また、娘のディナが汚されたことを聞かされた際に、「息子たちが戻ってくるまではヤコブは黙っていた」（創34・5）と記されていますように、ここの箇所でもイスラエルとは呼ばれていません。いずれにせよ、私が言いましたように、あなたご自身も注意深く読めば、以上のことをお確かめになることでしょう。

今の朗読箇所、つまり、「私にとって大きなことだ。息子のヨセフがまだ生きているとしたら」といった言葉は、ヤコブではなくイスラエルが放ったものです。また、彼が誓いの井戸にやって来て、父イサクの神にいけにえを献げた（創46・1）際にも、ヤコブとは呼ばれていません。イスラエルです。しかしあなたは疑問を抱かれることでしょう。夜の幻に現れ、ヤコブに話しかけられた際の神は、なぜ「イスラエル、イスラエル」とは呼ばれず、「ヤコブ、ヤコブ」と呼ばれた（創46・2）のかと。その理由についてはおそらく次のように考えられます。すなわち、このときは夜だったからであり、[10]また、いまだヤコブは幻を通してしか神の御声を聞き取ることができず、したがってはっきりと御声を聞き取るにふさわしい状態ではなかったからです。続いて、彼がエジプトに入った際も、イスラエルとは呼ばれていません。ヤコブと呼ばれています。つまり、「ヤコブとその息子たちは一緒に」（創46・6）と記されています。また、彼がファラオを祝福しようとしたときのことですが、「ファラオの前に」（創47・7）立った際も、イスラエルではなくヤコブと呼ばれています。そしてそれは、ファラオはイスラエルによる祝福を受け取らなかったからです。そして、ファラオに向かって、自分の生涯は短くて労苦に満ちているものですと告げている（創47・9）のも、ヤコブであってイスラエルではありません。なぜなら、そのようなことを、イスラエルは決して告げたりはしないはずだからです。一方、そのあとのことですが、「彼は息子のヨセフを呼び寄せて言った。『もしお前が私の願いを聞いてくれるなら、どうか私の腿の下に手を入れて、私に対して慈しみとまことを行ってほしい』」（創47・29）といった箇所では、ヤコブではなくイスラエルと呼ばれています。さらに、ヨセフの杖の頭に寄りかかって拝んだのもヤコブではありません、イスラエルです（創47・31［七十人訳］、ヘブ11・21）。このあとヨセフの息子たちを祝福した際は、イスラエルと呼ばれています（創48・14）。そして息子たちを寄せ集めたときのことです。彼は言いました。「集まりなさい。のちの日にお前たちに起こることを告げよう。ヤコブの子らよ、集まりなさい。そして、お前たちの父イスラエルに耳を傾けなさい」（創49・1―2）と。あなたはお尋ねになりますか？　なぜ、集まってくるのは「『ヤコブ』の子ら」と記されているのに、彼らを祝福するのは「イスラエル」と記されているのかと。どうぞお考えになってください。おそらく［息子たちが「ヤコブの子ら」と呼ばれていることによって］次のこと、つまり、「彼ら息子たちは、イスラエルと肩を並べるほどの功績をなすほどには、いまだ成長していなかった」といったことが指し示されているのではないでしょうか？　だからこそ、まだまだ劣った存在であるかのように、彼らは「ヤコブの子ら」と呼ばれています。父の方は、すでに完成の域に達しており、将来のことを見抜いてそれぞれの子に祝福を与えていましたので、「イスラエル」と呼ばれています。なるほど、エジプトにおいて死者を葬ることを生業としている人たちが埋葬したのが、ヤコブではなくイスラエルであったと言われています（創50・2）ことは、大きな謎と思われるかもしれません。これに関して私は思うのですが、エジプト人たちがイスラエルを葬ったことをもってして、彼らエジプト人たちの悪が明らかにされているのではないでしょうか。といいますのは、彼らは善を認識することも、天について理解し洞察することも、すべて憎んでいました。そのような彼らによってイスラエルが葬られたと報告されていますのは、聖なる人々が彼ら不信仰者たちのところでは死んでおり、葬られてしまっていたからにほかなりません。以上が――私自身が今思いつくかぎりの箇所を挙げてみましたが――ヤコブとイスラエルの違いに関して私たちが覚えておくべきことです。

5　ここまで確認してきましたことをもとに、神は幻を通してイスラエルに何と語りかけられたのかを、そして、まるで戦うために出かける人たちに対するかのように、神が彼を励まし、エジプトへと背中を押されたその経緯を調べ、確認していくことが大いに重要でしょう。実に神はこう言っておられます。「エジプトへ下ることを恐れてはならない」(創46・3)。このお言葉を言い替えれば次のとおりです。「もろもろの支配、権威、闇の世界の支配者たちと戦いなさい(エフェ6・12)。この世の敵、この世の支配者たち――こういったものが、比喩としてエジプトと呼ばれています[11]――と戦いなさい。恐れてはならない。怯(おび)えてはならない。なぜ恐れてはならないのか、その理由をあなたも知りたいか? それならば、私が今から告げる約束に聞きなさい。私はそこであなたを大いなる国民とし、そして私はあなたと共にエジプトへ下り、また最後にはこの私がそこからあなたを連れ戻(創46・3―4)そう」。このように言われたからには、彼はエジプトに下ることを恐れません。この世と戦いを繰り広げることを恐れませんし、逆らうサタンとの戦いを繰り広げることも恐れません。なぜならその戦いの場所に、神もご一緒に下ってくださるのですから。そして、使徒パウロが言っていることに聞きましょう。「この私は彼らの誰よりも多く働きました。しかし、[働いたのは]私ではなく、私と共にある神の恵みなのです」(一コリ15・10)。本当に、人々がエルサレムにおいてパウロに対する暴動を起こしたときにも、主は彼のそばにおられましたし、主の御言葉と宣教のために、栄光の戦いに必死に励んだ際にも、主は彼のそばにおられ、今の箇所でイスラエルに告げられたのと同じ御言葉を告げられました。「恐れてはならない、パウロよ、エルサレムで私のことを証ししたように、ローマでも証しをしなければならない」(使23・11)と。

ですが私としましては、ここでの箇所にはさらに大きな秘義が隠されているものと思います。つまり、「私はあなたを大いなる国民とし、そして私はあなたと共にエジプトへ下り、また最後にはそこからあなたを連れ戻そう」（創46・3―4）と言われていることに、私は考えさせられます。エジプトにおいて大いなる国民となったのは誰なのか、そして、最後にそこから連れ戻されたのは誰なのか、と。このお言葉はヤコブに向け［て語られ］たものだとしますと、確かにそれは、ヤコブに関するものかとも思われますが、しかしそうではないでしょう。なぜなら、ヤコブは結局、エジプトから連れ戻されなかったからです。そうなのであります、彼はエジプトにて死を迎えました。また次のように考える人がいるとしたら、それはばかげています。「ヤコブの［遺］体が戻されるといった意味で、ヤコブは神によって連れ戻されたのだ」。もしこの解釈が正しいのだとしたら、「神は死んだ者の神ではなく、生きている者の神なのだ」（マタ22・32）といったお言葉は真実でなくなってしまいます。よって、［創世記における］この箇所の言葉を死者の体に関するものととらえるのはよろしくありません。むしろ、生きている者たち、力を有している者たち[12]に関するものだと証明されなくてはなりません。どうでしょうか、この箇所では、この世に下られ、そして大いなる国民となられた主の予型が示されているのではないでしょうか？その大いなる国民とは、もろもろの民からなる教会のことです。そして、すべての御業を終えられて御父のもとへとお帰りになったお方の予型、あるいは、最初に形づくられたお方[13]（知7・1）の予型が示されているのではないでしょうか？　苦しんで戦うためにエジプトへと下られるところの「最初に形づくられたお方」とは、楽しみに満ちた楽園から追放され、労苦と苦しみに満ちたこの世へと引き下ろされ、蛇との戦い――「『お前はあの者の頭を待ち構え、あの者はお前のかかとを待ち構えるだろう』。そして神は女に向かって言われた。『私はお前とあの者の間に、お前の子孫とあの者の子孫との間に敵意を置く』」（創3・15）[14]と記されているように――が定められているお方のことです。しかし［キリストだけでなく、キリストと同じように］この戦いに置かれた人たちのことを、神は放ったままにはなさらず、いつも共にいてくださいます。神はアベルをお気に召され、カインは突き放されます（創4・4―12）。神は助けを求めたエノクと共におられます（創5・24）。ノアに対して、洪水から助かるための箱舟を造るように命じられます（創6・14）。その父と親戚のもとからアブラハムを連れ出され（創12・1）、イサクとヤコブを祝福され、イスラエルの子らをエジプトから導き出されます。モーセを介して、律法の文字を書き記され（出24・4）、それでも足りなかったところは預言者たちを通して満たされます。これらはすべて、神がエジプトで彼らと共におられる、ということを意味します。

一方で、「最後に私はあなたをそこから連れ戻そう」（創46・4）と神は言われています。この箇所は、先ほども私が説明しましたように、「世々の終わりの時代に、神の独り子が世を救うために陰府に下られ（エフェ4・9）、そしてそこから、最初に形づくられたお方（知7・1）［としての御子］を連れ戻された」ということを意味していると私は思います。主はある盗人に対して、「あなたは今日私と一緒に楽園にいる」（ルカ23・43）と言われましたが、このお言葉は、その盗人だけに告げられたものではありません。むしろ、すべての聖なる人たちに対するものでもあると理解してください。そしてこの聖なる人たちのために、主は陰府に下られました。そう考えますと、「最後に私はそこからあなたを連れ戻そう」といったお言葉は、ヤコブにおいてというよりも、この［キリストの陰府下りとそこから連れ戻されることといった］出来事においてこそ、確かに実現することになります。

6　もし、私たちそれぞれが、これまで確認してきた仕方で、そしてこれまで確認してきた道を通ってエジプトの地に入り、そこで戦いに加わるとしたら、さらに、もし私たちが、神がいつもおそばにいてくださるにふさわしい人となれば、神は私たちそれぞれを大いなる民としてくださることでしょう。実に、「大いなる民」とは、数々の美徳の群れであるとともに、正義という群衆のことです。[15] 聖なる人たちは、それぞれこの群れの中で大きくなり、成長すると言えますが、このこと［つまり、この群れの中で大きくなり、成長すること］をもってして、

「最後に私はそこからあなたを連れ戻そう」といったお言葉もまた実現します。なぜなら、「[最後ないし]終わり」とは、物事の完成であり、美徳の仕上げがなされるときのことを言っているからです。[16] だからこそ、聖なる者の中のもう一人は言いました。「私の生涯の半ばで私を呼び戻さないでください」(詩101・25、七十人訳)。また聖書は、偉大なる族長アブラハムに対して、「アブラハムは生涯を全うして死んだ」(創25・8)という証言を加えています。ですが要するに、「最後に私はそこからあなたを連れ戻そう」という言葉は、いわば次のように言われたのも同じです。「あなたは闘いを立派に闘い抜き、信仰を守り通し、走るべき道のりを走り終えた(二テモ4・7)。私はそのあなたを、今やこの世から連れ戻し、来るべき至福へと、全き永遠の命へと、そして義の冠へと至らせよう」。この義の冠とは、主が世々の終わりに、主を愛する人すべてに授けてくださる(二テモ4・8)ところのものです。

7 それでは、次のように言われている箇所からどんな意味が拾い出せるのかも考えていきましょう。「ヨセフがその手をあなたの目に置くであろう」(創46・4)。この御言葉には、その覆いの下に多くの奇しき秘義的意味が隠されていると私は考えます。よってそのすべてに触れ、そして解明するのはまた別の機会にいたします。ではありますが、やはり意味があってこのように言われているのだと思われますし、また私たちの先達者たちも、この箇所では何らかの預言が記されているのではないかと考えました。この箇所に関しては次のように理解して間違いありません。ヨセフ族からは、かのヤロブアムが出ました。これは二つの金の雌牛を造り、それを拝むようにと民を唆した人物です(王上12・28)。そしてそのことは、ヤロブアムにとって、いわば己の手を置いてイスラエルの目を塞ぎ、見えなくすることでした。何を見えなくするかと言いますと、彼らイスラエルの人々自身の罪を見えなくしてしまったということなのですが、まさにこう言われているとおりです。「これらはすべてヤコブの背きとイスラエルの家の罪によるものだ。ヤコブの背きとは何か？　サマリアではないのか？」(ミカ1・5）　確かに、敬虔が行き渡る雰囲気の中で、神から未来のことを伝えられたというのに、それを非難に値する未来の出来事に曲げ［て解釈し］なくてはならないことを拒む人がいるかもしれません。しかし、そういった人たちに対して、私たちは言いましょう。まことのヨセフ、すなわち、われらの主にして救い主は、ご自身の本物の手を盲人の目に当てられ、それまで失っていた視力を戻してくださったではないか、と。これと同様に、このお方は霊の御手を、律法［を読むため］の目にかざしてくださいました。つまり、聖書学者やファリサイ派の人たちに従い、聖書を文字どおり理解しようとしていたため、見えていなかった［人々の］目に、主は［御手をかざして］視力を回復させてくださいました。それは、主から聖書を解き明かしていただく（ルカ24・32）ことによって、律法を霊によって見つめることができ、理解できるようになるためです。ああ、私たちの目にも、主イエスが御手を当てて（マル8・25）くださいますように！　そうすれば、私たちも、見えるものではなく見えないものを見る（二コリ4・18）ことができるようになるでしょう。主がどうか、目の前のものを見つめず、来るべきことを見るための目を開いてくださいますように！　心の目の覆い[17]を解いてくださり、神を御霊において、そしてわれらの主イエス・キリストを通して見ることができますように、われらの主イエス・キリスト、このお方に、栄光と力とが世々限りなくありますように、アーメン！

説教十六――創世記47章20―27節

堀江知己訳

「そしてヨセフは、エジプト人のすべての地をファラオのために手に入れた。飢饉がエジプト人を覆ったので、彼らは自分の土地を売ったからである。こうして土地はファラオのものとなり、またファラオは、エジプトの領土の端から端まで、民を奴隷の状態とした」と記されていることについて

第47章[1]

20 そしてヨセフは、エジプト人の土地すべてをファラオのために買い取った。飢饉がエジプト人を覆った
ため、エジプト人は自分の土地をファラオに売ったからである。そしてこうして土地はファラオのものとな
り、21 また彼はエジプトの領土の端から端まで、民を彼の奴隷として仕えさせたが、22 ただ祭司たちの土
地は別であった。ヨセフはそれを買い取らなかったが、それは、ファラオは祭司たちに、分け前として贈り
物を与えており、そして彼らはファラオが与えた分け前から生活していたからである。そのため、彼らは自
分の土地を売らなかった。23 ヨセフはすべてのエジプト人に言った。「さあ、私は今日、あなたがたとあな

たがたの土地をファラオのために買った。あなたがたの種を取り、そしてそれを地に蒔きなさい、24 そし
てあなたがたは、地の実りを五分の一［の割合で］ファラオに納めることになる。――（略）―― 27 イス
ラエルはエジプトの地におけるゴシェンの地に住んだ。

（七十人訳創47・20―27、堀江知己訳）

1　聖書の証言によれば、エジプト人は誰一人自由ではありませんでした。ファラオは民を己の奴隷とし、エジプト人の領土において、誰に対しても自由を認めなかったどころか、エジプト全土において自由は奪われていました。そしてだからこそ、「私は主、あなたの神、あなたをエジプトの地、［すなわち］奴隷の家から導き出した神である」（出20・2）と書かれてあるのでしょう。こう書かれてあるとおり、エジプトは奴隷の家となっていました。いえ、まことに不幸なことに、エジプトは自らの意志で奴隷の家となっていました。確かに、ヘブライ人についても言われています、奴隷の状態に追いやられ、自由を剥奪され、支配者の軛を背負わされていたと。しかしヘブライ人の場合、強制的にその状態にさせられたと記録されています。それは次のように書かれてあるとおりです。「エジプト人はイスラエルの子らを忌み嫌い、そして、エジプト人は力をもってイスラエルの子らを荒々しく踏みにじり、重労働を強いて彼らの生活を壊した。粘土［を捏ねらせ］、れんが［を作らせ］、あらゆる農作業をさせ、本当にあらゆることをもってしてイスラエルの子らを強制的に奴隷とさせた」（出1・13―14）。以上のように、ヘブライ人についてはどのように書かれてあるのか、決して読み流さないでください。つまり、ヘブライ人は強制的に奴隷とさせられた、と書かれてあります。ヘブライ人にはもともと自由がありました。その自由は、彼らヘブライ人が喜んで手放したものではなく、あるいはちょっとしただましに遭って奪われたと

かではなく、むしろ暴力をもってもぎとられたのでした。一方エジプトの民は、喜んでファラオの奴隷となりました。彼らエジプトの民は暴力によって奴隷とさせられた、とは書かれておりません。むしろそれは、エジプト人がすさんだ生活に傾き、そしてあらゆる悪徳の召使いになろうと急いでしまったからです。エジプト人という民族の起源を確認すれば分かることですが、彼らの祖先ハムは、裸であった父をあざ笑い、「ハムの息子カナンは兄弟たちの僕となる」といった判決を受けることになってしまいました（創9・22―27）が、それは、僕という境遇を通して、彼の中で倫理が腐敗していたことが明らかにされ、告訴されるためでした。［エジプト人という］堕落した子孫たちは、まさしくこの民族の卑しさを引き継いでいます。ヘブライ人の場合、確かに奴隷となり、またエジプト人による暴君的扱いに苦しみますが、やむをえず、強制的に苦しめられます。それゆえヘブライ人は解放されるのです、奴隷の家（出20・2）から。そして、仕方なく手放していたところの以前の自由を取り戻します。さらに、神の律法においても、「もし、ヘブライ人の奴隷を買った場合、その者を永遠に奴隷として所有してはならない。その者が六年間仕えれば、七年目には自由の身として去らせるべきである」（出21・2）といった配慮がなされています。エジプト人［の奴隷］に対しては、そのようなことは述べられていません。神の律法は、エジプト人の自由について何の配慮もしておらず――なぜなら、彼らは自らそれを手放してしまったのですから――、むしろ彼らに対しては、永遠に軛に繫がれた境遇とさせ、永遠に奴隷とさせて見放しています。

2　それでは、エジプト人たちの奴隷状態とはどんなものなのかを、霊的に解釈していこうと思いますが[2]、そのためにも、「エジプト人たちに奴隷として仕えるということは、肉による悪にふけることであり、悪魔に従属すること以外の何ものでもない」ということを思い出しましょう。誰であれ、少なくともこの状態に外部から強制されて追いやられることはありません。むしろ精神が怠慢なせいで、あるいは、その愚かさのゆえに精神が追従してしまうところの肉の欲望、ないし肉の快楽によってこの状態に追いやられます。これとは反対に、魂の自由を大切に思っている人、そして、天に思いをめぐらしつつ、心の尊厳を重んじている人であれば、その人はイスラエルの子孫の一人です。イスラエル人の一人であれば、たとえしばらくの間、強制的に圧迫されることはあるにせよ、自由を永遠に失うことはありません。よって、救い主も自由と奴隷［状態］について、福音書の中で「罪を犯す者は誰でも罪の奴隷である」（ヨハ8・34）と言っておられるのと同時に、こうも言っておられます。「私の言葉にとどまるならば、あなたがたは真理を知り、真理はあなたがたを自由にする」（ヨハ8・31―32）。

こう言ってくる人がいるかもしれません。「それならばどうして、ヨセフによって［エジプト］全土がファラオの所有に移されるというのでしょうか？　これまであなたがたが説明してきたように、罪を犯すことによって陥る奴隷制度が、ファラオのために尽力する聖なる人の手ですべて管理されていた、と記されているのは一体どういうことなのでしょうか？」　これに対して、私たちは次のように答えることができます。すなわち、エジプト人は皆、それぞれ自分自身を手放し、自分の所有地を売った（創47・20以下）と聖書は告げているにせよ、それはまさに、聖なる人による管理の正当性を弁護してのことだ、と。もし、管理する者たちの働きにふさわしく管理がなされているならば、管理する者自身に罪をなすりつけることなどできません。皆様は、パウロもヨセフと同じようなことをしているのを理解するでしょう。つまりパウロは、汚れた行いをもって己を聖なる人たちとの交わりにふさわしくない身としてしまった人を、「冒瀆（ぼうとく）してはならないことを学ばせるために、サタンに引き渡しま」（一テモ1・20）すが、少なくとも私たちは、このときのパウロの対処、つまり、ある人を教会から追い出してサタンに引き渡すといった対処は厳しすぎた、とは言えないはずです。むしろ、自分の行いのせいで、教会に居場所がなくなるといった罰にふさわしかった人自身に責任はあるはずです。その人は、サタンの仲間に加わるのがふさわしかったのですから。よってヨセフも同様でした。ヨセフとしても、エジプト人たちの中に、ヘブライ人［には見られるところ］の自由はどこにもなく、また、イスラエル［には見られるところ］の尊厳をどこにも見つけることができなかったため、奴隷となってしかるべきものをそれにふさわしい支配下に委ねました。さらにもう一つ加えて私に言わせてください。皆様は、神による救済のご計画においても、これと同じようなことがなされているのに気づかなくてはなりませんが、それは、モーセが次のように教えているとおりの仕方でなされています。[4]「いと高きお方が諸国民を分けられ、神の御使いの数に合わせて、それぞれの民の境を区別して設けられ、そしてヤコブは主の取り分とさせられ、イスラエルは主の相続分となった」(申32・8―9)。以上のように、御使いたちによる支配［の領域］が、それぞれの民の功績に基づいて決められますが、イスラエルの民は主の取り分とさせられているということを、皆様は理解してください。[5]

3　このあとにはこう続いています。「エジプト人は自分の土地をファラオに売ったが、それは飢饉が彼らを覆ったからである」(創47・20)。この箇所においても、エジプト人に対する非難が含まれていると私は思います。なぜなら、「飢饉が覆った」などということがヘブライ人について書かれている箇所は、なかなか見つからないからです。確かに、「その土地に飢饉が重くのしかかった」(創41・57)とは書かれていますが、「飢饉がヤコブ、あるいはその子らを覆った」とは――エジプト人たちについて、「飢饉が彼らを覆った」と言われているようには――書かれていません。確かに、飢饉は正しい人たちをも襲います。ですが、正しい人たちを覆ってしまうことはありません。だからこそ、正しい人たちは、飢饉に遭ってもそれを感謝さえしていますが、これはパウロと同じです。パウロは「飢え渇き、凍え、裸でいることも」(二コリ11・27)と言っていますが、そのような苦難においても喜んで感謝している姿を見せています。実に、正しい人たちにとっては、美徳を培うための訓練となることが、正しくない人たちにとっては、その罪に対する罰として用いられます。

さらに、アブラハムの時代においても飢饉が起こったと書かれています。「その地で飢饉が起こり、アブラハムはエジプトに住むためにそこへ下っていったが、それはその土地に飢饉が重くのしかかったからである」(創

12・10)。確かに、ある人たちが考えていますように、かりに、聖書の言葉がなおざりにしたためられた知恵なき文書であるとしたら、「アブラハム［自身］に飢饉が重くのしかかったので、アブラハムはエジプトに住もうとそこに下っていった」とも聖書は告げることがあったかもしれません。[6] しかしそうではありません、聖なる書の御言葉は実に上手に［言葉が］使い分けられているものであり、極めて配慮の行き届いたものです。聖なる人たちについて告げている箇所においては、「その地に飢饉は重くのしかかった」といった言い方を聖書はしています。一方正しくない人について告げている箇所においては、「飢饉は彼らを覆った」といった言い方がなされています。飢饉はアブラハムを覆いませんし、ヤコブやその子どもたちを覆うこともありません。かりに飢饉がひどかったとしても、「その地で飢饉はひどくなる」といった言い方がなされています。またイサクの時代においても、やはり同様に［飢饉について］報告されています、「この地に飢饉が起こった。アブラハムの時代にあった先の飢饉とは別の飢饉である」(創26・1)と。しかしこの飢饉は、イサクを覆えるほどのものではありません。だからこそ、主はイサクに言われています。「エジプトに下っていってはならない。私があなたにその都度示す土地に住みなさい。あなたはその土地に住みなさい。私はあなたと共にいよう」(創26・2—3)。

私の理解によりますと、これまで確認してきたことに沿って、[7] 族長たちが生きた時代よりもずっとあとの時代に預言者は言いました。「私は若者であったときも、年老いた今も、正しい者が捨てられ、その子孫がパンを乞うのを見たことがない」(詩36・25、七十人訳)。別の箇所を挙げてみましょう。「主は正しき者の魂を飢えによって死なせることはない」(箴10・3)。聖書のあらゆる箇所から判明することとして、土地といったものは飢えに苦しむことがありえますし、また、地上のことを考えている(フィリ3・19)人たちも、飢饉に苦しむことがありえます。一方で、天におられる御父の御心を行う(マタ7・21)といったことを食べ物としている人たち、そして、天より下ってこられたパンによって魂が養われる人たちは(ヨハ6・51、ヨハ6・58)、決して飢饉という飢え渇きに苦しむことはありえません。だからこそ、神の認識にあずかっており、そして天の知恵という食べ物が提供されている人であると、聖書自体が認めている人たちに対しては、「飢饉に覆われる」といった言い方を聖書は慎重に避けています。列王記上[8]においても、飢饉が話題となる際に、同様の配慮がなされていることに気づかされます。つまり、エリヤがアハブに次のように言った際に、飢饉は［イスラエルの］土地に重くのしかかっていました。「私が御前に仕えているまことの神、イスラエルの神、主は生きておられる。もし、この数年の間、この地には露も雨も降るとしたら、それは私の口から出る御言葉によるしかないであろう」（王上17・1）。このあと、主は烏に命じられて預言者を養わせ、そして預言者に対し、水はケリト川から飲ませられます（王上17・2—6）。さらに、サレプタにおけるシドン人の女やもめに対して、預言者を養うようにと主は命じられます（王上17・9）。すると、彼女には一日分しか食料は残っていなかったはずなのに、その食料はどんなに［人に］与えてもなくなることはなく、［瓶や壺から］汲み出しても何倍にもなって溢れてきます。主が言われたとおりに、小麦粉を入れた瓶も油の壺もなくならなかったので、彼女は預言者を養います。エリシャの時代にも、同じようなことがありました。シリアの王ハダドの息子[9]がサマリアに上ってきて包囲したときのことですが、「サマリアにひどい飢饉が起こり、ろばの頭一つが銀五十シェケル、鳩の糞四分の一が銀貨五枚までになった」（王下6・25）と記されています。しかし、預言者の言葉によって、突如として状況は著しく変化します。預言者のその言葉は以下のとおりです。「主の言葉を聞きなさい。主はこう言われる。『明日の今頃、サマリアの門では、上質の小麦粉一升が一シェケル、大麦二升が一シェケルとなるだろう』」（王下7・1）。以上、いろいろな箇所を見てまいりましたが、これらからどんな結論が得られるかははっきりしています。すなわち、たとえ土地に飢饉が覆ったとしても、聖なる人たちを覆うことはありません。それどころか、土地に飢饉が覆ったとき、聖なる人たちを通して、その危機的災いから逃れる道が示されます。

4　聖書のいたる箇所で、私たちがこれまで確認してきたようなきめ細かい配慮[10]が施されているわけですが、皆様、これを比喩的[11]・アレゴリー解釈に変換してみてください。まさしく預言者たちの言葉からも、私たちは比喩的・アレゴリー解釈を教わっているのですから。十二預言者の中の一人は、はっきりと明確に、飾り立てのない言葉で、自分が伝えるのは霊的飢餓についてだと宣言しています。つまり彼は言っています。「今やその日が来る、と主は言われる。『私は地に飢えを送る。それはパンへの飢えでも、水への渇きでもなく、主の言葉を聞くことへの飢え渇きだ』」（アモ8・11）。お考えください、罪人を襲うのはどんな飢えなのでしょうか？　大地に重くのしかかるところの飢饉は、どんな飢饉なのでしょうか？　地に属する人たち、そして地上のことを考えている（フィリ3・19）人たち、神の霊に属する事柄を理解できない（一コリ2・14）人たちは、神の言葉への飢えに苦しみます。つまり、彼らは律法の戒めに聞けず、預言者たちの忠告を理解せず、使徒たちの慰めに気づかず、福音の癒しを感じません。よってそのような人たちは、「地［に属するお前たち］に飢饉が重くのしかかった」と言われてしまって当然です。一方で、「主の律法を昼も夜も口ずさむ」（詩1・2）正しい人たちに対しては、かの知恵が料理を運んでくださいます。かの知恵はご自身のいけにえを屠り、ご自身のぶどう酒を瓶で調合し、大きな声で［食事に］招いてくださいます。しかしすべての人を来させるためではありません。豊かな人でも金持ちでもありませんし、この世の学者たちをそこに迎え入れるためでもありません。むしろ、「思慮なき者たちよ、ぜひ私のところに来なさい」（箴9・4）と呼ばれているところの人たちであれば、つまり、キリストから柔和と謙った心について学んだ（マタ11・29）――別の箇所では、この人たちについては「心の貧しい者」（マタ5・3）と言われていますが――ところの、心が謙遜な人であるならば、そして［心は貧しい代わりに］信仰が富んでいる人であれば、かの知恵が催される祝宴に集い、その食事によって元気をつけ、飢えなど追い払います。地に重くのしかかっているところの飢えなどは。

ですからあなたも気をつけてください。あなた自身がエジプト人と見なされて、飢饉がそのあなたを覆ってしまわないようにと。そして、世の中のことに捕らわれて、貪欲という枷に繋がれてしまったり、贅沢にお金を費やしてだらしなくなって、その結果、かの知恵が差し出してくださる食べ物から身を遠ざけてしまわないように、あなたも気をつけてください。この食べ物は、いつでも神の教会の中で提供されているものです。もし、教会において読まれ、語られるものに耳を貸さないとしたら、あなたは必ず神の言葉への飢え（アモ8・11）に苦しむことになるでしょう。反対に、もしあなたがアブラハムの種族に属し、イスラエル民族という尊さを保っているならば、いつでも律法があなたを養ってくれるでしょうし、預言者たちも養ってくれるでしょう。また、使徒たちも豪勢な祝宴をあなたのために開いてくれることでしょう。さらに、父の御国においてアブラハムの懐に、そしてイサクとヤコブの懐に横たわるようにと（マタ8・11）、御国において命の木（黙2・7）から食べ、まことのぶどうの木から出るぶどう酒を飲むようにと、キリストとご一緒に父の御国で新しいぶどう酒（マタ26・29）を飲むようにと、福音書はあなたをご招待くださるでしょう。本当に、花婿が一緒にいてくださる間は、決してこういった食べ物が絶たれることはなく、花婿の子どもたちが飢えに苦しむことはありません（ルカ5・34、マタ9・15）。

5　さて続いて記されていますように、エジプトにおける祭司の土地は、ファラオが支配するところのものとはならず、また、ほかのエジプト人たちとは違い、祭司たちは自分の身を売ることなく、さらに、彼ら祭司たちは、ヨセフではなくファラオ自身から支給される——いわばほかの人たちよりもファラオに親しい人たちとして——穀物やそのほかの恵みを受け取っていましたが、「そのため彼らはファラオに自分の土地を売らなかった」（創47・22）とのことです。しかしこのことをもって明らかになりますのは、彼ら祭司たちが、ほかの［エジプト］人よりも邪悪な人たちであったということです。彼ら祭司たちにとって、ファラオとの絆はとても太いものであったため、彼らは何一つ変化を被ることがなく、単に悪しき［己の］所有地にとどまったままです。主は、信仰と敬虔のうちに成長していった人たちに対して言っておられます、「私はもはや、あなたがたを僕とは呼ばず、むしろ友と呼ぶ」（ヨハ15・15）と。(12) これと同じように、ファラオも自分の祭司たちに対し、いわば最もたちの悪い放蕩者にして、最も腐敗した祭司階級に上り詰めた人たちに対するかのように言っています。「私はもはや、あなたがたを僕とは呼ばず、むしろ友と呼ぶ」と。こう聞かされたあなたは、それならば神の祭司とファラオの祭司とでは何が違うのか、お知りになりたくはありませんか？　ファラオは自分の祭司たちに対し、土地の所有を認めます。かたや主におかれましては、ご自身の祭司たちに対し、土地の分け前は賜りません。むしろ、主はご自身の祭司たちにこう言われます。「私こそが、あなたがたの取り分である」（民18・20）。よって、今お聞きになられている皆様は、主の祭司たち皆を尊敬してください！　そしてよく学んでください、両者の祭司の間における相違についてを！　土地という取り分にあずかっている人たち、そして、この世［つまりこの地上］の儀式や学問に熱心な人たちは、主の祭司ではなく、ファラオの祭司と見なされるべきではありませんか？　なぜなら、ファラオという人は、自分の祭司たちに対し、地上の所有地を持たせたがっており、また、魂ではなく地を耕やさせ、律法ではなく［己の］地所に夢中にさせたがるような人なのですから。しかし私たちは、われらの主キリストがご自身の祭司たちに命じておられることに聞きましょう。主はこう言っておられます。「自分の持ち物をことごとく捨て去る者でなければ、私の弟子ではありえない」（ルカ14・33）。

　こう言いながらも私は激しく震えています。私は正直に言いますが、ほかの誰よりもこの私なのです、私自身を告発すべき人は。私自身が、私自身に対する有罪判決を言い渡します。キリストは、何かを所有している人をご覧になれば、「その人は私の弟子ではない」と否定なさいます。また、持っているものすべてを放棄しない人は、私の弟子ではない、とキリストは否定なさいます。では、私たちはどうしていますか？　私たちは、キリストのこのお言葉をどのように読み、どのように人々に説き聞かせるというのでしょうか？ [キリストの弟子にならせていただこうとして] キリストの御前にやって来る前に、自分の持っているものを放棄しない私たちだというのに。それだけでなく、自分がまだ持っていないものを得ようとしてしまうような私たちだというのに。良心が私たちをこう責め立てているのですから、私たちとしても、聖書に書かれてあることを隠し、伝えないでいることができるでしょうか？ いえ、私は、[聖書に書かれてあるところの、自分にとって都合の悪い御言葉を隠して伝えないでいることによって] 罪を二倍にした被告人とはなりたくありません。よって私はお伝えいたします。私自身、まだそのお言葉を完全には成し遂げてはいないと自覚しておりますが、聞いておられる皆様の前で、まさにそういったことが書かれてあると正直にお伝えします。ですが、主がそのように勧めておられる以上、せめて努力いたしましょう、主のお勧めどおりに生きることを。そして、地上のものを手放していないファラオの祭司から、地上においては取り分のない主の祭司へと変われるように努力いたしましょう。かの人も主の祭司でした（詩118・57、七十人訳）であるところの主の祭司たちへと変われるように、主ご自身がそれぞれ己の受ける分が、それはこう言った人のことです。「貧しいようでいて、多くの人を富ませ、何も持たないようでいて、すべてのものを所有しています」（二コリ6・10）。パウロという人は、貧しく、何も持たない状況において誇っていられる人です。どうぞあなたも聞いてください、今度はペトロが己について語っていることを。どうぞ聞いてください、ペトロはヨハネと一緒に告白して言っています。「私には金や銀はないが、持っているものをあなたにあげよう。イエス・キリストの名によって立ち上がり、歩きなさい！」（使3・6） キリストの祭司はお金持ちであるのがお分かりでしょう。何一つ持っていない人たちが、どれほどたくさんのものを与えていることでしょうか？ この世の持ち物［に溢れている人］では、決してこれほどの宝を与えることはできません。

6 私たちは祭司たちと祭司たちとを比較しました。もしよろしければ、今度はエジプトの民とイスラエルの民とを比較してみましょう。続いて記されているところによりますと、飢饉が起こって奴隷となったあと、エジプトの民はファラオに対し、五分の一を納めるとのことです（創47・24）。これに対して、イスラエルの民は、祭司たちに十分の一を納めます。この点からもお分かりになるでしょう。聖書は極めてすばらしい法則に基づいて［記されて］いるということを。[13] エジプトの民が、五という数字［にこだわった仕方］で貢ぎ物を支払っているのを聞いてください。つまり、［この「五」という数字をもってして］体における五感が示されているわけですが、肉の民は体におけるこの五感というものの奴隷です。エジプト人は常に目に見える物事、そして身体的な事柄に捕らわれています。一方イスラエルの民は、十という完全数を重んじます。なぜならイスラエルの民は、十の戒めから成る律法を受け取っており、そして十戒［で勧められているところ］の美徳と結ばれることによって、神が施される秘義――この世はあずかり知らぬところの秘義――を受け取っているからです。しかし、新約聖書においても、やはり同様に十は尊敬すべき数字です。たとえば、聖霊の実りも、十の美徳（ガラ5・22―23参照）を通して露わにされると解釈されます。また、ある忠実な僕は、自分の仕事で得た利益として十ムナを主人に献げ、そして十の町の支配を委ねられます（ルカ19・16―17）。ちなみに、すべてのものの創造主はお一人であり、「命の水の」泉にして初めであるお方はキリストお一人ですから、民としても、確かに［神殿の］奉仕者たち、祭司たちに十分の一を献げはしますが、すべての被造物のご長子――「このお方は初めのお方、すべての被造物におけるご長子であられる」（コロ1・15、コロ1・18）と言われていますように――であられるこのお方に対しては長子たちを献げ、[14] すべての者の初めであられるお方に対しては初穂[15]を献げます。

以上、ここまで確認してきたことから、エジプトの民とイスラエルの民との間には違いがあり、また、ファラオの祭司と主の祭司との間には違いがあることを学んでください。そしてあなた自身、自分についてよく考え、あなた自身はどの民に属しており、どのような種類の祭司職を支えているのかご判断ください。もし、今なお肉の思いに仕えているならば、もし、五という数字にちなんだ税を支払っているままならば、また、もし、目には見えない永遠の事柄ではなく、目に見えるものやこの世的なものを見つめている（二コリ4・18）ならば、あなたはエジプトの民に属しているとご認識ください。反対に、もし、十戒や――私が今説明しましたように――新約聖書における十という数字［に関わること］がいつもあなたの目の前にあり、そしてその中の十分の一を献げているならば、さらに、あなたの心における長子[16]を、信仰をもってかの長子に、すなわち、死者の中から最初に生まれたお方に献げているならば、また、あなたの初穂をすべてのものの初めであられるお方（コロ1・18）に献げていらっしゃるならば、あなたは偽りがまったく見られぬまことのイスラエル人（ヨハ1・47）です。しかし、主の祭司たちも[17]、自分自身についてよく内省し、この世の働きやこの世的な所有物から解き放たれることができるならば、主に対して心から言うことができるでしょう。「このとおり、私たちは何もかも捨てて、あなたに従ってまいりました」（マタ19・27）と。そうすれば、主に言っていただけるはずです。「すべてが新しくされ、人の子が己の御国にやって来るとき、私に従ってきたあなたがたも十二の座に着いて、イスラエル十二部族を裁くことになる」（マタ19・28）。

7　では、このあとモーセが書き記していることを見ていきましょう。「イスラエルはエジプトにあるゴシェンの地に住んだ」（創46・27）。「ゴシェン」とは、「親族」「親密」という意味です。この語をもって示されていますこととして、イスラエルがエジプトに住んでいる際にも、神は遠くにはおられません。イスラエルのそば近くにおり、共におられます。それは神ご自身が言っておられるとおりです。「私はあなたと共にエジプトへ下ろう」（創46・4）「私はあなたと共にいよう」（創26・3）。神は私たちに対してもそうしてくださいます。私たちがエジプトに下ってしまったように思えるときであっても、つまり、肉におけるこの世の戦いや争いの中に置かれたとしても、そして、たとえファラオのために熱心に仕える人たちの間に住むとしても、もし私たちが神の

おそばにおり、神の戒めについて思いを巡らし、神の掟と裁き（申12・1）について真剣に探求しているならば
――神のおそばに常にいるということは、すなわち、神に属することを考え、神のことを追い求めている（フィ
リ2・21）ということにほかなりません――、神におかれましても、キリストを通して私たちと共にいてくださ
るでしょう。われらの主キリスト・イエス、このお方に、栄光が世々限りなくありますように、アーメン！

注

〈説教一〉

（1）［ ］で記した表題は、Doutreleau, SC7bis に記載されている副題である。説教四、八、十三も同様。なお本書収録に際して、本文において、いくつかの漢字に新たにルビを付けた（説教四、八、十三も同様）。

（2）七十人訳聖書テキストの範囲は Habermehl, OWD1/2 の指示に従ったが（以下の説教も同様）、それぞれの説教内容に直接関係ない部分はその都度省略した。

（3）31節は省略する。

（4）「元に」（In principio; *ἐν ἀρχῇ*）という言葉は、オリゲネスの解釈によれば、「元のうちに」と訳すべきである。「元」（*ἀρχή*）のさまざまな意味と、それに即した「元」における創造については Origenes, Commentarii in Johannem I, 16, 90-20, 124（『ヨハネによる福音注解』、五〇―五八頁）参照。

（5）七十人訳では *ἡμέρα μία*. この考えはバシレイオス（Basileios, 三三〇頃―七九年）の『ヘクサエメロン（創造の六日間）』（Homiliae in Hexaemeron 2, ed. S. Giet, pp. 178-183［出村和彦訳、中世思想原典集成第二巻『盛期ギリシア教父』、一九九二年、所収］）にも引き継がれている。

（6）「大空」は七十人訳では *στερέωμα*（堅固にされたもの）。

（7）Origenes, De principiis I, 2, 6 で人間の創造については「創世記」の該当個所を説明するときに詳しく考察すると述べている。これは初期にアレクサンドレイアで著された『創世記註解』を指している。残念ながら、その註解は断片しか現存していない。

（8）オリゲネスの考えでは、理性的被造物（天使・悪魔とその使い・天体・人間）は、当初、すべて等しくかつ同様な霊的なものとして造られた。それが肉体をもつものとなった経緯については『諸原理について』で詳しく論じられている。

（9）politia et conversatione. 写本に欠落があり、さまざまに補足される。

（10）ラテン語 spiritus は男性名詞。ギリシア語の *πνεῦμα* は中性名詞。ところが、「精神は男性であると言われる」と続いているから、原文では男性名詞の *νοῦς* であったものと思われる。

（11）理性的被造物はロゴスに与ることによってそのようなものでありうる。Origenes, De principiis I, 3, 5（『諸原理について』、八〇頁）参照。

〈説教二〉

（1）七十人訳聖書テキストは、説教二で中心的に扱われている6章13—22節のみを訳す。

（2）正しくは、「巣（複）」。

（3）*πήχεων*.「キュビト」とも訳されるが、聖書協会共同訳に合わせた。

（4）正しくは、「一階（あるいは地下）、二階と三階に」。

（5）正しくは「洪水、［そして］水を」。

（6）フィロンなどのユダヤ人釈義家や、アレクサンドリアのクレメンスなどのキリスト教神学者たちのことを指しているかと思われる。

（7）historiae. 正しくは、「歴史的」。

（8）mysticum et allegoricum.
（9）正しくは、「四角い形をした木」。
（10）nidos（ニッチ）。現代で言うと、ニッチとは壁に設けられた窪みのことを指す。
（11）ユダヤ人たちによる註解か、あるいは口頭伝承のことが言われているとされる。
（12）戸は神が固めたものであったために、ノアはそれを自分の意志で勝手に開くことはなかった、ということをオリゲネスは強調したいのか。
（13）Apelles. 二世紀におけるグノーシス主義者の一人。この人物については、『ケルソス駁論』Ⅴ54（『ケルソス駁論Ⅱ　キリスト教教父著作集9　オリゲネス4』出村みや子訳、教文館、一九九七年、二三八頁）などにおいても批判されている。
（14）virtus.『ケルソス駁論』Ⅳ41（邦訳一二四頁）においても、箱舟の大きさの計算方法が紹介されている。
（15）si generaliter deducitur.
（16）si minutatim deducitur.
（17）オリゲネス『創世記説教』のギリシア語テキストの一部とされる断片では、箱舟の長さ、幅、高さにおける、それぞれ二乗された具体的な数値が記載されている。
（18）いわゆる字義どおりの読みないし解釈のこと。
（19）formam.
（20）正しくは、「一つにして同一のかたち」。
（21）終末には、地の果てから果てまで、選びの民が呼び集められて救われることから（マタ24・31）、オリゲネスとしては、ノアの箱舟が象徴する世の終わりについて述べる際に、この聖書箇所（詩2・8）を引用しているのではないかと思われる。

（22）箱舟を教会の予型ととらえる解釈は、テルトゥリアヌスやヒッポリュトスにもすでに見られる。

（23）ノアの時代に救われたのは、僅か八人だけだった（一ペト3・20）。

（24）おそらく使徒たちのことが言われている。

（25）おそらく次のように補うことができるだろう。「理性［的被造物なる人間のたとえとして］の木々について記している」。オリゲネスは、箱舟を造る際に用いられた木材を、教会の教師たちの象徴としてとらえている。よってオリゲネスとしては、他にも木材が人間の象徴として用いられている箇所として、次のエゼキエル書の箇所と、続くガラテヤ書の箇所を引き合いに出していると考えられる。理性的被造物に関して、詳しくは『諸原理について』I 5（キリスト教古典叢書9、小高毅訳、創文社、一九七八年、八九頁以下）などを参照。

（26）「神の園における木々」は「理性の木々」を意味するとのことであるが、さらに、この「理性の木々」は「理性的被造物なる人間」という意味に理解できると思われる。

（27）正しくは、「聖別されている」。

（28）厳密には、「命の長さ」。

（29）箱舟の長さや幅の数字に関しては、フィロンやアレクサンドリアのクレメンスも象徴的解釈を展開している。

（30）七十人訳では「横側」とあるだけだが、ルフィヌスはそれを二重に訳したとされる（Doutreleau, p. 104）。ルフィヌスには、ギリシア語の一つの単語や語句を二つの類義語でもって表現する傾向が見られる。

（31）洪水は神の怒りによって引き起こされ、また、ノアの洪水が象徴する終わりの日も、神の怒りの日と呼ばれる。一方で、レビ記の箇所では、「怒り」が「斜め（さらに「斜め」は逆らうことや、不正を象徴すると考えられるが）」と結びついて記されている。よって、船の横側に戸口が付けられたことは、終わりの日が怒りの日であることを指し示している、といった理解であると思われる。

（32）ノアの箱舟に入れられた動物に関して、イザヤの言葉とペトロが見たものとの比較がなされているが、動物自体が担う象徴が具体的に何を指し示しているかは述べられていない。

（33）mystica.

（34）moralem.

（35）この概念は、『出エジプト記説教』9にも出てくる。御言葉を収める部屋、あるいは、御言葉を静かに学び、それから行動の指針を得るための場所といったような多義的な意味が込められているか。

（36）ロマ11・36

〈説教三〉

（1）正しくは、「包皮の肉」。

（2）『諸原理について』Ⅰ1（五二頁以下）などを参照。

（3）voluntate.

（4）神の意志と摂理に関しては、『諸原理について』Ⅱ9・6（一七六頁）、Ⅲ1（一九八頁以下）などを参照。

（5）正しくは、「どのようなお気持ちで」。

（6）『ヨハネによる福音注解』Ⅰ20・119（キリスト教古典叢書11、小高毅訳、創文社、一九八四年、五七頁）、『諸原理について』Ⅰ1・6（五六頁）などを参照。体の「四肢」は「部分」とも訳されるが、神は部分に分けられないということが言われている。

（7）aer ictus.

（8）『ケルソス駁論』Ⅰ70（『ケルソス駁論Ⅱ　キリスト教教父著作集8　オリゲネス3』出村みや子訳、教文館、一九八七年、八二―八三頁）を参照。

（9）正しくは、「言葉において形成される」。

（10）presbyter. あるいは、「長老」。
（11）この部分は、ルフィヌスによる補遺だと考えられている。
（12）創5章を参照。
（13）正しくは、「包皮の肉」。
（14）ファリサイ派や律法学者たちのことが言われていると思われる。
（15）正しくは、「これら」。
（16）『ローマの信徒への手紙注解』Ⅱ12（キリスト教古典叢書14、小高毅訳、創文社、一九九〇年、一一八頁以下）を参照。
（17）キリストを告白しつつも、ユダヤ人の儀式を守り通そうとした一派。「エビオン」とは、ヘブライ語の「貧しい者」に由来するが、オリゲネスは皮肉を交えて非難している。エビオン派に対する論駁は、『諸原理について』Ⅳ3・8（三〇一頁）、『ケルソス駁論』Ⅱ1（『ケルソス駁論Ⅰ』、八四頁）などを参照。
（18）「あなた」とはイスラエルのことであろうが、ユダヤ人やエビオン派がこれに重ねられている。またこの後、呼びかけが「あなたがた」と変わるが、これもユダヤ人やエビオン派のことを指していると思われるものの、しかし実際に聴衆の中にこれらの人たちもいたということではないだろう。
（19）七十人訳テキストのことかと思われる。
（20）『ローマの信徒への手紙注解』Ⅱ13（一二一頁以下）においても、ここと同様の議論がなされている。
（21）ヘブライ語のヨシュアはイエスと読み換えられる。ここではヨシュアではなく、むしろヨシュアという名が象徴するイエスのことが言われている。
（22）やはりここでも、実際にユダヤ人を前にして語っているというよりも、あえてユダヤ人の名を出してその解釈を退けようとしているのだと思われる。

（23）割礼が肉においてなされており（もちろん霊的な意味において）、イエス・キリストの契約が立てられている状態を指しているか。

（24）一粒の種として地に蒔かれること（つまり死ぬこと）が意図されているか。ヨハ12・24を参照。

〈説教四〉

（1）11節b―16節a、17―20節、22―33節までは省略する。

（2）あるいは、「良い」「善い」。

（3）正しくは、「彼」。

（4）あるいは、「長老」。

（5）super eum. 七十人訳ギリシア語聖書では *ἐπάνω αὐτοῦ*.「彼に向かって」ではなく「彼の上の方に」となる。オリゲネスは後の個所で、この意味での解釈を提示する。

（6）Origenes, Libri X in Canticum Canticorum II で詳しく論じられる（『雅歌注解・講話』キリスト教古典叢書10、小高毅訳、創文社、一九八二年、一〇〇―一〇五頁参照）。

（7）四世紀になると、この顕現は父と子と聖霊の三位の神の顕現と考えられるようになる。これはイコンの題材として好んで描かれるようになる。著名なルブリョーフ（Andrej Rublev, 一三六〇／七〇頃―一四三〇年）のイコンがよく知られている。しかし、ここでオリゲネスは言（ロゴス）とふたりの天使の顕現と見ている。

（8）In Leviticum homiliae 13 で、オリゲネスはこの話題に触れている。そこでは、「私が行おうとしていることをアブラハムには隠すまい」（創18・17）と主が言っており、アブラハムには諸秘義が明かされていることから、彼は「隠された神秘のパン」を供することができたとされる。そして、神への信仰について、キリストの秘義について、聖霊の一致について賢明かつ慎重に認識するなら、上等の小麦粉のパンを捧げることができると述べられている

(cf. ed. M. Borret [Sources Chrétiennes 287], pp. 208-210)。

（9）フィロン（Philon, 前二五／二〇頃—後四五／五〇年頃）は De migratione Abrahami 165 で、「見ることから」の意味であるとしている。

（10）presbyteri、七十人訳では *πρεσβύτεροι*. アブラハムの割礼について語る本『創世記講話』第三講話でもこの語を説明して、「肉体によるのでも年齢によるのでもなく、精神による」（non de corpore, non de aetate, sed de mente）と述べられている（cf. ed. L. Doutreleau [Sources Chrétiennes 7bis], p. 122）。

（11）マルキオン（Markion, 八五頃—一六〇年頃）の主張の一つ。

（12）神は罪人ならびに悪人を知らないということについて、オリゲネスはしばしば述べる。たとえば、Commentari in Johannem 32, 14 ではユダについて同様なことが述べられている（『ヨハネによる福音注解』六〇九頁以下参照）。また「詩編」1・6「主は義しい者たちの道を知っておられる」を註解して、「神は悪を知らない。……悪は神の認知にふさわしくないからである」と述べている（Fragmenta in diversos Psalmos in catenis 1, 6, PG 12, 1100A）。

〈説教五〉

（1）1—11節、14—16節、21—22節a、27—28節は省略する。

（2）『ケルソス駁論』Ⅳ45（Ⅱ巻、一二九頁）を参照。

（3）正しくは、「種付け用の」。

（4）正しくは、「主のペルソナ」。

（5）この一文はルフィヌスによる補足であると思われる。

（6）この見解はプラトンに負っていると考えられる。プラトン『国家』Ⅱ369を参照。

（7）律法が山の神殿に納められた出来事が、律法の象徴であるロトが山に上ったことと重なって語られているか。

（8）本来の七十人訳では、「オホラはサマリア、オホリバはエルサレム」が正しい。『雅歌注解』序文（『雅歌注解・講話』、三四頁）と第Ⅱ巻（同、一四〇頁）を参照。

（9）5節ではいわゆる霊的・神秘的解釈であり、続く6節では、本説教の2節で少し触れられたところの倫理的解釈が再び展開されている。

〈説教六〉

（1）7節b—8節、9節b—16節は省略する。

（2）正しくは、「外より」。

（3）allegorica.

〈説教七〉

（1）1—3節、11—12節、16節、17節b—18節a、19節b—21節は省略する。

（2）『サムエル記上説教』ラテン語訳8（小高毅・堀江知己訳、日本キリスト教団出版局、二〇二一年、三五頁を参照）。

（3）正しくは、「役割」。

（4）聖書全体のことか。

（5）井戸は深く掘ってあるものであるため、「より深い意味」と「井戸」が結びつけられて語られているか。

（6）正しくは、「湧き出る水の泉がその人の中に生じる」。

（7）ハガルの目が、古き民の集いであるシナゴーグの目にたとえられている。

（8）旧約聖書のこと。

〈説教八〉

（1）『創世記講話』中で最も美しいものであり、オリゲネスの聖書講話の中でも最もよく知られているものである。すでに小林稔訳がある（「アブラハムが自分の子イザアクを捧げたことについて——オリゲネスの創世記についての第八の説教」『カトリック神学』第十七号［一九七〇年］、一一三—一二九頁）が、ここでは新たに訳出した。

（2）14節は省略する。

（3）ここでの「主」とは神の子・知恵・言（ロゴス）を指す。

（4）マルキオンの見解。本『創世記講話』第四講話・6を参照。

（5）「藪」、「茂み」を意味するヘブライ語をギリシア文字に置き換えたもの。

（6）ここに見られるように、キリストが人間であると同時に神でもあることをオリゲネスは強調する。

（7）ラテン語訳では muliebria. 七十人訳 *τὰ γυναικεῖα* の文字通りの訳。普通は女性に固有のものとして「女の月のもの」あるいは「月のもの」と訳されている。ギリシア語 *τὰ γυναικεῖα* は「月経」の意味でも用いられる。フィロンは比喩的に解釈して、サラは女性的なもの、すなわち非理性的なこと、もろもろの激情がなくなっていたと解釈している（Quaestiones et solutiones in Genesim IV, 15）。オリゲネスも同様に比喩的に解釈する。このゆえにサラは「長老」と呼ばれることにもなる（本『創世記講話』第四講話・4参照）。

〈説教九〉

（1）「小さな船」とかけている。

（2）聖書に記されている出来事すべてに秘義が宿っているという意味か。したがって、アブラハムに対して天より二度目に約束が与えられた、といった出来事にも秘義が宿っており、それを新たに解き明かしていく必要性を説いていると思われる。

（3）sacramenta. 一番目よりも二番目の方が優れている、といった内容の秘義。
（4）己よりも偉大なものを持たない神が誓いを立てること。
（5）「種」は「子孫」という意味でもある。
（6）天をキリスト者に当てはめ地をユダヤ人に当てはめるのではなく、それぞれ両方の民において、天に属する者もいれば地に属する者もいる、といったような見解か。
（7）『ヨハネによる福音注解』XIII 50・333（三八七頁）を参照。続く申命記の箇所をはじめ、初期ユダヤ教の文書では、それぞれの民の支配を神から委ねられたそれぞれの天使に関して、ときたま言及されている。
（8）正しくは、「相続の（測り）ひも」。
（9）「アブラハムの『子孫』」も「御言葉の『種』」も、同じ「semen」という語で重ねられている。
（10）これはマルキオンが主張したところだったとされる。

〈説教十〉

（1）10節、20—21節、23—27節は省略する。
（2）「笑い」「喜び」という意味の名「イサク」と重ねられている。
（3）特定の日になされていた儀式であったとうかがえるが、カイサリアの教会において、何らかの特別な罪の赦しの儀式があったとは確かめられていない（Doutreleau, p. 254-255）。
（4）dispensatio verbi.
（5）聴衆の不熱心な態度については、『イザヤ書説教』五・2（関川泰寛監修・堀江知己訳、日本キリスト教団出版局、二〇一八年、六一頁）を参照。
（6）オリゲネス自身による厳格な説教者像に関しては、『サムエル記上説教』ラテン語訳1（一七頁）を参照。

（7）あるいは、「このような言葉に関して」。文字どおりではなく、霊的解釈が必要とされる旧約聖書の箇所のことが言われているか。

（8）二ペト1・19を参照。なおここでの「預言の言葉」は、預言者の言葉というよりも、聖書全体の御言葉という意味であると思われる。

（9）『ヨハネによる福音注解』XIII 29・177―178（三五四頁）を参照。

（10）肉を象徴する「土の家」ということか。古き民ですらマナを求めて外に出てきたのに、今の時代のあなたがたはそうしない、といった忠告である。

（11）あるいは、「晩のうちに」。

（12）「この世の夕べ」といった表現に関しては、「出エジプト記講話」7・8（『中世思想原典集成1　初期ギリシア教父』、五九一―五九三頁）、『ヨハネによる福音注解』X 18・108（二八〇頁）を参照。

（13）七十人訳では「幻の井戸」といった意味。ヘブライ語テキストでは、「ベエル・ラハイ・ロイ」であるが、これは「私を見ている生けるお方の井戸」という意味。

（14）正しくは、「金の御言葉」「金の行い」。

（15）先ほどは「幻の井戸」と記されていたが、この不一致は訳者ルフィヌス自身のせいであるのか、あるいは写本家のせいであるのかは分からない（Habermehl, S. 205）。

（16）洗礼のことが意図されている。

〈説教十一〉

（1）3―10節までは省略する。

（2）パウロはアブラハムに関する箇所をはじめ、旧約聖書の霊的解釈をところどころに記しており、それを参考にし学ぶことによって我々も霊的理解が可能になる、といった意味かと思われる。
（3）『諸原理について』Ⅳ2・2（二八七頁）、『サムエル記上説教』ラテン語訳5（二六頁）を参照。
（4）本書説教六・1を参照。
（5）これと同じ箇所は聖書にない。ただし関連個所としては、申7・14、申25・5—10、七十人訳のイザ31・9などが挙げられる。
（6）『サムエル記上説教』ラテン語訳3（二二頁）を参照。
（7）「雅歌講話」1・2（『雅歌注解・講話』、二四〇頁）を参照。
（8）『サムエル記上説教』ラテン語訳5（二六頁以下）を参照。
（9）ケダルは、アブラハムとハガルの子孫であったはずである。
（10）一見異邦人と思われる民が、実はアブラハムの子孫である、といった認識のことか。
（11）おそらく字義的解釈のこと。

〈説教十二〉

（1）25章19—20節、26節bは省略する。
（2）正しくは、「何を」。
（3）『諸原理について』Ⅲ6・2（二六九頁）を参照。
（4）イサクは神の言葉であるキリストの象徴ととらえられている。
（5）キリストの誕生のことが言われているか。
（6）「文字の友」、つまり、字義どおりに解釈したがる人たちのことが言われている。本書説教六・3を参照。

（7）「豊かになり」とも訳せるが、オリゲネスはこの語に霊的成長を読み取っている。
（8）イサクは終始キリストの象徴ととらえられている。
（9）『ヨハネによる福音注解』XIII 33・211―213（三六一頁）を参照。
（10）二回目の給食のことが言われている。
（11）それぞれの説教において扱われる朗読箇所、あるいはペリコーペに該当すると思われる。
（12）正しくは、「それをもって起きるべき何か」。
（13）ingenii.

〈説教十三〉

（1）14節a、16―17節は省略する。
（2）井戸に関する解釈は他の著作の中でも展開されている。特にIn Numeros homiliae 12を参照。
（3）オリゲネスは旧約聖書のさまざまな人物・出来事をキリストの前表と見るが、ここではイサクがキリストの前表として捉えられている。また本『創世記講話』第八講話では、父アブラハムによって犠牲の供え物として捧げられるイサクがイエスの十字架上の死の前表として説明されている。
（4）Cf. Origenes, Commentarii in Johannem XIII, 3,14-19.（前掲邦訳、三二一―三二二頁）
（5）人と家畜の飲み方の違いについては、「［聖］書に関する知恵を有する者はヤコブとその子らのように飲み、まったく単純で無邪気な者、キリストの羊と呼ばれる者たちはヤコブの家畜のように飲みます」（ibid. XIII, 6, 39［前掲邦訳、三二六頁］）と説明される。

〈説教十四〉

（1）正しくは、「語られる主のお立場によって」といった意味。
（2）in typo.
（3）詳しくは、本書説教九を参照。
（4）「出エジプト記講話」7・8（『中世思想原典集成1　初期ギリシア教父』、五九二頁）、『ケルソス駁論』Ⅱ64（『ケルソス駁論Ⅰ』、一五〇—一五一頁）、『ヨハネによる福音注解』Ⅰ9・52-10・66（四二—四六頁）、同Ⅰ21・125-39・292（五八—九五頁）などを参照。
（5）正しくは、「預言者たちの増加」。本書説教五・5を参照。難解な箇所だと思うので、この段落では、訳者の理解に沿ってその都度括弧を付すことにする。神殿が山に建設され、そこに律法が納められた歴史的出来事や、預言が増し加えられていったことなどは、律法かつ預言者を象徴するイサクが「上っていった」ことを意味する。
（6）この言葉は詩編の作者の一人によるもののはずであるが、詩編の作者も預言者に数えられているということであろう。
（7）旧約における知恵はキリストを象徴する。
（8）本書説教六・2を参照。
（9）『諸原理について』Ⅰ3・1（七六—七七頁）、Ⅱ1・4（一二〇—一二一頁）を参照。
（10）あるいは、「資料（materiam）」。
（11）『諸原理について』Ⅰ3・3を参照（七八頁）。
（12）正しくは、「月の球体」。『ローマの信徒への手紙注解』Ⅲ1（一六二頁）を参照。
（13）「雅歌注解」序文（『雅歌注解・講話』、四二—四三頁）を参照。
（14）パウロのことかと思われる。以下同様。

（15）続いて説明されているように、パウロはコリントに滞在していたとき、自分で稼ぎ、彼らのパンを食べなかった、すなわち、彼らと一緒に食事をしなかったように、パウロは彼らコリント人たちに対して、霊的な意味での食べ物を分かち合うことなく、ましてや霊の祝宴を開いて共にごちそうにあずかることはなかったということ。

〈説教十五〉

（1）本説教において特に詳しく扱われている箇所のみを記す。

（2）『ケルソス駁論』Ⅰ29（『ケルソス駁論Ⅰ』、三六頁）を参照。

（3）正しくは、「機会（複）」。

（4）Doutreleau は、オリゲネスの時代にはいわゆるコンコルダンスのようなものがあり、それを調べるようにとの指示ではないかと考えている（Doutreleau, p. 352-353）。

（5）この箇所はルフィヌスによる補足だと思われる。

（6）子どもたちがヨセフはまだ生きていること、つまり、ヨセフの命を伝えることによって、父ヤコブの霊は光を取り戻したので、「ヨセフの命は、ヤコブの霊における光の源である」といった意味でこの聖句が引用されているのではと思われる。またこのあと続いて説明されていることだが、ヨセフの命はキリストの命を象徴している。

（7）正しくは「己の」。Doutreleau 訳に従った。

（8）etenim. 補うとすれば、「再び燃え立ったと記されていますが、というのは」となるか。

（9）正しくは、「神に対して」。

（10）オリゲネスはここでの「夜」を、ヤコブの霊的進歩が不十分な状態を象徴するものととらえている。

（11）『ヨハネによる福音注解』Ⅵ2・9（一七五頁）を参照。

（12）このあと述べられているように、キリストと聖なる父祖たち、そしてキリストに従う聖なる人たちのことを指している。

（13）アダムのことであるが、厳密には第二のアダム、キリストのこと。

（14）この二つの言葉は、本当ならば蛇に向かって語られたもののはずである。

（15）先ほどは、「大いなる国民」とはもろもろの民からなる教会のことであると言われていたが、一方ここでは、「個々人を成長させ、完成させるための美徳や正義が詰まったところ」といったように、より抽象的にとらえられている。

（16）『諸原理について』Ⅰ6・1（九九頁）を参照。

（17）正しくは、「視力」。

〈説教十六〉

（1）24節b―26節、27節bは省略する。

（2）ここまでは、エジプト人は自由を自分から手放し、ヘブライ人の場合は強制的に手放さざるをえなかった、といったいわば字義どおりの解釈であったが、ここからは、エジプト人が自発的に自由を手放したのには、我々にとってどういう意味があるのかが比喩的に解釈されている。

（3）以下に説明されているように、罪を犯す者を共同体から追い出し、サタンを象徴するファラオの奴隷とさせる、といった働き。

（4）イスラエルは聖なる交わりの輪の中に居場所を見つけ、それ以外の者はそれぞれにふさわしい場所に置かれる、といったこと。

（5）正しくは、「相続のひも、帯、綱」。『諸原理について』Ⅰ5・2（九一頁）を参照。

（6）『ヨハネによる福音注解』XX10・73（四六七頁）を参照。

（7）飢饉は聖なる人たちを完全に覆い尽くすことはない、といった理解。

（8）正しくは、「王国史第三」。

（9）「ベン・ハダド」という固有名詞は「ハダドの息子」という意味でもある。

（10）「聖なる人たちを飢饉が覆う」といったような言い方は見られないということ。

（11）tropicum. あるいは「転義的」。

（12）『ヨハネによる福音注解』I 29・201–203（七三―七四頁）を参照。

（13）単に「五分の一」「十分の一」といった規定がなされているのではなく、「五」「十」という数字には決まった意味があり、そして、「五」「十」という数字が出てくるほかの箇所においても、その決まった意味を適応できる、といったようなこと。

（14）次の段落に記されているように、ここでの「長子たち」は、「心・思いにおける長子たち」、つまり、心の中で一番大切な部分、あるいは、心に最初に浮かぶもの、といったものが言われているか。

（15）正しくは、「初め（複）」。

（16）primogenita sensus（「感覚・心・考えの長子たち」）。

（17）オリゲネス自身を含む司祭たちのことが言われているか。

解説(1)

堀江知己

《オリゲネス『創世記説教』について》

オリゲネスによる創世記説教が、どの時期のものなのか明確なところは分からない。しかし、全体の内容から察せられるように、本作品においてはかなり司牧的・牧会的内容が目立ち、会衆への倫理的呼びかけが頻繁に聞き取れることから、オリゲネスがそういった牧会的働きを本格的に担っていた時代であるカイサリアにてなされたものと判断される。よって本作品は、少なくともオリゲネスがカイサリアに居を構えた二三〇年以降のものということになるが、さらに、オリゲネスは自分の説教を晩年になってからようやく速記させるのを許可したとされるエウセビオスの証言からすると、やはりどうしても二四五年以降の作品であるという結論に落ち着く。

オリゲネスの『創世記註解』は、彼の代表作『諸原理について』と並んで、アレクサンドリアにて物議をかもした書物の一つとされるが、そのことからも分かるように、創世記はやはりオリゲネスにとっても重要な書物であったはずである。よって、創世記に関するオリゲネスの説教は、それこそ何百という回数を数えたであろうが、もともとどれだけギリシア語のオリジナルが文書のかたちで保存されていたのかは、もはや確かめようがない。ヒエロニムスの証言（手紙三三）によると、それは十七あったとされる。だが、六世紀を生きたカッシオドルス（Cassiodorus）の証言によれば、その数は十六であった。実際、十六の説教を収めている写本もあれば十七のものもあり、また、古い時代の版では十七の説教が収められていた。だが、十七番目に位置する説教は、オリゲネスのものではない偽作(2)であり、そして、ヒエロニムスが証言する十七という数に関しても、後の時代の写字生が、この偽作が紛れ込んだ十七の説教を含む写本との整合性を保つために、オリゲネスの創世記説教の数に関するヒエロニムスの証言自体を、十六から十七に変えてしまった可能性もある。いずれにしても、ルフィヌスが訳したのもまさに十六の説教であったわけだから、四世紀末には少なくとも十六の入手可能な説教があったことになる。一方で、これもヒエロニムスによる証言だが（手紙七三）、「自分はメルキゼデクに関するオリゲネスの説教を参照した」といった証言がある。しかも、厳密には「メルキゼデクに関するオリゲネスの最初の説教」といった言及がなされている。オリゲネスには、メルキゼデクに関する創世記説教が幾つかあったということなのか、そしてこれら一連の説教はすべて失われてしまったのか、あるいは、ヒエロニムスがほかの神学者の作品と誤解して言っているのか判明がつかないが、おそらくオリゲネスによる創世記に関する説教は、最初の頃は文書のかたちで数多く残されていたのではないかと推察できる。

というのは、ルフィヌスが訳した十六の説教が扱うそれぞれの聖書箇所を見ると、非常にランダムな印象を受け、重要な聖書箇所が多く含まれているといった感じでもない。このことからしても、やはりルフィヌスが訳したのは、本来数多く存在していた説教の一部という印象を受ける。さらに、それぞれの説教題、あるいは表題を見ると、説教一と二の表題は存在せず、十五と十六の表題はペリコーペの引用から成り立っている。表題の趣きが随分とそれぞれ異なることに着目し、シモネッティ（Manlio Simonetti）は、もともとオリゲネスの創世記に関する説教は、原初史・アブラハム・ヤコブとヨセフ、といったように三つないし四つのシリーズがあり、それが後の時代に抜粋されて一つにまとめられたのではないかと考える。

本作品はルフィヌスのラテン語訳ということであるが、これまたルフィヌスが訳したオリゲネスの『ローマの信徒への手紙注解』の結語にて、自分がオリゲネスの創世記を訳したと証言している(3)。とりわけルフィヌスが生きた時代、オリゲネス論争は激化しており、オリゲネス神学の正当性を立証するために、彼の訳文においてはかなり補正がなされているとの指摘がなされるが、創世記の場合、釈義をより十分なものとするため、内容を適宜補いながら訳したことをルフィヌス自身認めている。[4] なお、ルフィヌスが創世記説教を訳したのは、四〇〇—四〇四年頃のことであったとされる。

《伝承》

ギリシア語で文書を残したはずのオリゲネスであるが、明らかに創世記説教の断片とされるギリシア語のオリジナルは、説教二に関するギリシア語断片を例外として残されてはおらず、それ以外はすべてラテン語訳の写本を通して現在に至る。[5]

ラテン語訳写本の形跡を簡単にたどる。ただしこれは、創世記説教だけでなく、ほかのオリゲネスの作品(出エジプト記説教、レビ記説教など)と合わせて伝承されてきたのであるが、まずこれらの作品は、ルフィヌス自身によって、彼の友人であったノーラ[6]の Paulinus に渡った。およそその百年後の六世紀前半、現在のナポリ近くにあった修道院 Castellum Lucullanum の院長 Eugippius にこのノーラの写本が渡った。この人物と接点があったカッシオドルスがそれを複写させ、それがウィウァリウム(Vivarium)修道院内に保管される。この写本の原本自体は失われてしまったと考えられるが、このいわゆる Cassiodorus 写本はその後北に渡り、そして遅くとも六世紀後半か七世紀前半には、北イタリヤやガリアにおいて、現在我々が入手できるもののうち最も古い写本(リヨン写本、パリ写本)ができあがっていった。このリヨン写本、パリ写本(ただし、パリ写本は欠損部分が非常に多い)をはじめとし、十一世紀までには計十七の有力な写本が存在し、中世にはますます多くの写本が流布することとなる。

近代における出版として（創世記説教単体ではなく、そのほかのオリゲネスの作品と合わせての出版となるが）、Aldus Manutius が一五〇三年にヴェネチアにて出版。続いて、Jacques Merlin が一五一二年にパリにて出版、そしてエラスムスが続く（バーゼル、一五三六年）。文献的によりしっかりしたものとしては、Charles Delarue（パリ、一七三三—五九年）、K.H.E.Lommatzsch（ベルリン、一八三一—四八年）、そしてミーニュのギリシア教父著作集と続く。さらに現代に入ると、写本の収集過程や伝承史を記した批評的なものとして、Wilhelm Adolf Baehrens（一九二〇—二五年）編集による GCS（ギリシア教父著作集 Die Griechischen Christlichen Schriftsteller der ersten drei Jahrhunderte）のオリゲネス集第六巻がある。フランス語訳を隣に付した Louis Doutreleau による SC（Sources Chrétiennes）の第七巻第二版（初版は一九四四年）は、幾つかの細かい語句の修正を除いて Baehrens の底本に基づいている。また、イタリアの Manlio Simonetti による校訂本も Baehrens のものに基づいており、OWD 版も同様である。そのほか、英語訳を始めとし、各国語の翻訳がある。

邦訳としては、小林稔氏が訳された「アブラハムが自分の子イザアクを捧げたことについて——オリゲネス創世記についての第八の説教」（「カトリック神学」9、上智大学神学会、一九七〇年、一一三—一二九頁）も存在するが、本書に掲載させていただいた小高毅氏の訳（『中世思想原典集成1　初期ギリシア教父』上智大学中世思想研究所／小高毅＝編訳／監修、平凡社、一九九五年）[7]は、SC7bis を底本としている。堀江が訳した説教は、SC7bis を適宜参照しつつ、基本的には OWD1/2 を底本とした。

また、小高氏の了解を得て、このたびは「講話」ではなく「説教」で統一させていただいた。本書では、訳文がですます調かである調かを統一することができず、またそのほか漢字の表記や記号の用い方に関する不一致もあるが、何とぞ読者の皆様のご理解を得たい。また、堀江訳に比べると、小高訳では段落が比較的多く設けられているが、これはSCbis7の底本に沿っているからである。ちなみに、小高氏の訳では、たとえば、「彼の父アブラハムの時に、［父］の僕たちが掘った」（説教十三1）となっている箇所は、一見誤植であって、本来は「彼の父アブラハムの時に、［父の］僕たちが掘った」となるべきではないかと思われる読者もいるかもしれないが、これは決して誤植ではない。小高訳では、原文において、主語があるには間違いないけれども記されていない場合や、明確な固有名詞が添えられていないかたちの所有格・与格（奪格）・目的格代名詞が置かれている場合、それら代名詞などが原文には置かれていることを示しつつ、固有名詞などを［　］で補う、といった工夫が施されており、原文に極めて忠実である。

さらに、本書はオリゲネス神学に関心がある方のために、すでに邦訳が存在するオリゲネスの作品を註で記した。一方、今回は紹介することはできなかったが、オリゲネスの創世記説教はフィロンの作品（『世界の創造』［邦訳　野町啓・田子多津子訳、教文館、二〇〇七年］『律法書の寓意的解釈』『アブラハム』『予備教育』など）に負うところが大きく、OWD1/2ではその案内が詳しく載せられていることも情報として挙げさせていただく。

《説教二に関して》

創世記の説教二に関しては、オリゲネスのオリジナルとされる比較的分量の多いギリシア語テキストの断片が現存する。[8] それは、カテナ（教父たちの註解ないし説教を繋ぎ合わせたもの）に掲載されているものと、ガザのProcopiusによる創世記註解の中に紛れ込んでいるものとからなる。両者のテキストは、ルフィヌスのラテン語訳と比べると、言葉数は制限され、ないし短縮され、少なからず修正の跡が見られる。また、プロコプスとカテナの編集者は、自分自身の解釈に合わせながら、オリゲネスのテキストをアレクサンドリアのディデュモスによるテキストと調合しながらつづっている。さらに、プロコプスのものは、彼自身が選択したオリゲネスの文章を修正したかたちで、彼自身の註解に無理やり組み込んでいる傾向が強い。一方カテナの方は、基本的にオリゲネスの言葉遣いを踏襲していると考えられ、また、プロコプスのものよりかはルフィヌス訳に近いものとなっているが、オリジナルテキストの文脈ないし順序を適宜入れ替えたものとなっている。よって、両者ともに、オリゲネスの原型を再構成するために、必ずしも有効というわけではない。

『ギリシア教父著作集（GCS）』のオリゲネス集第六巻の編集者 Baehrens は、プロコプスのテキストとカテナのテキストの統合を試みている。一方 Doutreleau は、この試みを批判的にとらえており、その論文「Le fragment grec de l'Homélie II」においては、両者のテキストを無理に統合せず、ルフィヌス訳と合わせた三つのテキストを、それぞれ独立したかたちでの共観テキストとして掲載している。OWD 版に付録として掲載されているものは、この Doutreleau のものを継承している。

オリゲネス『創世記説教』は、オリゲネス自身の聖書解釈が多くの箇所で確認できる作品となっているが、とりわけ説教二においてはそう言える。オリゲネスは、人間は「体、魂、霊」からなるものとの理解に沿って、聖書は字義的、倫理的、霊的・神秘的解釈を施すべきだと提唱した。しかし実際のところ、オリゲネス自身、組織的あるいは徹底したかたちでこの三分法を用いているわけではなく、それが見られるのは稀であるとされる(9)。本書説教二では、字義的、霊的・神秘的、倫理的解釈といった順序となってはいるが、まるでお手本のような三区分に沿った解釈が展開されているゆえに、オリゲネスの聖書理解を知る上での大変貴重な資料である。

注

（1）解説を記すにあたって、Habermehl (OWD1/2), S. 3-24、及び Doutreleau (SC7bis), p. 13-22 を参照した。

（2）説教題は「族長たちの祝福について」。これは、ルフィヌス自身の「族長たちの祝福について」というタイトルの論文を編集したものと考えられている。

（3）『ローマの信徒への手紙注解』、七一一頁。

（4）同上。

（5）ただし、オリゲネス『創世記註解』の一部とされる断片や、そのほか出典は分からないものの、創世記に関するオリゲネスの文章の断片は、ギリシア語のものも比較的多く残されている。これらは Karin Metzler, OWD1/1, De Gruyter, 2010 に収録されている。

（6）現在で言うと、イタリアのカンパニア州ナポリ県にある都市近辺。

（7）創世記講話の部分は五〇三―五五五、六二四―六二七頁。文庫版には、創世記講話の第一講話のみが収録されている。『中世思想原典集成　精選1』上智大学中世思想研究所　編訳／監修、ギリシア教父・ビザンティン思想、平凡社、二〇一八年、一八〇―二〇八頁。

（8）OWD1/2 の S. 296-329 に付録として掲載されている。

（9）出村みや子著『聖書解釈者オリゲネスとアレクサンドリア文献学』知泉書館、二〇一一年、五六―五七頁を参照。

参考文献一覧

◉底本

Origène Homélies sur la Genèse,traduction et notes par Louis Doutreleau, Sources Chrétiennes 7 bis, Cerf, Paris, 1976.

Origenes Werke mit deutscher Übersetzung(=OWD), Eingeleitet und übersetzt von Peter Habermehl, De Gruyter, 2011.

◉翻訳

Origen Homilies on Genesis and Exodus, Translated by Ronald E. Heine, The Fathers of the Church 71, The Catholic University of America Press, Washington, 1981.

小林稔訳「アブラハムが自分の子イザアクを捧げたことについて――オリゲネス創世記についての第八の説教」「カトリック神学」9、上智大学神学会、一九七〇年、一一三―一二九頁
『中世思想原典集成1　初期ギリシア教父』上智大学中世思想研究所／小高毅＝編訳／監修、平凡社、一九九五年
『中世思想原典集成　精選1』上智大学中世思想研究所　編訳／監修、ギリシア教父・ビザンティン思想、平凡社、二〇一八年

○オリゲネスの作品の邦訳（『原典　古代キリスト教思想史』［教文館］や『毎日の読書』［カトリック中央協議会］に部分的に掲載されているものや、研究書の中で掲載されているものは除く）
『諸原理について』キリスト教古典叢書9、小高毅訳、創文社、一九七八年
『雅歌注解・講話』キリスト教古典叢書10、小高毅訳、創文社、一九八二年
『ヨハネによる福音注解』キリスト教古典叢書11、小高毅訳、創文社、一九八四年
『祈りについて・殉教の勧め』キリスト教古典叢書12、小高毅訳、創文社、一九八五年
『ヘラクレイデスとの対話』（「アレクサンドリアの友人達への手紙」も収録）キリスト教古典叢書13、小高毅訳、創文社、一九八六年
『ケルソス駁論Ⅰ』キリスト教教父著作集8、出村みや子訳、教文館、一九八七年
『ローマの信徒への手紙注解』キリスト教古典叢書14、小高毅訳、創文社、一九九〇年
『ケルソス駁論Ⅱ』キリスト教教父著作集9、出村みや子訳、教文館、一九九七年
『イザヤ書説教』関川泰寛監修、堀江知己訳、日本キリスト教団出版局、二〇一八年

『サムエル記上説教』小高毅・堀江知己訳、日本キリスト教団出版局、二〇二一年
『ケルソス駁論Ⅲ』キリスト教教父著作集10、出村みや子訳、教文館、二〇二二年
「出エジプト記講話第五、第六、第七講話」「民数記講話第二七講話」(『中世思想原典集成1 初期ギリシア教父』上智大学中世思想研究所／小高毅＝編訳／監修、平凡社、一九九五年
「ルカによる福音書講話第三四講話」(小高毅編『シリーズ・世界の説教 古代教会の説教』)、教文館、二〇一二年

後　記

オリゲネスの「創世記講話」「出エジプト記講話」「民数記講話」という作品があると知り、そして同時に興味関心を抱いたのは、神学生だった最初の学年であったと思いますが、かれこれ二十年近く前のことになります。当時は自分が訳すなどとは夢にも思いませんでしたが、このようにして小高毅先生の訳と合わせて出版するに至り、まさに夢のようです。

小高毅先生との共訳といったかたちにさせていただくことを、とても栄誉であると感じるとともに、貴重なものを掲載することを許可していただいた平凡社様、及び、上智大学中世思想研究所様には厚く御礼申し上げます。

二〇二三年　二月

堀江　知己

小高　毅（おだか たけし）

1942年、京城（ソウル）に生まれる。1975年、カトリック司祭に叙階。1978–80年、ローマ、アウグスティニアヌム教父研究所に学ぶ。1984年3月、上智大学大学院神学部博士課程修了、神学博士号取得。現在、東京カトリック神学院講師、カトリック長野教会協力司祭。

【著書】

『古代キリスト教思想家の世界——教父学序説』（創文社、1984年）、『オリゲネス』（清水書院、1992年）、『よくわかるカトリック』（教文館、2002年）、『クレド（わたしは信じます）——キリスト教の信仰告白』（教友社、2010年）

【訳書】

オリゲネス『諸原理について』（創文社、1978年）・『雅歌注解・講話』（同、1982年）・『ヨハネによる福音注解』（同、1984年）・『祈りについて・殉教の勧め』（同、1985年）・『ヘラクレイデスとの対話』（同、1986年）・『ローマの信徒への手紙注解』（同、1990年）、アタナシオス / ディデュモス『聖霊論』（創文社、1992年）、アンリ・ド・リュバク『カトリシズム』（エンデルレ書店、1989年）、J. メイエンドルフ『東方キリスト教思想におけるキリスト』（教文館、1995年）、イヴ・コンガール『わたしは聖霊を信ずる』（全3巻、サンパウロ、1995–96年）他

【編書】

『原典 古代キリスト教思想史』（1–3巻、教文館、1999–2001年）他

堀江知己（ほりえ ともみ）

1979年、前橋生まれ。東北大学文学部人文社会学科卒業。東京神学大学大学院博士課程前期課程修了。日本基督教団堺教会伝道師、福島教会牧師、能代教会牧師を歴任し、現在は前橋中部教会牧師。

【訳書】

『オリゲネス イザヤ書説教』（日本キリスト教団出版局、2018年）・『オリゲネス サムエル記上説教』（同、2021年）、カルヴァン『アモス書講義』（新教出版社、2019年）・『旧約聖書註解 創世記Ⅱ』（同、2020年）・『新約聖書註解 テモテ・テトス・フィレモン書』（同、2021年）

オリゲネス 創世記説教

2023 年 2 月 24 日　初版発行

翻訳　　小高　毅・堀江知己

発行　　日本キリスト教団出版局
〒 169-0051
東京都新宿区西早稲田 2-3-18
電話・営業 03（3204）0422
編集 03（3204）0424
https://bp-uccj.jp

印刷・製本　三秀舎

ISBN978-4-8184-1125-8 C3016 日キ販
Printed in Japan